中国科协三峡科技出版资助计划

创新过程绩效测度
——模型构建、实证研究与政策选择

陈凯华　著

中国科学技术出版社
·北　京·

图书在版编目（CIP）数据

创新过程绩效测度：模型构建、实证研究与政策选择／陈凯华著．
—北京：中国科学技术出版社，2013.7
（中国科协三峡科技出版资助计划）
ISBN 978-7-5046-6376-4

Ⅰ. ①创… Ⅱ. ①陈… Ⅲ. ①管理学—研究 Ⅳ. ①C93

中国版本图书馆 CIP 数据核字（2013）第 130779 号

总 策 划 沈爱民 林初学 刘兴平 孙志禹	责任编辑	付万成
项 目 策 划 杨书宣 赵崇海	责任校对	王勤杰
出 版 人 苏 青	印刷监制	李春利
编辑组组长 吕建华 许 英 赵 晖	责任印制	张建农

出 版	中国科学技术出版社
发 行	科学普及出版社发行部
地 址	北京市海淀区中关村南大街 16 号
邮 编	100081
发行电话	010-62103349
传 真	010-62103166
网 址	http://www.cspbooks.com.cn

开 本	787mm×1092mm 1/16
字 数	300 千字
印 张	13.125
版 次	2013 年 11 月第 1 版
印 次	2013 年 11 月第 1 次印刷
印 刷	北京华联印刷有限公司

书 号	978-7-5046-6376-4/C·153
定 价	56.00 元

作者简介

陈凯华，北京航空航天大学管理学博士、中国科学院管理科学与工程管理学博士后，现为中国科学院科技政策与管理科学研究所副研究员，主要从事创新管理科学的研究。曾获 2012 届全国百篇优秀博士学位论文提名奖、2011 年度中国科学院王宽诚人才奖、2010 年度北京航空航天大学优秀博士论文奖。近年关注创新发展与政策、创新计量与管理以及管理科学方法与应用等研究方向，主持国家自然科学基金项目、中国博士后特别资助以及面上资助项目等课题，并参与多项国家自然科学基金与国家社会科学基金项目以及数项部级课题。近期研究重点集中在创新计量学的理论、方法与实证的探索上，试图构建可全面监测与描述创新系统绩效的分析框架与工具。近五年多篇论文发表在 *Research Policy*、*Technovation*、*Journal of Informetrics*、*Regional Studies*、*China Economic Review*、*Scientometrics* 等创新领域国际权威与主流 SSCI/SCI 期刊上；另有多篇论文发表在系统工程理论与实践、数量经济技术经济研究、中国软科学、管理评论、科研管理、科学学研究等管理科学部规定的 A 类期刊上。

国家自然科学基金项目（71103173）、国家软科学研究计划项目（2013GXS4B087）与中国博士后科学基金第四批特别资助项目（201104158）资助研究。

内容简介

  创新过程绩效测度是在打开创新活动系统黑箱的情况下，基于经验数据分析与探索创新投资活动的成效与决定因素，旨在为深度地创新监测提供工具支撑，为复杂的创新管理与政策发展提供科学依据。本书以创新投资支撑的科技成果研发与经济收益实现这一两阶段转化过程为分析对象，从学科、高校、产业、区域等各层次关注这一过程整体与局部绩效的建模与实证，试图构建可定量分析创新系统绩效的分析框架与测度模型，改善创新活动经验数据在各层创新生产单元的创新管理与政策发展决策中的应用。本书中一系列创新绩效测度模型与分析框架的引入与构建，以及在多层创新管理实践中的成功应用，不但丰富了创新绩效测度的理论、方法与实证，而且充分体现了现代管理科学方法的前沿模型与创新管理实践有效结合的实践价值和理论意义。

  本书的研究侧重了测度模型与分析框架的选择与构建，各章节严格按照学术研究规范撰写，适合创新管理、管理科学与工程专业的研究生与科研人员阅读。

The brief introduction

The performance measurement of one innovation process here is measuring and analyzing the effectiveness and determinants of innovation investment activities based on empirical datasets in the context of the openness of innovation-activity systems, which is used as the supporting tool of in-depth innovation monitoring, and is to provide scientific reference for complex innovation management and policy development. This book is based on the two-stage transformation process composed of one research & development subprocess of S&T achievements and one realization subprocess of their economic or social profits supported by innovation investments, and is concerned about the modeling and empirical study of overall and divisional performance of the innovation process in various kinds of production units including disciplines, universities, industries, and regions. We hope to systematically construct the analytical frameworks and methods for comprehonsively measuring the performance of innovation investment, and improve the supporting role of empirical datasets about innovation activities in the innovation management and policy development for various production units. In this book, the introduction and construction of a series of innovation measurement frameworks and models as well as the successful applications in various production units not only riches the theories, methods, and empirical studies of measuring innovation investment performance, but also proves the practical value as well as the theoretical contribution of the combination of management- science methods and empirical managements of innovation investment.

The research contents in this book are focused on the selection and construction of measurement models and analytical frameworks, and each chapter is written in the strict accordance with the norms of academic research, which are suitable for graduate students and researchers engaged in innovation management, evalution of science and technology and management science and engineering.

总　序

　　科技是人类智慧的伟大结晶，创新是文明进步的不竭动力。当今世界，科技日益深入影响经济社会发展和人们日常生活，科技创新发展水平深刻反映着一个国家的综合国力和核心竞争力。面对新形势、新要求，我们必须牢牢把握新的科技革命和产业变革机遇，大力实施科教兴国战略和人才强国战略，全面提高自主创新能力。

　　科技著作是科研成果和自主创新能力的重要体现形式。纵观世界科技发展历史，高水平学术论著的出版常常成为科技进步和科技创新的重要里程碑。1543 年，哥白尼的《天体运行论》在他逝世前夕出版，标志着人类在宇宙认识论上的一次革命，新的科学思想得以传遍欧洲，科学革命的序幕由此拉开。1687 年，牛顿的代表作《自然哲学的数学原理》问世，在物理学、数学、天文学和哲学等领域产生巨大影响，标志着牛顿力学三大定律和万有引力定律的诞生。1789 年，拉瓦锡出版了他的划时代名著《化学纲要》，为使化学确立为一门真正独立的学科奠定了基础，标志着化学新纪元的开端。1873 年，麦克斯韦出版的《论电和磁》标志着电磁场理论的创立，该理论将电学、磁学、光学统一起来，成为 19 世纪物理学发展的最光辉成果。

　　这些伟大的学术论著凝聚着科学巨匠们的伟大科学思想，标志着不同时代科学技术的革命性进展，成为支撑相应学科发展宽厚、坚实的奠基石。放眼全球，科技论著的出版数量和质量，集中体现了各国科技工作者的原始创新能力，一个国家但凡拥有强大的自主创新能力，无一例外地反映到其出版的科技论著数量、质量和影响力上。出版高水平、高质量的学术著作，成为科技工作者的奋斗目标和出版工作者的不懈追求。

中国科学技术协会是中国科技工作者的群众组织，是党和政府联系科技工作者的桥梁和纽带，在组织开展学术交流、科学普及、人才举荐、决策咨询等方面，具有独特的学科智力优势和组织网络优势。中国长江三峡集团公司是中国特大型国有独资企业，是推动我国经济发展、社会进步、民生改善、科技创新和国家安全的重要力量。2011 年 12 月，中国科学技术协会和中国长江三峡集团公司签订战略合作协议，联合设立"中国科协三峡科技出版资助计划"，资助全国从事基础研究、应用基础研究或技术开发、改造和产品研发的科技工作者出版高水平的科技学术著作，并向 45 岁以下青年科技工作者、中国青年科技奖获得者和全国百篇优秀博士论文获得者倾斜，重点资助科技人员出版首部学术专著。

我由衷地希望，"中国科协三峡科技出版资助计划"的实施，对更好地聚集原创科研成果，推动国家科技创新和学科发展，促进科技工作者学术成长，繁荣科技出版，打造中国科学技术出版社学术出版品牌，产生积极的、重要的作用。

是为序。

中国长江三峡集团公司董事长

2012 年 12 月

前　言

　　创新资源的有限性与其在提升创新能力中的日趋重要性并存。在这种背景下，创新投资过程绩效的有效测度这一研究课题自然成为创新管理的学者与实践者共同关注的焦点。对这一既具有学术研究价值又具有实践应用价值课题的深入探索，有利于支撑创新生产单元（如重点学科、科研机构、产业部门、空间区域等）优化创新资源的配置，改善创新过程的管理。随着知识竞争的愈加激烈，这一备受关注的研究课题对各层次创新生产单元的创新管理的实践意义日趋突显。然而，随着创新管理实践的深入，传统的创新绩效分析框架已无法满足创新实践管理的多层次需要，特别是在面向复杂创新活动测度时。

　　本书试图解决创新测度实践中面临的三个亟待解决或完善的问题：

　　（1）通过何种模型能有效促使创新系统方法（Innovation Systems Approach）的分析框架从理论探索向实证应用的跨越，以便更好地服务于政策制定者从整体的角度探索创新系统绩效的复杂影响结构，促使创新系统方法更好地服务于创新实践管理与政策发展？

　　（2）如何把创新过程中涉及的异质的（如，不同的度量单位）多投入多产出生产信息有效地整合，以反映创新过程的整体生产绩效？如果创新投入和产出之间的生产函数方式未知呢？

　　（3）当考虑创新过程的分阶段转化特点（如从初始的创新投入到中间的创新产出，再到最终的市场收益），即考虑创新过程的内部运作时，又如何构建测度模型来充分体现创新过程的这一关联多阶段特点？在此基础上若再考虑到中间产出或投入呢？

面对问题（1），本书引入基于偏最小二乘（Partial Least Squares，PLS）的结构方程模型（Structural Equation Modeling，SEM），分别构建创新系统和创新过程的路径模型。通过实证探索中国区域创新系统和中国高技术产业技术创新过程，以此表明所构建的路径分析框架的有效性与实践价值。

面对问题（2），本书首先引入改善的可同时考虑投入和产出两方面无效的非径向—非定向数据包络分析模型（Data Envelopment Analysis，DEA）来作为估计创新过程的投入产出效率测度模型。然后，本书借助"曼奎斯特（Malmquist）指数"理论，在考虑规模效应的影响下，基于"改良的Russell测量（Enhanced Russell Measure，ERM）"构建了更加有效的、全面的创新效率变化估计模型。最后，本书实证分析中国重点理工科院校、中国高技术产业以及中国省域三个不同层次上的创新生产单元的创新绩效。

面对问题（3），本书通过两种途径重点解决。首先，在固定规模报酬假设下，本书引入已有的网络DEA模型（Network DEA），来构建考虑内部生产（转化）结构的创新过程的技术效率估计模型，并用于分析中国高技术产业的技术创新过程的技术效率。其次，本书通过自行构建更加灵活的链式与并行式网络DEA模型，在考虑内部生产结构的背景下同时获得创新过程的技术效率估计和可变规模报酬假设下的纯技术效率估计，并用它们分别分析中国区域创新系统的科技创新活动的过程效率与中国高技术产业的技术创新活动的整体效率。针对创新系统测量的需要，整合链式网络DEA模型与偏最小二乘回归构建灵活的两步骤效率分析框架，以更有效支撑系统角度的创新管理与政策发展。

本书研究和写作的顺利完成离不开国家自然科学基金委、国家软科学研究计划中国博士后基金会与中国科学院王宽诚教育基金管理委员会的资助。作者主持的国家自然科学基金青年项目"创新投资过程绩效与创新环境影响模式的建模研究（71103173）"、国家软科学研究计划面上项目"国家创新发展全视角监测体系与测度方法的探索性研究"、中国博士后科学基金第四批特别项目"科技创新投资过程绩效的建模与实证研究

（201104158）"，以及 2011 年度中国科学院王宽诚博士后工作奖励基金资助项目"面向创新过程的创新系统的运作质量、功能结构与动力机制的系统性建模及在中国创新管理实践中的应用研究"联合支撑了本书的研究内容的开展。在此向国家自然科学基金委、国家软科学研究计划中国博士后基金会以及中国科学院王宽诚教育基金管理委员会的大力支持致谢！

此外，本书能顺利完稿与出版不但要感谢"中国科协三峡科技出版资助计划"的慷慨资助和评审专家的支持与建议，而且要感谢国科大官建成教授的指导、中科院政策所穆荣平研究员的支持与樊春良研究员的推荐，还要感谢所有对此书研究与出版有益的同学、朋友、同事与出版社工作人员（非常遗憾，在此不能一一提及）。当然，更要感谢我的爱人与儿子，她（他）们支持与理解给了我更多的创作的空间与研究的动力。

鉴于作者能力的有限，本书的研究与写作必然存在较多不足，文责自负，同时敬请各位读者与专家不吝指正。

作　者
2013 年 11 月于北京

目　录

第1章 绪 论

1.1 选题背景与意义

为推进创新型国家的建设，特别是自 2006 年国家中长期科技规划实施以来，中国政府逐年加大研发经费投入，2012 年中国全社会科技研发经费已突破万亿元。面对如此庞大的研发规模以及愈加复杂的创新系统模式，没有比关注研发投资绩效（尤其是效率）与影响因素以及创新过程的动力机制具有宏观政策价值了。本书研究便是在此背景下展开的，起始于 2007 年 7 月，终止于 2012 年 7 月，从多个层次系统关注国家中长期科技规划执行 5 年内的绩效表现。

1.1.1 选题背景

20 世纪，特别是第二次世界大战后，科学技术已经成为经济增长和发展的主要动力。以知识创新为核心竞争力的 21 世纪的到来，使科学技术创新的重要性受到各国的重视，而 21 世纪初席卷全球的金融危机引发的新一轮科技竞争，进一步把科技创新推到了走出困境的制高点。对科技政策制定者而言，其日益的重要性必然伴随着不断递增的、有效地控制其发展的需要。对一定数量的创新投资，创新政策的制定者和创新实践的管理者首要关心的是决定创新产出数量最大化的创新效率水平。在此背景下，一个关键的行为是探索和检验科技创新活动最优化绩效的条件及关键影响因素，确立最佳的标杆行为，据此制定和实施科技政策，以改善它的绩效（Moed et al.，2004）。本书的研究便是在此背景下展开的。

本书把创新生产过程（或系统）看成一个投入产出的系统，本着全面、有效的目的对其绩效行为进行建模分析，并付诸实证应用，服务创新政策实践。具体来说，本书的研究主要基于以下三方面考虑：

第一，创新资源的有限性：创新资源主要包括研发（Research and Development，

R&D）人员与 R&D 经费。对一个国家或地区来说，R&D 人员显然是有限的，而 R&D 经费也受该国家或地区的经济水平所限制，因此也是有限的，而非无限的投入。例如全部的经济合作与发展组织（OECD）国家 2006 年的研发密度（研发经费与国民生产总值的比）不到 2.6%。其中，最高的瑞典也不到 4%。随着中国国力的增强，虽然从 1978 年就推进国家创新系统的改革，但研发密度一直没有超过 2%，而在 2002 年前，一直低于 1%。在创新资源有限的限制条件下，努力改善创新绩效无疑是每一个国家或地区所追求的。从生产效率角度出发，都努力使自己成为最优前沿面上的一员。

第二，内生经济增长理论的诱导：早在 20 世纪 50 年代，以 Solow（1957）和 Swan（1956）为主要代表的经济学家将经济增长理论引领新古典（外生经济增长理论）时代，证明了技术进步是经济增长的引擎。随后，20 世纪 80 年代中后期，Romer（1986）与 Lucas（1988）等开创了内生经济增长理论研究的先河；几乎同时，Grossman and Helpman（1991）以及 Aghio and Howitt（1992）为主要代表的经济学家也开始了 R&D 内生增长理论的研究。内生经济增长理论致力于技术进步内生化研究，实现了增长理论中的第二次飞跃，从此增长理论进入了"新"时代。R&D 内生经济增长理论则主要从创新的角度来解释经济增长的原因，被认为是内生增长理论中最有解释力、最有发展前途的增长理论。随着该理论被认同，国家和地区加大 R&D 投入也成为必然，而在投入有限的条件下，势必也追求 R&D 的利用率，以改善产出过程的效率。

第三，完善创新绩效测度体系的需要：首先，现有测度模型没有全面考虑投入和产出两方面的无效性，这种背景下的效率估计结果显然无法有效地服务和指导创新政策发展与实践管理；其次，现有的创新效率估计模型多数没有考虑创新系统的内部结构，即黑箱状态下的估计，这样不利于全面了解创新过程中无效性的具体根源；再者，现有研究鲜有从创新过程与系统角度整体建模分析创新活动的绩效与影响机制；最后，创新理论体系的涌现与实证分析框架的不足之间的不对称发展也迫切需要引入和构建更加有效的估计模型。

1.1.2 选题意义

改善创新绩效是在现有创新资源有限的条件下提升创新能力的有效途径，而有效控制创新绩效的一个途径便是基于历史数据对创新过程的生产效率进行估计，分析其中无效的原因，并筛选出相对有效的创新单元作为标杆，为后期创新绩效的改善提供决策参考。此外，基于历史经验数据对创新过程与创新系统的动力机制建模分析，有助于引导选择改善创新绩效的措施。结合目前学术研究发展和中国科技发展现状，本书的选题意义可从学术研究价值和管理实践价值两个层面分析。

在学术研究价值上，本书通过引进和构建更加有效的数学模型来满足深层创新测度与探索的需要。本书的研究工作不但丰富了传统的科技评估体系，也从侧面反映了管理科学方法的实践应用价值。不但为创新系统方法从定性的理论分析走向定量的实践应用提供了建模分析工具，而且使在系统框架下构建多阶段转化的创新过程效率估计模型成为现实。这些工作为从实践角度分析和管理创新系统活动成为现实奠定了坚实的理论基础。

在管理实践价值上，不但为多个层次上创新生产单元的创新绩效的比较提供了更加完善的分析框架，而且基于大量的近期数据进行了典型的实证分析，为这些层次上的管理者和政策制定者提供了一定的决策参考。此外，本书的选题对金融危机后科技创新的高强度投资与中国正在推进的中长期科技规划都具有一定的实践指导意义。这些都最终将服务于中国目前正在推进的创新型社会发展战略的实施。

1.2 主要内容和创新

由于创新测度涉及内容广泛，本书内容聚焦于创新投资的绩效与影响因素的建模与实证应用研究。为学术规范，本书研究内容将以专题形式逐层展开，并逐渐深入讨论。本书的目标读者是研究生与科研人员，因此本书研究内容侧重了新颖分析框架与测度模型的构建，力争在测度视角与方法技术上有所创新，以提升学术参考价值。

1.2.1 主要内容

本书的主要研究内容共分八部分展开论述：

第一章，引入本书的研究背景与意义。本章首先简要地介绍了本选题的宏观背景，即从对科技发展战略实践意义角度分析选题的背景，随后从创新资源的有限性与内生经济增长理论的诱导两个实践角度，以及完善创新绩效测度框架的需要一个学术研究角度，进一步阐述本书的研究选题背景。其次，对本书的选题意义、研究内容、创新点以及逻辑分析框架进行了概述。

第二章，从现有的理论研究与实践探索角度分析本书的研究基础和现状。首先从创新过程的相关理论与实践现状分析本书研究基于创新过程测度的理论基础与可行性，随后对现有创新系统方法现状研究，以表明本书基于创新系统方法从整体角度对创新系统和创新过程路径建模的可行性及政策发展的实践价值。其次，从现有可借助的分析工具角度展示了本书研究的分析技术基础。最后，强调了网络数据包络分析在创新管理实践不断深入的背景下作为创新过程的绩效深层分析工具的科学性和适应性。

第三章，考虑到测度指标度量在创新绩效度量中的基础性（有效的测度结果首先必然基于测度指标值的有效度量上）和重要性，本章首先对创新绩效测度指标的复杂性进行了系统性地分析，同时讨论了如何在数据搜集与整理以及模型构建与处理时应对这些复杂性。由于重点学科的建设是中国科技创新发展的重要平台，因此本章以重点学科建设中科技投入产出的效率测度为例，具体分析了测度指标的复杂性以及处理方法，并结合数据包络分析模型给出了相应对策。

第四章，考虑到系统功能是内部子系统交互作用的整体结果，本章通过结构方程来构建创新过程的整体的影响路径分析框架。本章中，首先从创新系统理论出发，在区域层次上，构建了7个外生性功能块（知识资本聚集、新增创新投入、外部知识获得、创新成熟度、公共创新环境、产业聚集环境以及创新链接）来描述内生性综合变量"创新产出"的影响路径结构。随后基于创新过程各阶段创新活动的功能特征差异，本章从系统角度出发构建"技术创新积聚、研发型技术创新投入、非研发型就似乎创新投入、技术创新产出以及技术创新收益"5个功能块来描述中国高技术产业技术创新过程的非线性影响路径结构。实证研究中，基于近期的面板数据，引入基于偏最小二乘的结构方程（PLS-SEM）对这两个路径框架进行验证与分析。

第五章，本章鉴于传统径向数据包络分析用于创新绩效估计的不足，前后引入两个非径向—非定向数据包络分析（改良的 Russell 测量模型和基于松弛的测量 SBM 模型）来构建创新效率及其变化的测度框架体系。其中，用改良的 Russell 测量模型联合单因素效率测度数据包络模型辅助分析和比较了各中国高技术产业技术创新效率；用SBM 联合 RD-Malmquist 指数对中国区域研发活动的动态效率进行了实证分析；用改良的 Russell 测量模型联合 Malmquist 指数的思想自行构建了创新绩效的动态分析模型，并用其对中国理工科高校科学创新活动的动态效率进行了实证分析与比较。

第六章，基于考虑内部运作的需要，本章引入 Kao 式网络数据包络分析模型，来构建固定规模报酬假设下考虑内部多阶段转化的创新过程的技术效率测度模型，并用其分析中国高技术产业的技术创新过程的多阶段技术效率，以深层探索中国高技术产业技术创新过程中的无效性，为其今后政策发展提供了较为全面的证据。

第七章，在第六章遗留问题的基础上，本章自行构建了更具有普适性的两类（链式和并行式）网络数据包络分析模型，并在构建并行式网络数据包络分析模型时考虑了被测评单元规模效率差异，即提供可变规模报酬假设下的创新过程纯技术效率的测度技术。本章用并行式模型分析基于电子通讯和医药制造两个典型高技术产业的区域层次上的技术创新的整体效率，用链式模型分析中国区域层次上的科技创新的过程效率，并引入回归模型构建新的两步骤分析程序，检验创新环境对创新各阶段效率的影响。

最后，结论与展望部分，回顾了本书的主要研究发现和结论，并指出本书研究分析的局限性以及有待于进一步完善的、有价值的扩展性研究。

1.2.2　本书的主要创新

本书试图通过引入或构建更加科学的分析框架来满足改善创新实践活动深层分析的实践需要；同时，本书追求实证分析的创新，利用构建的一系列测度模型与分析框架体系对中国的科研机构（以重点研究型理工科高校为代表）、高技术产业以及区域等不同层次上的创新活动绩效进行了全面的实证研究与分析。与现有研究相比，本书研究的主要创新点可以总结如下：

（1）引入结构方程来描述创新系统分析框架，在充分考虑系统要素交互作用下，为创新系统方法论从定性的理论分析迈向定量的实证应用提供了分析平台。具体操作中，本书利用 PLS-SEM 模型构建了适合小样本、弱假设的稳健型的路径结构检验模型。

（2）引入非径向—非定向的数据包络分析（DEA）模型，在同时考虑投入与产出无效的条件下，构建了创新效率更加全面的估计模型，并在非径向—非定向数据包络分析模型的基础上，基于 Malmquist 指数，自行构建了创新效率变化估计模型。

（3）借助 Kao 式网络数据包络分析，在固定规模报酬经济假设条件下构建了考虑内部运作的创新过程的技术效率估计模型，并在此基础上新构建了两类（并行式和链式）网络 DEA 模型，提出了可变规模报酬假设下的并列式网络 DEA 模型，以分析纯技术创新效率。

（4）构建了两步骤分析程序以实现对创新系统效率的全面分析。第一步通过加性网络 DEA 建模技术在一个整体框架下估计技术创新过程以及两个子过程的效率；第二步通过偏最小二乘回归分别检验创新环境因素对创新过程各阶段效率的作用模式。

（5）在上述构建的分析框架基础上，基于近期历史数据，对中国的重点理工科高校、高技术产业（产业层次和区域层次）、省域单元等多个层次上的创新生产单元的创新活动的绩效进行了估计、比较与分析，并提出了一些有价值的政策发展建议，为中国科技活动在各个层次上的有效管理提供了一定的决策参考。

1.3　逻辑结构

本书针对不同的研究背景与研究目的，从多个角度构建了创新过程的绩效测度与分析框架，并将其成功应用到中国多个不同层次的创新生产单元创新投资绩效分析中。虽然主体内容是并行展开，但各部分之间存在逐层递进的逻辑关系。图 1-1 展示了本书主体研究内容的逻辑框架结构。

从图 1-1 不难看出，本书研究的主体内容在整体研究目标的基础上分解成五个递进子目标开展讨论。首先从讨论创新过程绩效测度体系构建中指标度量的复杂性展开本书研究的主体内容。这主要基于一个客观事实：如果指标的度量无效，再完美的测度

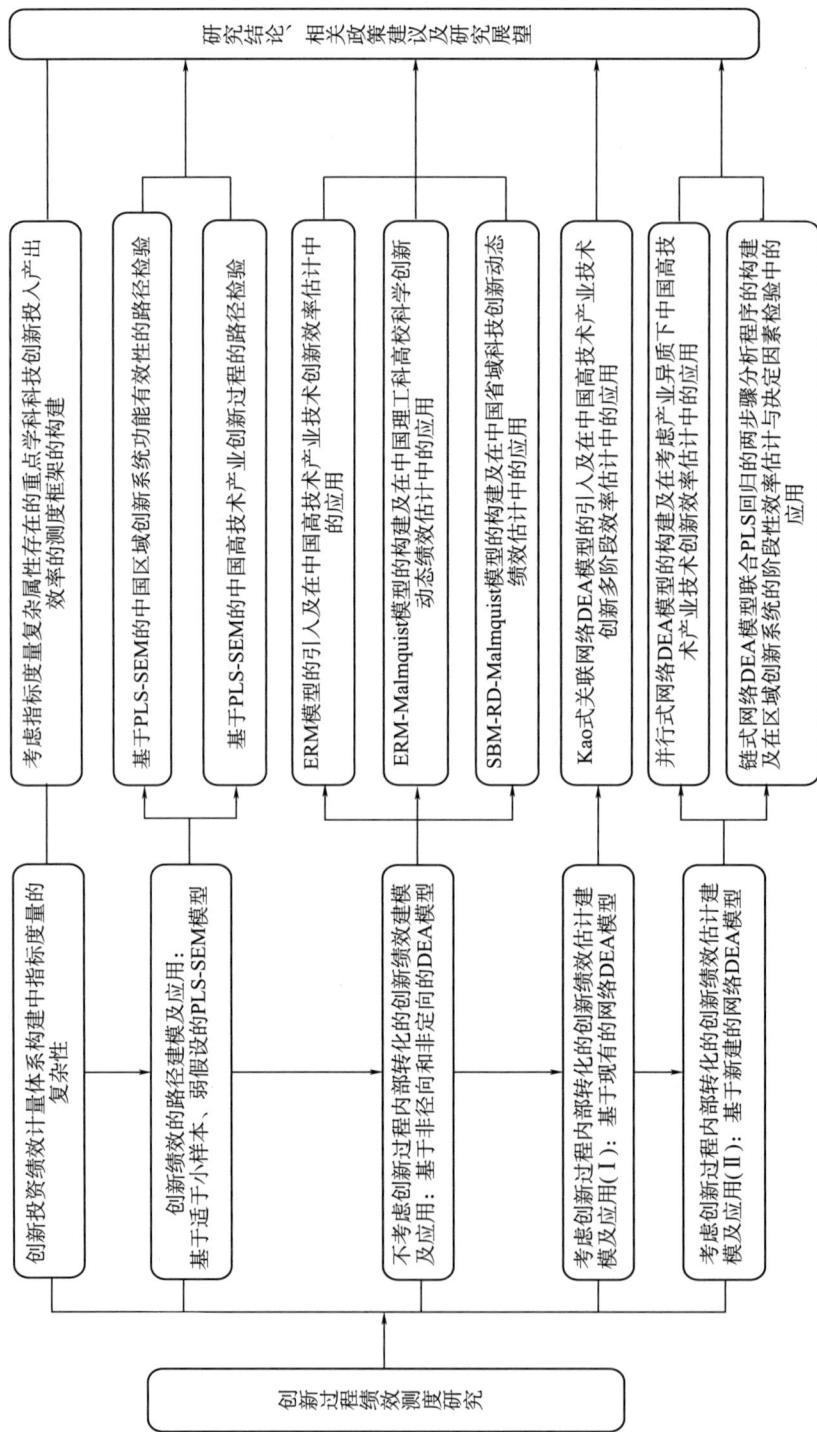

图 1-1 主体研究内容的逻辑框架结构

研究结论、相关政策建议及研究展望

创新过程绩效测度研究

创新投资绩效计量体系构建中指标度量的复杂性

创新绩效的路径建模及应用：基于适于小样本、弱假设的PLS-SEM模型

不考虑创新过程内部转化的创新绩效建模及应用：基于非径向和非定向的DEA模型

考虑创新过程内部转化的创新绩效估计建模及应用（I）：基于现有的网络DEA模型

考虑创新过程内部转化的创新绩效估计建模及应用（II）：基于新建的网络DEA模型

考虑指标度量复杂属性存在的重点学科科技创新投入产出效率的测度框架的构建

基于PLS-SEM的中国区域创新系统功能有效性的路径检验

基于PLS-SEM的中国高技术产业创新过程的路径检验

ERM模型的引入及在中国高技术产业技术创新效率估计中的应用

ERM-Malmquist模型的构建及在中国理工科高校科学创新动态绩效估计中的应用

SBM-RD-Malmquist模型的构建及在中国省域科技创新动态绩效估计中的应用

Kao式关联网络DEA模型的引入及在中国高技术产业技术创新多阶段效率估计中的应用

并行式网络DEA模型的构建及在考虑产业异质性下中国高技术产业技术创新效率估计中的应用

链式网络DEA模型联合PLS回归的两步骤分析程序的构建及在区域创新系统效率估计与决定因素检验中的应用

模型和分析框架也无法得到有效的、具有参考价值的估计结果。在此基础上，本书研究通过路径分析构建创新过程的系统分析框架，同时探测创新生产过程中关键的参与要素，为后续的创新效率测度指标体系的选择奠定实证基础。在随后的三个以数据包络分析为建模基础的子目标中，首先引入非径向—非定向数据包络分析模型构建不考虑创新过程内部转化的创新活动的创新绩效估计框架；随后，为满足考虑创新过程内部转化的需要，引入 Kao 式关联网络数据包络分析模型构建其系统性估计模型。最后，为了满足更多的分析目的与测度背景，本书研究提出两个更加灵活的网络数据包络分析模型作为创新效率估计分析框架，并分别应用其分析区域和产业层次的创新活动，也为后续扩展性的实证研究奠定了框架基础。

第2章　研究基础与现状

2.1　理论与实践基础

创新测度模型的构建与执行主要建立在创新过程与创新系统相关理论发展与理解的基础上。创新过程理论的发展扩展了创新绩效的测度视角，创新系统理论的发展丰富了创新绩效影响因素的选择。

2.1.1　创新过程的相关研究

就创新模式来说，经历了从线性模式到非线性的链式模式（Kline and Rosenberg，1986；Rothwell，1994a，b），再到复杂的系统模式（Edquist，1997）等逐渐复杂的演化过程。在这个演化过程中，多数学者对创新模式的研究重点落在了创新的机理，如，创新活动的发生是市场拉动还是技术推动？系统视角下的各种创新要素的交互作用？（如，Kline and Rosenberg，1986；Rothwell，1994a，b；Galanakis，2006；Cantisani，2006）。这些已有研究表明，创新过程是一个非线性的过程，常常伴随着反馈。然而，从创新生产角度，即从创新的物质要素转化过程分析，基于线性角度分析创新过程的研究仍在现有文献中占据主导地位（Rossi and Emilia，2002；Guan and Chen，2010a）。在此背景下，一个完整的创新生产活动被视为由连续的多个关联阶段构成。其中两个关键的阶段是上游利用创新资源进行"研究和发展（R&D）"的子过程与下游把创新产出转入市场进行"商业化"的子过程。在现有研究中，由 Griliches（1990）较早构建的知识生产路径图（见图 2-1）便形象地刻画了创新的物质要素的线性转化过程：从创新投入（R）到知识增加（$\triangle K$），再到产品的商业化（Z）。

Griliches（1990）的知识生产路径图给予后续研究者在创新活动定量分析上有两个重要启示：一是增加的技术知识可以用专利产出来衡量，虽然存在诸多不足（Griliches，1990）；二是分析时要考虑潜藏的不可直接观测到的影响和随机误差（u，v）的影响。其

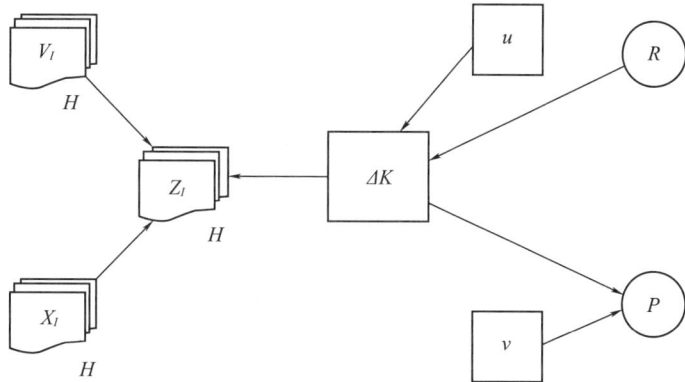

图 2-1　知识生产路径图

来源：Griliches（1990）

中，专利作为衡量技术知识增加的观点已被现有的各种创新测度文献广泛认可（如，Furman et al.，2002；Guellec and de la Potterie，2004；Fritsch and Slavtchev，2007a，b；Guan and Chen，2010a，b），对影响创新绩效准确分析的不可被观测到的测量误差与随机因素的建议也已被现有研究所重视（如，Wang and Huang，2007；Bonaccorsi and Daraio，2003；Fritsch and Slavtchev，2007a，b；Guan and Chen，2010a）。

　　Brown and Svenson（1998）从微观层面构建了一个更加详细描述 R&D 过程物质要素转化的框架（图 2-2）。该分析框架表明，初始创新投入（Inputs）经过上游的处理系统（Processing System）转化成中间的产出（Outputs），随后经过下游的接受系统

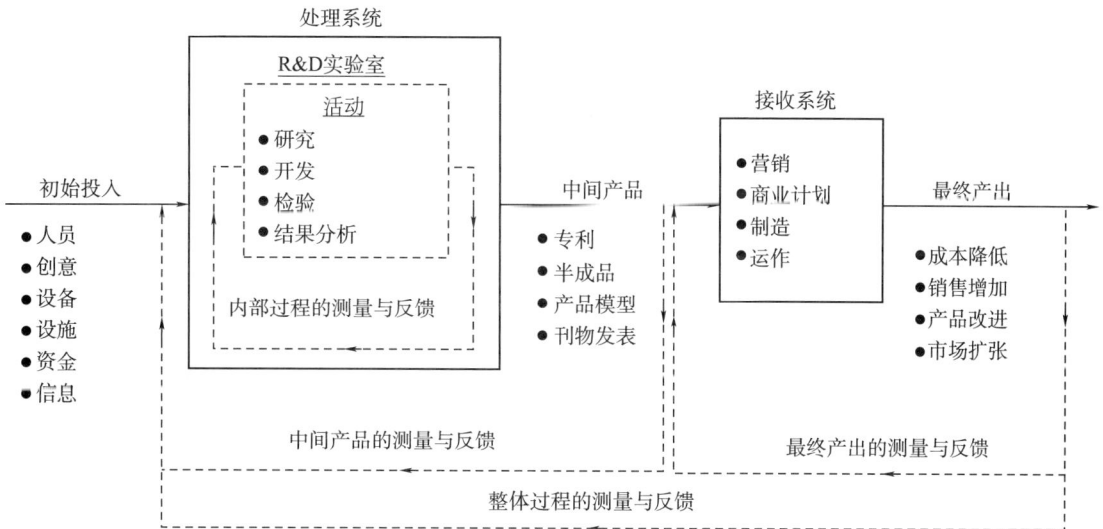

图 2-2　R&D 生产过程

来源：Brown and Svenson（1998）

（Receiving System）再转化成最后的经济收益输出（Outcomes）。该框架结构同时也考虑了内部测量和反馈机制，但 Brown and Svenson（1998）指出，过多地强调内部测量和反馈机制往往会使研发绩效测度失败。此外，创新过程的绩效与其关联的创新活动有着直接的关系，对其细致的了解对考察创新过程的绩效和质量非常重要。然而，Brown and Svenson（1998）同时强调，在创新绩效测度时要重点关注过程中的物质性产出和收益，而不是行为，虽然行为指标在衡量科学家和工程师贡献时非常重要，但在度量整个研发系统的绩效却并非如此。

紧随其后，在近期的研究中，面向创新过程的定量测度也逐渐兴起。Moon and Lee（2005）首先从 R&D 资源转化的角度构建了国家创新活动运作的动态生产框架结构（图 2-3）。该分析框架描述了从 R&D 投入到 R&D 产出再到经济收益（Economic Output）两个关联的子转化过程：R&D 过程和商业化过程。该分析框架表明从创新过程角度分析宏观（区域或产业）层次上的创新活动是可行的。

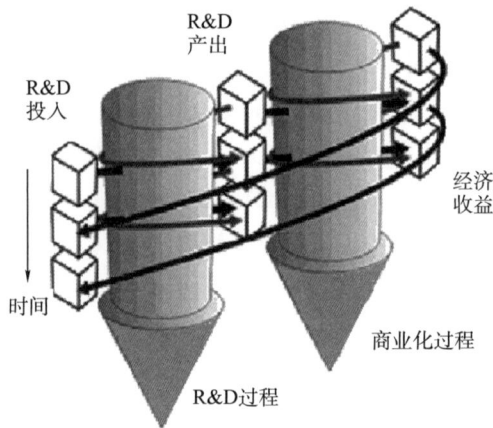

图 2-3　国家创新活动运作的动态生产框架

来源：Moon and Lee（2005）

随后，官建成和何颖（2005，2009）扩展了该框架，利用该框架分别探索了中国区域和 OECD 国家创新过程的效率表现。图 2-4 展示了官建成和何颖（2005）基于中国区域创新生产要素构建的创新活动生产框架。

其间，Bernstein and Singh（2006）基于线性创新模式构建了图 2-5 所示的更加完整的创新过程：从创意产生（Idea Generation）到创新支持（Innovation Support），再到创新发展（Innovation Development），最后到创新应用（Innovation Implementation）。该框架试图把技术推动（Technology Push）和市场拉动（Market Pull）两种创新模式整合

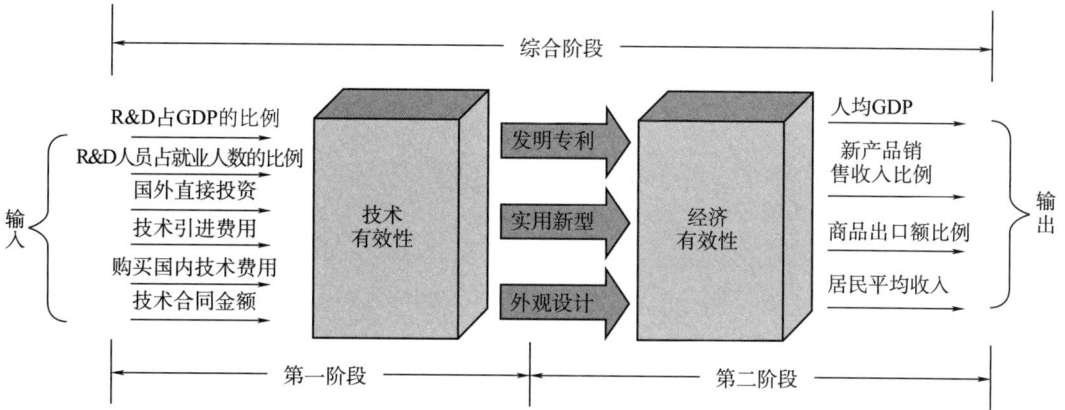

图 2-4　创新活动生产框架

来源：官建成和何颖（2005）

在一个分析框架中，以符合现有复杂的创新环境分析的需要。对于一个创新过程，技术推动和市场拉动两种效用非常难以量化，但这一完整地描述创新过程的四个阶段的分析框架为本书研究的全面探索创新过程奠定了理论基础。

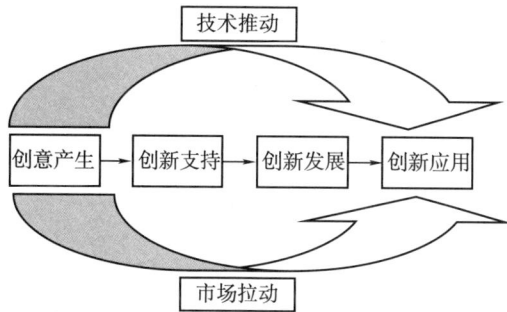

图 2-5　创新过程概念图

来源：Bernstein and Singh（2006）

2.1.2　创新系统的相关研究

创新系统的方法使描述、理解以及解释复杂创新过程成为现实（Edquist，1997），因此创新系统方法是个有用的创新政策辅助分析工具，已被现有研究广泛用来实证分析区域和国家创新系统（如，Fritsch，2001，2002；Furman et al.，2002；Fritsch and Slavtchev，2006，2007a，b；Broekel and Brenner，2007；Hu and Mathews，

2005，2008；Li，2009；李习保，2007；陈凯华和官建成，2010a）。它能帮助我们从系统角度辨别形成创新以及影响创新的要素，因此了解创新系统理论是获得有效创新绩效测度的基础。

国家创新系统这个概念是由英国经济学家 Freeman 在 1987 年首次提出（Freeman，1987）。他的国家创新系统学说来自于对不同国家发展速度不同的反思，并从制度与产业结构上剖析创新的系统性和国家干预的重要性。Freeman 是在研究日本技术政策和经济绩效的基础上构建了他的国家创新系统理论。他的主要结论是：在一国的经济发展、追赶和跨越中，仅靠自由竞争的市场经济是不够的，需要政府提供一些公共商品，需要从一个长远的、动态的事业出发，寻求资源的最优配置，以推动产业和企业的技术创新。他将国家创新系统定义为：是公共、私有部门机构之间的网络，其活动对新技术有引入、启动、改进和扩散的作用。他给予四个因素特别的关注：政府政策的作用、企业及其研究开发努力的作用、教育和培训的作用以及产业结构的作用。随后，Nelson 在分析了美国和日本等国家和地区创新系统对技术创新的支持后提出了侧重制度研究的国家创新系统理论（Nelson，1993）。他认为现代国家创新体系在制度上相当复杂，既包括各种制度因素以及技术行为因素，也包括致力于公共技术知识的大学，以及政府的基金和规划之类的机构。其中，以盈利为目的、相互竞争也彼此合作的厂商是创新系统的核心。Nelson 将国家创新系统定义为：一系列机构间的相互作用，它们决定一个国家的创新绩效。

需要指出的是，尽管早在 1987 年 Nelson 和 Freeman 就提出了国家创新系统这一概念（Nelson and Freeman，1978），用以说明美国和日本在技术创新绩效方面存在的诸多差异，但是，无论是 Nelson 还是 Freeman，他们既没有给出国家创新系统的明确涵义，也没有意识到这样一个概念的提出会在学术界和各国政界产生如此巨大的反响，以致20 世纪 90 年代初期国家创新系统成为技术创新研究最为热门的话题（冯之浚，1999）。Patel 和 Pavitt 在 1994 年所写的一篇文章对国家创新系统的研究作出了突出的贡献（见 Patel and Pavitt，1994）。他们认为，国家创新系统的重要性在于：它表明，虽然传统的有关技术进步的理论能认为开放的贸易系统将使技术的国际性迅速扩散成为可能，从而使后发国家的追赶成为可能，但不同的国家在对技术投资的政策是不同的，从而造成了国际性技术差距在某些国家之间的扩大。可见，国家创新系统可帮助一国确定如何对技术进行贸易，这种投资的效果，可解释不同国家在这种投资上的差异和不同的模式。由此，Patel 和 Pavitt 把国家系统定义为："决定一个国家内技术学习的方向和速度的国家制度、激励结构和竞争力。"

经济合作与发展组织（OECD）在上述研究的基础上，于 1997 年发布国家创新系统的报告（OECD，1997）。报告提出，创新和技术进步是创造和传播各种知识的行为者之间错综复杂关系的结果，一个国家的创新绩效在很大程度上依赖于这些行为者是如何相互关联以及他们使用何种技术。这些行为者首先是企业、高校、公共研究机构及其人员。他们的联系多种多样：可以是共同研究、人员交流、交叉专利、购买设备以及许多其他渠道。对于国家创新系统而言，最重要的是相互作用的网络和系统。在这个系统中，各种机构在科技发展中的联系和关系能够有效解释国家的知识配置能力，而知识配置能力被认为是经济增长和提高竞争力的决定因素。

冯之浚（1999）指出加快中国国家创新系统建设的迫切性与必要性。他指出，加快国家创新系统建设是国际竞争的需要。中国正在建设的社会主义市场经济既是国际经济的重要组成部分，又受到国际政治经济格局的影响。在这样一种背景下强调国家创新系统的作用有着十分重要的意义。但他指出，中国正处于社会主义市场经济的初级阶段，市场机制正在建设和发展之中，因此，更需要政府的宏观指导和政策投入，强调对创新的支持，以提高创新的效率。他总结性地提出，国家创新系统的完善与发展能为中国的经济与科技体制改革带来新思路；能为解决中国的科技与经济脱节的现象提供有效的途径和方法；能为中国的技术创新能力提高提供制度保障与技术基础；最终将有助于提高中国产业的素质和国际竞争力。

与国家创新系统共存的是区域创新系统。英国卡迪夫大学的 Cooke 教授对区域创新系统进行了较早和较全面的理论及实证研究（Cooke et al.，1997）。在 Cooke 等人所编的题为《区域创新系统：全球化背景下区域政府管理的作用》一书中，Cooke 对区域创新系统的概念进行了较为详细的阐述（Cooke et al.，2005）。挪威学者 Wiig 和 Wood 在探讨区域创新系统的概念时，认为广义的区域创新系统应包括：①进行创新产品生产供应的生产企业群；②进行创新人才培养的教育机构；③进行创新知识与技术生产的研究机构；④对创新活动进行金融、政策法规约束与支持的政府机构；⑤金融、商业等创新服务机构（Wiig and Wood，1995）。区域创新系统与国家创新并没有本质的区别（Doloreux，2002），它们都是引导创新的管理者和政策制定者能从更加系统的角度考虑创新产出的影响因素，同时它们为面向顾客需求的创新政策的制定提供了分析框架（Edquist，2001；Edquist and Hommen，1999）。

2.2　建模与方法基础

建模与方法主要受制于创新测度目的。本书由于聚焦于从创新全过程与系统的整体视角关注创新投资的绩效与影响因素，因此仅选择处于当今学术前沿的两类方法进行简要介绍与跟踪。一是适应分析创新绩效决定因素的路径检验模型，二是适应测度创新绩效的数据包络分析模型。

2.2.1 创新路径检验工具

结构方程模式（Structural Equation Modeling，SEM）是一门基于统计分析技术的研究方法学，用以处理复杂的多变量研究数据的探究与分析。一般而言，结构方程模式被归类于高等统计学，属于多变量统计的一环，但是由于结构方程模式有效整合了统计学的两大主流技术——因素分析与路径分析，因此在瑞士籍的统计学者 Jöreskog（1970）提出相关概念，并首先发展分析工具 LISREL 软件之后，有关结构方程模式的原理讨论与技术发展便蔚为风潮，普遍成为社会与行为科学研究者必备的专门知识之一。

过去传统的统计方法，不论分析的内容为何，多把变量视为真实、具体、可观测的测量数据，在分析过程中，并不去处理测量过程所存在的问题，也就是说，测量与统计是两个独立分离的程序。相对于传统的做法，SEM 是一个可以将测量与分析整合为一的测度研究技术。其关键在于 SEM 将不可直接观察的构念或概念（Contructs），以潜在变量的形式，利用观察变量的模型化分析来加以估计。它不仅可以估计测量过程当中的误差，也可以用以评估测量的信度与效度。另一方面，在探讨变量之间关系的时候，测量过程所产生的误差并没有被排除在外，而是同时包含在分析过程当中，使得测量信度的概念可以整合到路径分析的统计推论的决策过程中。

目前，主要有两种方法来估计路径系数和相应的参数。由 Jöreskog（1970）构建的结构方程是基于极大似然（Maximum Likelihood，ML）估计，对分布和样本数量都有较强的要求，因此常被称为"硬模型"，常简写为：ML－SEM。此外由 Wold（1980，1982，1985）基于偏最小二乘（Partial Least Square，PLS）估计的结构方程因对分布和样本数量有着较低的要求，因此常被"软模型"，常简写为：PLS-SEM（Tenenhaus et al.，2005）。PLS-SEM 使用非参数推断方法，不需要对数据进行严格假定；而 ML－SEM 方法假设观测数据服从多元正态分布。PLS-SEM 是一种有限信息估计方法，所需要的样本量比完全信息估计方法 ML-SEM 小得多。

由于 ML-SEM 较早便引入中国，以及估计软件（如，LISREL 和 Amos）发展较为成熟，较多学者仍偏好 ML－SEM，如侯杰泰，温忠麟和成子娟（2004）、李健宁（2004）、黄芳铭（2005）、林嵩（2008）、易丹辉（2008）。不过有由于 PLS-SEM 相对 ML-SEM 具有较多的优点，特别适应创新活动小样本和弱假设的特点，因此逐渐被较多的国际创新研究者所青睐（如，Nasierowski and Arcelus，1999；Gatignon et al.，2002；Sohn and Moon，2003；Prajogo and Sohal，2006；Sohn et al.，2007；Alegre and Chiva，2008；Guan and Ma，2009；Zeng et al.，2010）。国内研究似乎进展缓慢，不过北航王惠文教授带领的团队的工作对 PLS-SEM 在国内的传播起了非常积极的作用（王惠文等，2006），如陈凯华和官建成（2010a）与陈凯华等（2013）已成功应用 PLS-

SEM 来诊断中国区域创新系统功能有效性。

结合上述观点，同时根据创新活动常具有的样本少、多重共线性以及分布复杂等特点（见，Guan and Ma，2009；陈凯华和官建成，2010a），本书研究主张在创新活动框架分析师选用 PLS-SEM 特别是在区域与国家层次上分析时。从 Jöreskog and Wold（1982）、Chin and Newsted（1999）可以看出，ML-SEM 侧重模型的检验，对数据的分布一般有比较严格的假定；PLS-SEM 则更多关注变异的解释，不需要充分的理论基础，对偏离正态的情况也能得到相对稳健的估计。

2.2.2　创新效率测度工具

某个产出指标与投入要素的比值，是粗略测度创新活动的效率或生产率一个简单但又是目前创新研究与管理中最常用的分析方法。如，对被评价的创新生产单元来说，专利产出个数与 R&D 经费（或 R&D 人员）投入的比值是个常用的度量创新效率或生产率的指标，以此反映单位创新投入所获得的创新产的能力；再如用新产品的销售额与 R&D 经费（或 R&D 人员）的比值来表示单位创新投入所获得的经济效益的能力；等等。这种简单比值的测度方法最大优点就是含义明了，但它忽略了投入要素之间的交互关系与效用的非独立性。创新系统的绩效是多种创新要素共同作用的结果，用简单的一对一指标的比值不能真实衡量它的运行效率。当然，可以考虑用设定的权重分别集结创新过程中各种异质的产出和投入要素，然后求其比值来反映系统的整体生产率绩效。这显然是个可行的方法，这些权重结构的设定在实际操作中非常困难。一方面，由于面向多投入多产出且交互影响的系统效率的测度，因此指标间的相对权重较难确定，统一权重的设定常受决策者主观的随意性影响；另一方面，由于不同的参评创新系统在同一指标上优劣势或者同一指标对不同的参评创新系统的重要性上常存在较大的差异，因此统一的权重结构无法兼顾公平。

根据现有研究，数据包络分析（DEA）和随机前沿分析（SFA）是两个比较有效的方法，但适合不同的测度环境和目的。数据包络分析虽然它无法像随机前沿分析可考虑随机因素和统计噪音的影响，但适应多产出；同时数据包络分析是个非参数方法，无需事先设定创新函数的具体形式，这一点对研究复杂的创新生产过程与系统尤为重要。因此本书以数据包络分析作为基本分析工具。

数据包络分析是由 Charnes et al.（1978）在 Farrell（1957）工作基础上构建的。相对参数型的随机前沿分析框架来说，数据包络分析框架下，效率的测度是由相对最优生产绩效构成的生产前沿计算。随着数据包络分析方法的推广，该理论也逐渐被应用到创新系统效率的测度上。Rousseau and Rousseau（1997，1998）首先基于传统的径向数据包络分析模型构建了科学测度学指标来评估国家之间的相对效率，Wang and Huang（2007）随之对其进行了推广。最新的研究中，Zabala-Iturriagagoitia et al.

（2007）又用该数据包络分析模型分析比较了欧洲区域创新系统的效率。

国内研究，刘顺忠和官建成（2002）、官建成和刘顺忠（2003）用传统数据包络分析模型较早地对中国区域创新系统的相对效率水平进行了评估。随之，基于数据包络分析的区域创新效率的测度研究一直是区域创新系统实证研究中的一项重要课题，众多学者对其进行了扩展性的探讨。例如，官建成和何颖（2005）在考虑创新过程的技术产出和经济产出两个转化阶段的情况下，用传统数据包络分析模型对中国区域创新系统的效率水平进行了更深入的研究；虞晓芬等（2005）针对中国区域发展的不平衡问题，从区域技术创新效率差异角度分析区域发展不平衡的成因；刘树和张玲（2006）基于专利角度对中国各省专利发展的有效性作了实证分析；吴和成和刘思峰（2007）对中国区域 R&D 的相对效率作了评价研究。近期，官建成和陈凯华又做了一些新的尝试。例如，官建成和陈凯华（2009）引入非径向—非定向数据包络分析模型对区域水平上的中国高技术产业的创新效率进行了比较分析；Guan and Chen（2010b）联合非径向—非定向数据包络分析模型与 Malmquist 指数构建了中国区域创新系统动态创新绩效的测度与分析模型。

需要注意，创新系统是个复杂系统（Katz，2006），就其面向创新结果的"绝对结果绩效"来讲，因为其受规模效应、溢出效应、马太效应以及投入要素之间的复杂作用关系和不确定的内外部复杂环境因素等影响，也很难用标准的确定性层次结构和生产技术函数来描述与表示。而其面向创新过程的"相对效率绩效"，由于基于过程绩效，且又受到投入要素的限制和过程因素（尤其是制度、管理、劳动力技术熟练程度以及环境等因素）的影响，因此是一个更加复杂的经济行为。同时，创新效率体现了从创新要素投入到中间产出（如专利和新产品模型）再到市场经济效益实现交互在一起的多阶段转化的有效程度；尤其是在基于时间序列的动态环境下，生产技术要素的参与程度、相互作用关系以及内外部环境等因素，都随时间动态变化。因而，对创新效率估计妥协而有效的途径是视创新系统为黑箱，撇开其内部的转化结构、生产技术函数形式以及外部环境因素作用等各种难以通过测度模型考虑的复杂影响，用基于"黑箱"视角下的传统数据包络分析作为测度模型。

然而，随着研究深入，传统数据包络分析模型无需考虑测评单元内部结构和生产方式的优点也逐渐被认识到不能满足深层管理决策的需要，因为不考虑创新过程的内部运作，就无法获得准确的效率测度（Kao and Hwang，2008）也就无法挖掘创新过程无效具体根源所在。这种背景下，基于考虑内部子过程的结构性的网络数据包络分析模型便成为理想的分析工具。

具体来说，网络数据包络分析模型最大的贡献者应属于美国俄勒冈州立大学的 Färe 和 Grosskopf 两位教授，他们一系列的工作（Färe and Grosskopf，1996a，b，2000；Färe et al.，2007）为后续研究（Amirteimoori and Kordrostami，2005；Kao and Hwang，

2008；Kao，2009a，b；Chen et al.，2009）奠定了现有网络数据包络分析研究的基础。在传统网络数据包络分析模型中，最常见的概念是投入（inputs）和产出（outputs），而网络数据包络分析模型因考虑到由子过程构成的网络结构，因此对该网络结构的阐释必然产生新的概念。其中一个最为关键的概念是"中间产出品（intermediate products）"，决策单元的内部子过程通过它链接起来形成整个网络。此外，有些中间产出品不进入下一个子过程可能直接作为生产系统最终产出（final outputs），这样的中间产出品称为中间产出（intermediate outputs）。相对应地，如果子过程某些输入不是来源于上一个阶段的产出，而是系统中间过程的投入，这样的输入称为中间投入（intermediate inputs）。网络数据包络分析模型具有以下四个突出优点：

（1）考虑了内部子过程运作，完善了传统"黑箱"状态下模糊评估。这种做法的优点：一是使系统效率的估计考虑了更多的内部生产信息；二是可获得系统整体效率最优或者限制下的内部子过程的局部效率，为管理者提供更多的决策信息。

（2）由于网络 DEA 模型构造时充分考虑了内部子过程的生产信息，这样使得系统效率的计算结果更具有可区分性，系统效率有效的决策单元个数显著减少，甚至没有（见 Cook et al.，2009；Kao and Huang，2008；Chen et al.，2009）。这样为全面比较创新单元的绩效提供了分析平台。

（3）既然网络 DEA 模型可考虑内部子过程，因此网络 DEA 模型为测度包含不同功能的生产单元的整体效率成为可能（见 Beasley，1995；Cook et al.，2000）。该优点使得分析复杂生产系统整体效率成为现实。

（4）由于网络 DEA 建模是系统性的建模，考虑了子过程之间的相互关联性，因此由其获得的效率结果更具有合理性，避免传统 DEA 测度下出现矛盾的情况（见 Beasley，1995；Kao and Huang，2008）。如，仅仅当子过程都有效时整体过程才有效，整体效率不超过各子效率的最大值，不低于各子效率的最小值。这两条系统性规律在传统 DEA 分析框架下是很难满足的。

不过，现有网络数据包络分析模型存在较多扩展之处。其中模型的构建受内部子过程的结构影响较人，对更加复杂的内部结构显出不足。此外，现有多数网络数据包络分析模型是建立在不变规模报酬（Constant Returns to Scales，CRS）经济假设下，仅提供了技术效率测度；而对可变规模报酬（Variable Returns to Scales，VRS）经济假设下的纯技术效率测度的建模较少涉及。

2.3　研究现状

鉴于对创新监测与管理的重要性，创新测度不但受到学术研究者的关注，也是相关组织与机构关注的焦点。现有文献表明无论是组织还是个人都对创新测度进行了较为丰富的研究。

在组织层面，国内外较有影响的创新监测体系主要包括经合组织（OECD）的《奥斯陆手册》（也称技术创新调查手册）、欧盟的《共同体创新调查》和《欧洲创新记分牌》（2010 年，也就是 10 年里斯本战略结束又推出新的 10 年欧洲 2020 战略那一年，欧洲创新记分牌升级为创新联盟记分牌）、中国科学院创新发展研究中心的《中国创新发展报告》、中国科技发展战略研究小组的《中国区域创新能力报告》以及中国人民大学的《中国创新发展指数研究报告》等。这些组织层次工作为创新监测体系的构建奠定了良好的研究基础，为政府决策提供了有效支撑。不过这些组织层面的研究工作主要是基于统计层面信息组合，从单个综合指标分析比较国家或区域创新活动，对创新投资的效率表现、创新系统的结构比较与功能效用等更多对创新政策发展与管理具有直接支撑作用的测度问题的研究较少涉及。

个人层面的学术研究也为此做了一些推进工作。就相关著作来讲，近年已陆续出版。如，Moed et al.（2004）全面地讨论了基于专利与论文数据定量分析科技系统的方法与实证；Godin（2005）关注 1920 年来科学技术的统计构建与发展，数据的利用；程华（2009）系统地研究了政府科技资助和科技投入对企业研发投入的影响，比较政府科技投入与其他资金对企业研发产出的影响；刘凤朝（2009）系统地构建了国家创新能力测度的理论模型与测度框架；张俊芳（2012）系统地关注了国家创新系统效率与影响因素的实证研究。在学术论文上，一个典型的工作是 Furman、Porter 和 Stern 基于 Nelson 的国家创新系统分析框架与 Porter 的产业竞争优势理论，从创新环境角度扩展了在 Romer 的内生增长理论基础上构建的知识生产函数，构建了广受关注的 FP&S 国家创新能力框架（Furman et al.，2002），率先推进创新系统的实证研究。基于此框架，Hu and Mathew（2008）和 Li（2009）等做了扩展性实证研究，从系统角度分析了中国国家以及区域创新能力体系。近期，Chen and Guan（2011a）、陈凯华等（2013）进一步综合创新系统功能理论框架（Liu and White，2001b；Bergek et al.，2008）与 FP&S 国家创新能力框架，从要素集成功能角度构建了检验中国区域的研发系统功能有效性的路径分析框架，并基于不同样本长度的数据进行了探索。

个人层面上另一个典型研究领域是关于创新效率的测度。文献梳理表明，国际著名信息计量学专家，普莱斯（Price）奖的获得者，比利时学者罗纳德. 鲁索（Ronald Rousseau）率先用非参数 DEA 技术比较国家创新效率（Rousseau and Rousseau，1997，1998），来构建国家创新能力的科学计量综合指标。该研究随后吸引了国内外较多学者进行了多方面的扩展性研究。一部分学者直接在国家层面上进行了扩展性研究（Nasierowski and Arcelus，2003；Lee and Park，2005；Wang and Huang，2007），而另一部分学者将其扩展用来分析学科或高校的科技创新效率（Johnes and Li，2008；陈凯华和官建成，2008a，2012），也有一部分学者侧重产业技术创新效率测度的扩展（朱有为和徐康宁，2006；唐清泉等，2009；官建成与陈凯华，2009；Guan and Chen，2010a），还有一部分学者用来分析区域创新效率（池仁勇和唐根年，2004；涂俊和吴贵生，2006；Guan and Chen，2010a）。此外，一部分学者从分析技术上另辟蹊径，有的是借助 Malmqusit 指数来构建创新效率的动态绩效测度（Hashimoto and Haneda，2008；Guan and Chen，2010b），有的是引入参数前沿估计方法——随机前沿分析（Stochastic frontier analysis，SFA）构建面向单出（常以专利为代理变量）的技术创新效率测度模型（张宗益等，2006；Wang，2007；Li，2009）。

不可否认，虽然陈凯华和官建成（2010b）通过对国内外研究在创新生产前沿测度方面进行概述与比较发现国内研究成果对创新效率内涵的理解与界定不统一，在"R&D 效率"、"创新效率"、"技术创新效率"等不同的概念的理解上和测度框架的构建上仍存在混用，但这些相关研究都有效促进创新效率的测度实践。更为重要的是，现有的个人学术研究成果并没有系统性构建创新测度框架与方法，并且较多重要的测度视角没有研究或者测度方法不完善。考虑创新单元间创新生产技术异质性的兼容性创新效率建模、整体视角下创新投资转化过程的关联多阶段分析框架与结构性建模技术、系统模式下的创新投资过程中创新环境的作用框架及功能诊断技术等多个关键问题探索方面都有待于尝试和完善。在相关研究方面，本书作者已进行了较为系统的研究（见，Guan and Chen，2010a，2010b；Chen and Guan，2011a，2011b，2011c，2012；Guan and Chen，2012），但是在动态背景下构建测度模型涉及较少。

第3章 创新过程绩效测度中
指标度量的复杂性

3.1 测度背景与度量选择

指标的度量是创新测度的基础，没有科学指标度量，再巧妙的测度模型也不能保证创新过程绩效测度的有效性（陈凯华和官建成，2010b）。不过由于创新过程参与要素的复杂性以及数据资料的不完整性与不确定性，创新绩效的估计无论在指标的度量还是在模型的选择上都面临着较多的挑战（Brown and Sveson，1998），这样也使得指标度量也呈现出复杂性。本章主要针对创新过程绩效估计中指标度量的复杂性进行总结，并给出具体的处理方法。

考虑到不同的分析对象（如，学科、科研机构、产业或者空间区域）以及不同的测度目的常使得指标的度量体系存在较大差异。为使讨论更具有针对性，本章以重点学科为分析对象。本章讨论了科学构建重点学科科技投入产出绩效的估计指标度量的复杂性以及在建模时对应的处理办法。

3.2 考虑指标度量复杂属性存在的重点学科科技创新投入产出效率的测度框架的构建

3.2.1 研究总结

本例对重点学科建设效率评估时可能遇到的评估指标度量的复杂属性进行了系统的讨论，并重点结合数据包络分析模型讨论了实证计算时的处理方法。最后针对重点学科建设效率评估中不确定因素的存在，建议引入不确定数据包络分析模型，并建议超效率扩展，以获得学科建设效率水平的全排序。本章研究为不确定背景下的创新调查中指标的度量与处理提供了一定的启示，也有利于现有大学评价指标体系的丰富与科学评估。

3.2.2　研究背景

重点学科（尤其是国家级重点学科）无疑是中国科研发展的后备保障，为中国科技创新的发展提供了主要源动力。在推进创新型国家发展战略过程中以及竭力与世界一流大学的科研水平接轨的紧迫形势下，对其评估体系加以完善，引导其高效、可持续地发展具有较好的实践意义。

重点学科评估可分为水平评估和建设成效评估两类。前者是针对参评学科现有科研和资源条件以及前期（或规定时间内）取得成果的评定，可充当初次遴选（包括补选）重点学科的依据；后者是针对现有的重点学科在建设周期内的建设成效的评估，可作为淘汰重点学科的依据。从评估目的来讲，后者实质上又应该包括建设成果和建设效率的评估，而目前中国各级（重点在省部级和国家级）重点学科的评估多是基于一定资源条件（学术队伍、教学和科研条件以及资金支持）下的建设成果水平的评定，忽略了建设效率的评估，即"重视了水平，忽略了效率"。

基于资源条件建设成果的评估，侧重对学科目前科研能力以及时间点（或建设周期末）的教学、科研和人才培养成果的考查评定，即针对结果的评估，仅体现相对成本资源的绝对绩效，适用遴选（包括增补）性评估。建设效率的评估主要是从资源的利用率和未来的发展潜力角度，侧重考查参评学科建设周期内教学、科研和人才培养以及管理的有效性，即针对过程的评估，体现了相对成本资源的相对绩效，是一个典型的投入/产出型评估系统，是建设总结报告的主体，适用淘汰性评估。可见，两类具有不同目的的评估有着本质的区别。

目前各级组织还没有针对重点学科建设效率建立一个合理的评估体系，在学术研究上也处于空白，而它却可以有效弥补建设成果评估的不足。如对一般院校来讲，资源条件和建设成果很难与实力雄厚的名牌高校抗衡，但仍可以充分利用现有资源取得较好的建设效率水平；在对已有的重点学科淘汰评估时采用建设效率更加科学和公平，因为它考虑到了成本资源对结果绩效的影响；此外，由于建设效率是从资源利用率角度评估，有利于引导教育资源的节约和利用，此举为重点学科的淘汰提供了有效的决策依据，同时也是适应高等教育从重视公平到重视效率转变的有效途径。

可见，科学的重点学科建设效率评估体系，可以有效地使重点学科评估做到"效率优先，兼顾公平"。因此，建立科学的重点学科建设效率评估体系有着重要的现实意义。

3.2.3　存在问题

科学的重点学科评估需要在合理的评价体系和科学的评价模型的辅助下兼顾公平，达到有效促进其战略发展的目的。

重点学科建设效率的评估目的不同于建设成果的评估，因此不能照搬现有的重点学科建设成果的评估指标体系和"加权和"评价模型。其原因，一是评价指标体系在体现科研创新以及国际认可的成果方面，还存在较大差距和不足，无法更加有效地在服务国家科技创新规划中起到科研发展的战略导向作用；二是主观赋权的评价模型不科学。由于不同的重点学科运行性质不同，因此不便采用统一权重体系。即使同一学科间的评估比较，因在科研和教学成果以及资源条件是各有优势和不足，也不便采用统一权重。2008年的国家重点学科的评估中，教育部采取学校评审代替专家个人评审的方式。此举在一定程度上避免了各评估专家个人主观偏好的影响，但仍需要群体主观确定指标权重，没有质的改变；三是建设效率侧重资源投入向成果产出转换效率的评估，同时还需考虑过程因素，兼容指标在量纲和数量级上的差异，常规基于结果绩效的方法无法满足。

此外，科学的评估体系还需考虑指标复杂属性的影响，这是现存各类评估体系常常忽略的。在重点学科评估中，有些指标变量角色复杂，表现出"柔性"，如博士生既是人才培养的产出，又是科研人力的主要投入，Beasley在进行教育评估时就讨论了类似指标存在性（Beasley，1990，1995）；也有些结果性指标充当负面角色，体现决策者的"非期望性"，如设备的闲置率。还有些指标变量在绩效表现上存在时间延迟，即时滞性，如科研论文的撰写到录用；此外，某一期的投入会影响以后单/多期产出，即跨期依赖性，其实也是绩效产出的延迟，不妨把它和时滞性一起通称"时滞依赖性"。同时，指标间作用复杂，较多表现出"反馈性"，如产出成果多了，一般来说获得的学科投入资助与科研经费的机会也相应会多，而反过来又会影响产出。此外，指标的"异质性"是最为普遍但又常常被忽视的复杂属性。如有些指标是定量的，有些指标无法用准确的数量值衡量，只能定性评估。"发表科技论文的篇数"是定量的，而"学科管理水平"是定性的，需要按照一定标度量化。而定性指标即使按照评语等级在已定标度下进行了量化，与具体实际数量值的定量指标相比，在数量级、量纲以及指标间数量关系上都存在较大差别，这也是典型的指标异质性的体现，通常的评估方法是无法有效集结异质性指标信息的。并且有些定性指标的程度关系不是用评语给出，而是以排序形式给出，通常的评估方法更加难以处理这类指标信息。

可见，重点学科建设效率的评估要做到"科学"，在指标体系上需要"综合考虑投入、产出和过程因素，且与国际接轨，体现创新，起到有效的战略导向作用"；在评价模型上需"避免主观因素，有效处理指标变量的复杂性"。

3.2.4 指标选择

重点学科的评估是重点学科战略发展的导向灯,要遵循的宗旨是"科学公正,看齐国际科研水平,服务国家创新体系"。因此,评估指标尽量做到"采用国际认可的科研指标,体现科技创新"。

重点学科建设效率的评估目的,是探求重点学科在一定投入资源下成果产出的效率,因此应包含要素投入和产出成果情况,以及影响其运行效率的过程因素,如管理成效。这也是建设效率评估不同于建设成果评估之处。此外,在科研成果上,把代表性论文的发表情况以及被引用情况〔特别是 SCI(SCIE)、SSCI、A&HCI,此外还要考虑 EI、ISTP、CSSCI 和 CSCD 收录和引用情况〕和获得国内外授权的专利情况,作为独立因子考查。同时,博士目前是学校主要的创新主体,尤其在学术论文研究创新方面,因此博士生代表性学术论文人均成果以及优秀博士论文和提名论文数都作为独立因子重点考查。

总之,借鉴国家重点学科的评估体系,并本着重视创新和战略发展的思想,本书从表 3-1 所示的 6 个方面、25 个可以定性或定量判断的指标,试着建立科学合理的重点学科建设效率评估指标体系。此外,针对 DEA 模型,依据评估指标值越大对建设效率的水平越不利或越有利,又可把 25 个二级指标分为投入和产出两类(见表 3-1)。

表 3-1 重点学科建设效率的评估指标体系

一级指标	二级指标	投入产出属性	程度表现属性	表现程度形式
学术队伍	学科带头人的水平	投入	定性	LS/OD
	教研成员组成情况	投入	定量	ED
	博士生招收人数	投入	定量	ND
资源条件	建设资金来源数量	投入	定量	ND
	图书和数据库资源情况	投入	定性	LS
	教学和科研设备条件	投入	定性	LS/ID
	重点实验室及技术中心情况	投入	定量	ED
管理成效	学科管理制度制定和执行情况	投入	定性	LS
	经费使用情况	投入	定性	LS
	学科的规划情况	投入	定性	LS/OD
科学研究	发表的代表性论文情况	产出	定量	ED
	发表的论文被检索情况	产出	定量	ED
	授权的专利情况	产出	定量	ND/ED
	项目取得的成果及水平	产出	定量	EDD

一级指标	二级指标	投入产出属性	程度表现属性	表现程度形式
科学研究	科研奖励的情况	产出	定量	ED
	出版（或授权）的代表性专著情况	产出	定量	ED
	承担项目的情况	产出	定量	ED
学术交流	举办的主要国际国内学术会议情况	产出	定量	ED
	国外著名大学讲学或重要国际会议做报告情况	产出	定量	ED
	学科点承担或参与的国际交流合作项目情况	产出	定量	ED
教学与人才培养	教学成果情况	产出	定量	ED
	按期获得博士学位的博士研究生数	产出	定量	ND
	按期获得硕士学位的硕士研究生数	产出	定量	ND
	优秀博士论文和提名论文数情况	产出	定量	ED
	博士生代表性学生论文人均成果	产出	定量	ND

注：表中的二级指标多数并不是具体指标，是各种情况的综合体。如对"发表的代表性论文情况"这一指标，由于论文被 SCI、SSCI 和 A&HCI 收录与被 EI、ISTP 或者 CSSCI、CSCD 收录一般来讲体现了不同的学术水平，不应是数目的简单相加，应采用一个认可的权重来集结它们的数目。若有被《自然》和《科学》录用的文章，还需单独考查。

3.2.5 测度指标复杂属性分析

重点学科评估系统是一个复杂的评价系统，要对其有效评价，首先要理清系统内部因素和机理的复杂性。

（1）柔性

重点学科评估指标中指标"柔性"体现最为明显的是博士研究生培养，既是人才培养的产出，但又是科研的人力投入，在科研成果的创造中担当重要角色。较为公平的处理方法是把它既充当投入指标又充当产出指标。此外，科研项目经费也具有明显的柔性，如科研经费是学科进行科研的基础资源投入，而它的增加又象征着学科科研成就的高低。Cook and Zhu（2007）便通过引进二元变量（0 和 1）修正 DEA 模型来适应柔性指标。

（2）时滞依赖性

评估指标的时滞依赖性，指因评估周期的限制，使某些已付出劳动的活动不能在评估期内表现出应有的评估价值或得到认可，即投入产出的跨期非独立性。如投入的试验，投稿的学术论文等因为自身周期和评估周期存在交叉后者分离，无法在评估期内表现出应有的成果和水平；再如已达到国家科技奖水平的科学研究成果的认可周期，以及科研项目的科研周期等的限制，都可能会使投入和产出之间存在跨期时滞依赖性。由于这些时滞依赖性，无法在评估周期末对将来表现的水平进行认定，同时这些时滞性的成果又可以作为后面周期的科研成果，因此通常不给予处理。这种做法作为结果水平认定是基本合理的，但作为需要同时考虑投入和产出的效率评估就有较大的不足。科学的方法是引入时间窗概念，考虑评估指标绩效表现的动态性质，具体可参考Charnes et al.（1984）和 Ali and Thanassoulis（2005）。

（3）反馈性

指标的反馈性体现了指标绩效水平对指标改善的影响，反映产出水平对投入能力的反向作用。它是造成指标相关性的部分原因，但有时又是不可避免的。如科研成果与科研经费间就有明显的反馈性，科研成果多，获得科研经费的机会和数量就必然多；反过来，科研经费充足就有更多的机会获取更大的成果。显然科研经费和科研成果存在正反馈的作用和明显的相关性。为了获得科学的建设效率，需要消除二者之间的相关影响，这也是评估指标进行相关性预处理的一个重要原因。

（4）非期望性

非期望性指标也是重点学科建设效率评估中需要考虑的，如设备的闲置率、经费浪费率以及学生不能获得学位的比率等因素都对重点学科建设效率起到负面影响。若非期望性指标作为产出性指标，显然其值越小对建设效率越有益，这与 DEA 评估思想相悖，因此传统的 DEA 模型不再适用。一种方法是借鉴 Jahanshahloo 等人改善的加型 DEA 模型（Jahanshahloo et al.，2005）来处理。此外，为了处理方便，可以通过其他期望性指标来代替，如经费使用情况中经费浪费率可以用经费的有效利用率代替。

（5）相关性

指标间的相关性是最普遍存在的指标复杂属性，特别是在多元（指标）分析环境中。此外，决策者为了全面考虑影响评估结果的相关因素，常常在追求指标的完备性的同时不可避免导致较多指标信息重叠。这样会对评估结果起到加强作用，影响结果的公平性。效率评估因为面向投入/产出过程，在投入指标之间、产出指标之间及它们二者之间都可能存在相关性。如前述指标的反馈性就会导致投入指标和产出指标之间的相关性，因此在重点学科建设效率评估过程中更应首先处理指标相关性的影响。目前处理指标相关性的一种有效的方法是主成分分析法（PCA），它可以有效提取几个综合指标作为评估指标，从而消除相关性的影响。也可以进行相关分析，在两个指标相关系数明显偏大时，只取其一就可以。

指标的相关性是得到指标数据后，首先需要分析的，在投入/产出系统中还需包括共线性测试与等张力测试两部分。首先，需要通过共线性测试，即投入指标之间和产出指标之间的相关性宜低；然后通过等张力测试，即投入和产出指标之间相关系数宜为正（Bowlin，1987），也就是满足投入数量增加时，产出的数量至少不减少。排除负相关和共线性过高的变量。具体应用可参见 Guan and Wang（2004）。此外在相关分析较难时，可以考虑用 PCA 方法辅助选择综合指标变量。

（6）异质性

指标的异质性内容较为复杂，处理较为困难，也是评估过程中要重点考虑的重要因素。它源于评估指标在自身属性、价值尺度和取值标准的不同。自身属性有定性和定量之分（见表 3-1），成本型指标和效益型指标之分。如"发表的代表性论文情况"是个定量的效益型指标。指标尺度表现形式包括：定量指标的实际值的表现值、按照一定标度对定性指标进行打分的标度值，以及按照一定的信息和偏好对定性指标的排序等。从属性上来讲，指标尺度又可为确定型和不确定型，如"发表的代表性论文情况"是个定量的确定型效益型指标。不确定型指标源于指标表现水平的不确定性，或者评估者的偏好，常由区间值、排序值以及模糊数或灰数等形式给出。其中排序值，可借助层次分析法（AHP）完成。可见，在有效测量指标值前，首先需要确定指标尺度。

3.2.6 测度指标尺度的处理

要获得科学的评估结果和有效的管理信息，确立合理的指标度量尺度，是准确测量指标值的前提，也是科学评估的基础。

基于科学性和方便性的原则，重点学科建设效率评估指标（见表 3-1）的尺度处理总结如下四种方式。

（1）对可以用实际值体现其表现水平的定量评估指标，尽量用实际数量值（Numerical Data，ND）表示。如博士生招生人数为建设周期内的总招生数，建设资金来源的总数量为建设周期内各种渠道资金总额，按期获得学位的博士/硕士生人数为建设周期内按照学校学位年限能获得的学位的研究生数，以及博士生研究论文人均成果。

（2）对于难以用实际值体现其表现水平的定量指标，用当量和（Equivalent Data，ED）来表示。如教研人员的组成情况，由于教研人员有院士、教授、副教授、讲师以及突出中青年专家（包括教育部长江学者奖励计划特聘教授、国家杰出青年基金获得者等）等代表不同的科研和教学能力水平的成员，因此不能简单用成员的总数代表教研人员的组成水平，较为科学的方法是按照科研能力先以李克特标度（LS）赋值，然后再以各自数量为权相加；重点实验室及技术中心有省部级和国家级等不同层次，处理方法同上；再如项目取得的水平同样可按照"特优、优、良、中（一般）和差"五个等级，依据 LS 赋值，然后按照项目等级（国家级以及省部级）重要程度为权求和，再以不同类型项目数为权进行双重权加和；承担的项目情况可以按照项目等级重要程度为权对各类项目数目加和；授权的权利情况必要时要按照发明专利、实用新型专利和外观设计专利体现的科研水平不同，赋权集结三种专利的个数；等等。

（3）对于只能用定性指标来衡量其表现水平的评估指标，直接用李克特标度（LS）进行量化处理。如学科带头人的水平很难直接根据技术职称来衡量，还需考虑他们在国内外的影响力及科研经历和水平，因此可以由同行评估专家组先给予定性评定，如"非常高、较高、一般、较差和很差"，然后用李克特标度进行量化；再如图书和数据库资源情况、教学和科研设备条件、经费使用情况以及学科规划情况等指标的表现程度形式较为复杂，必要时也只能同样处理。此时需要注意对"图书和数据库资源情况、教学和科研设备条件"考查。如果在不同学科进行建设效率比较，因学科需求不同，不宜用图书册数和数据库数量以及设备现值来衡量指标表现水平，宜用 LS 度量。如果是同一学科之间比较，则用实际数量值是较为科学的。

（4）对于定性指标如果很难用一定标度衡量，可以考虑基于评估专家组的偏好用顺序数据（Ordinal Data，OD）进行排序度量。如上述学科带头人的水平在不易用李克特标度当量度量时，可以用 AHP 进行两两比较给出水平的顺序数据，或者由波达函数法排序。

（5）对于在不确定性情况下或者在群决策下，区间数据（Interval Data，ID）的应用有效适应了复杂决策环境的需要。由于 LS 本身就体现了判断者的主观偏好，有一定的模糊性，因此在用 LS 数据进行赋值时可以考虑用区间 LS，尤其是在群体决策时，为了兼顾多个决策者的偏好，常用区间数综合他们的决策信息和偏好。此外，含有不确定因素的指标的预测值通常用区间数表示。其实决策系统的许多指标的值是通过统计方法得到的，常常有误差伴随，因此区间数可有效考虑误差的存在。在重点学科建设效率评估确定指标值时，面对不确定环境，对学科带头人水平的评语"非常高、较高、一般、较差和很差"不再用如"5、4、3、2、1"等确定值来表示，而用"[5.5-4.5]、[4.5-3.5]、[3.5-2.5]、[2.5-1.5]、[1.5-0.5]"区间值表示，这样可以有效克服判断者不确定性判断的不足。当然还可以考虑用三角模糊数，但因其可以通过截集转化为区间数处理，故此处不考虑模糊数的情况。

此外，至于指标水平的度量是定性还是定量，不但需要考虑比较的对象，还需考虑评估环境。如对教学和科研设备条件这一指标考核，若相对于同一学科来讲就可以定量衡量，即用目前学科拥有的教学和实验设备的现值。但是对不同学科，用现值就非常不公平了，因为不同学科的研究条件和需要的环境不同，因此可以考虑用定性来衡量，如用设备条件满足参评学科教学和科研的需要程度来度量。

根据重点学科评估指标的特点和科学处理简单计算的原则，重点学科评估指标值的表现程度形式如表3-1所示。

3.2.7 效率评估模型的选择与改进

科学的评估模型，可有效且全面兼容评估系统内部因素的复杂性和运行机制，并提供较多有效的战略发展信息。

目前一些常用的评估方法（层次分析方法、模糊综合评估方法、主成分分析法等）由于都是针对效益型指标，即面向结果的评价模型，无法区分投入/产出指标作用，同时无法兼容指标的复杂属性和指标在量纲和数量级上的差别。这种情况下，data envelopment analysis 模型（Charnes et al.，1978）是理想的评估方法，并且可有效兼容指标复杂性的各类 DEA 改善模型，也较为齐全且得到较好应用。这也是本章研究选择 DEA 模型作为评估模型的原因。

但是，目前较多的处理复杂属性的 DEA 模型并不是很完善，还需要适当地根据决策需求进一步改善。因篇幅限制，仅对指标异质性中的不确定型指标值的处理提出我们的改善意见。根据上述分析，OD、LS 和 ID 都是不确定型的指标值，因此不确定性 DEA 模型（Cooper et al.，1999）引入是非常有必要的。但在其向确定性 DEA 转化的处理方法（如，Kim et al.，1999；Zhu，2003）中，研究者们都忽视了指标值的不确定性会使指标取值具有较强的灵活性，而 DEA 模型又是基于乐观性的评估，结果导致建设效率区分度较差。根据我们的实践经验（Chen and Guan，2008；陈凯华和官建成，2008b），此时采用超效率（Andersen and Petersen，1993）扩展可以取得满意的效果。

3.2.8 评估方法建议总结

本章研究率先提出重点学科建设效率评估的重要性和必要性，并针对目前重点学科评估体系存在的问题和要点，对重点科学建设效率指标体系进行了初步探讨。同时针对评估指标可能存在的复杂属性进行了初次总结，并提出了各种处理方法。最终针对重点学科建设效率评估指标值的不确定性特点，提出不确定性 DEA 评价模型，并建议必要时超效率扩展。总结本章研究要点，要做到重点学科建设效率的科学评估，需本着以下思想和方法。

（1）首先，要明确重点学科建设效率的重要性和意义。建设效率是重点学科建设成效的重要组成部分，是在资源有限条件下学科选优发展的重要参考依据，是"效率优先，兼顾公平"的有效途径。

（2）然后，要明确区分重点学科建设效率和重点学科建设成果评估之间的区别。前者面向过程绩效，后者面向结果绩效和水平表现。

（3）同时，需要建立基于科学发展观的重点学科建设效率评估指标体系。该指标体系不同于重点学科建设成果评估的指标体系，它不但要考虑结果型指标，还要考虑投入型指标以及过程型指标，如管理成效。

（4）此外，还需要考虑到建设效率指标的柔性、时滞依赖性、反馈性、非期望性、相关性以及异质性等复杂属性的现实存在性，并给出科学的处理方法，以防止这些复杂属性的负面影响。

（5）最后，要针对重点学科建设效率本身特性，以及指标复杂属性建立科学合理的评价模型。不能照搬现有的评价模型，要针对重点学科评估指标的特点以及决策需要对现有的评价模型进行有效的扩展和改善。如为了适合不确定环境的要求，建议用引入不确定 DEA 模型，最后又针对排序的决策需要，又提出超效率扩展。

与此同时，希望本章研究讨论的方法和要点，也能为高校整体和二级院系单位或者科研院所的运行效率以及科研投入/产出效率等各级各类评估，提供有价值的借鉴。

第4章 创新绩效的路径建模及应用：基于适于小样本、弱假设的 PLS-SEM 模型

4.1 测度背景与建模选择

从创新管理实践的角度看，在分析创新绩效前，创新的管理者或政策制定者首先需要对创新结果绩效的影响因素（也可称为关键路径）进行检验与分析，初步确定创新过程的生产框架，为下一步创新过程绩效的测度指标体系的构建奠定基础。这是经济管理中常见的一类分析问题，不过要获得有效可信的分析结果，这类问题的分析必须遵循一个灵活同时非常严格的逻辑框架。如图4-1所示，该类问题可按照9个逻辑步骤逐步分析。不能忽略每一个中间步骤，否则得出的检验结果是不可信的。

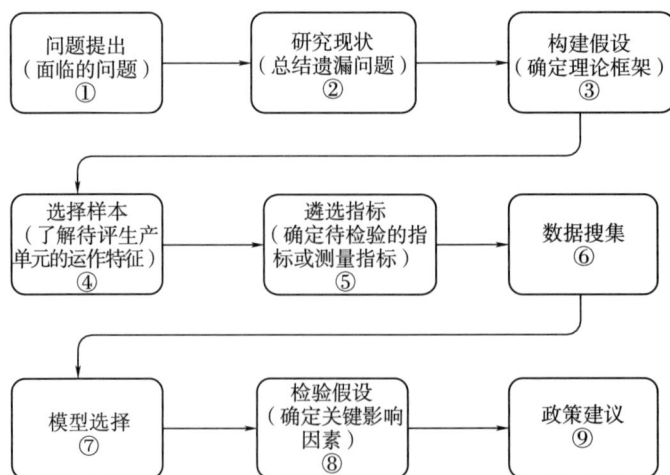

图4-1 分析框架

来源：作者构建

（1）问题提出。对管理实践中管理者或者决策者关注的问题进行探索和验证。对创新活动，常见的问题包括：哪些因素影响了待评创新生产单元的结果绩效，或者造成了待比较生产单元的创新结果绩效的差异？

（2）研究现状。为了使问题的探索过程更加科学，同时为了从科学研究的角度更有学术价值，对现有研究的总结和比较分析是非常关键的。对已有的研究成果分析，可以引导现有分析者或者研究者了解更多需要注意的遗留问题、选择更加有效的分析框架。就本章研究创新活动的探索而言，这一环节同样重要。分析现有文献不难发现，Pakes and Grileches（1980）和 Romer（1990）基于创新活动基本要素发展的知识生产函数框架，以及由 Furman et al.（2002）和 Fritsch and Slavtchev（2007）在此基础上构建的扩展知识生产函数，为本章研究分析框架的构建奠定了充分的理论与实践基础。

（3）构建假设。假设的构建是对面临要解决问题的一个细化，这无论在探索性分析框架下还是验证性分析框架下都是必要的。这一环节使得科学研究探索更具学术研究的严谨性。对创新活动而言，如果管理者或决策者关注一些无法（或者不便）直接测量的复合变量之间的因果关系，如"创新环境"和"创新产出"之间的影响关系，它们之间的路径结构的假设是必需的。现有研究表明，可选择技术创新产出的代理变量专利数据与一系列反映创新环境变量进行回归检验分析，来简单描述二者关系。但这样的探索过于片面了，无法全面反映二者之间关系。而这一关系的全面探索以及关系程度的量化又是区域或者国家层次管理者和政策制定者关注的焦点。根据现有的测量技术，结构方程可有效描述检验复合（综合）变量之间交互影响关系。在此以验证性检验为导向的分析框架下，假设框架更是必需的。

（4）选择样本。为有效反映路径关系，有效样本的选择是必需的。首先要做到样本具有代表性，同时要做到样本容量足够的大，使得参数检验结果更加稳定，路径假设更加可信。此外，还需满足样本的时效性，以服务政策发展。

（5）遴选指标。代表性指标的选择是非常关键的，同时又要遵循科学的分析过程。首先要基于现有研究选择潜在重要的变量，同时结合考察目的筛选重要的变量。在获得数据后，还需要进行一系列简单统计分析选择有效的变量。

（6）搜集数据。数据搜集是个耗时的过程，此阶段要确保数据来源的权威性和可靠性。对于已有的统计数据，要选择权威年鉴进行搜集；对于调查数据，要在选择好的样本基础上通过科学调查方法搜集数据。搜集的原始数据都需通过一系列的简单统计检验分析，剔除无效数据；对于描述经济指标的统计数据也要进行整理，使得同一指标的数据值在时间序列上具有可比性。如对货币性指标的统测度，通常要消除通货膨胀，以获得时间序列上的可比性。对创新活动，这里还需注意的是创新投入和创新产出的时间延迟结构，也就是说创新投入和与其对应的创新产出的统计数据不能用同一年份的，需要考虑时间延迟（如，Furman et al.，2002；Fritsch and Slavtchev，2007）。

（7）模型选择。如果考察可测量的多（单）因素对单个产出变量（如，专利数目）的影响，传统基于知识函数的回归分析便可适应，如 Furman et al.（2002）；如果在此基础上考虑到统计噪音和环境因素的影响，随机前沿分析（SFA）是个适合的方法，如 Li（2009）；然而如果考察多个可测因素对多个可测创新产出的影响结构（如同时考虑专利和论文产出），此时适合用偏最小二乘回归（PLSR）（王惠文等，2006）。如果考察不可直接测度的综合变量之间的关系，如上述的"创新环境"和"创新产出"之间的影响关系，此时适合用结构方程，如 Guan and Ma（2009）。当然，为获得更好的检验结果，在模型的具体应用上要具体情况具体考虑。

（8）检验假设。主要通过编程或者现有的统计软件基于搜集的数据对构建的概念模型进行检验。

（9）政策建议。根据统计检验结果，并依据问题提出的背景，进行政策建议。

图 4-2 给出利用结构方程进行分析的一般框架。本章内容主要通过基于偏最小二

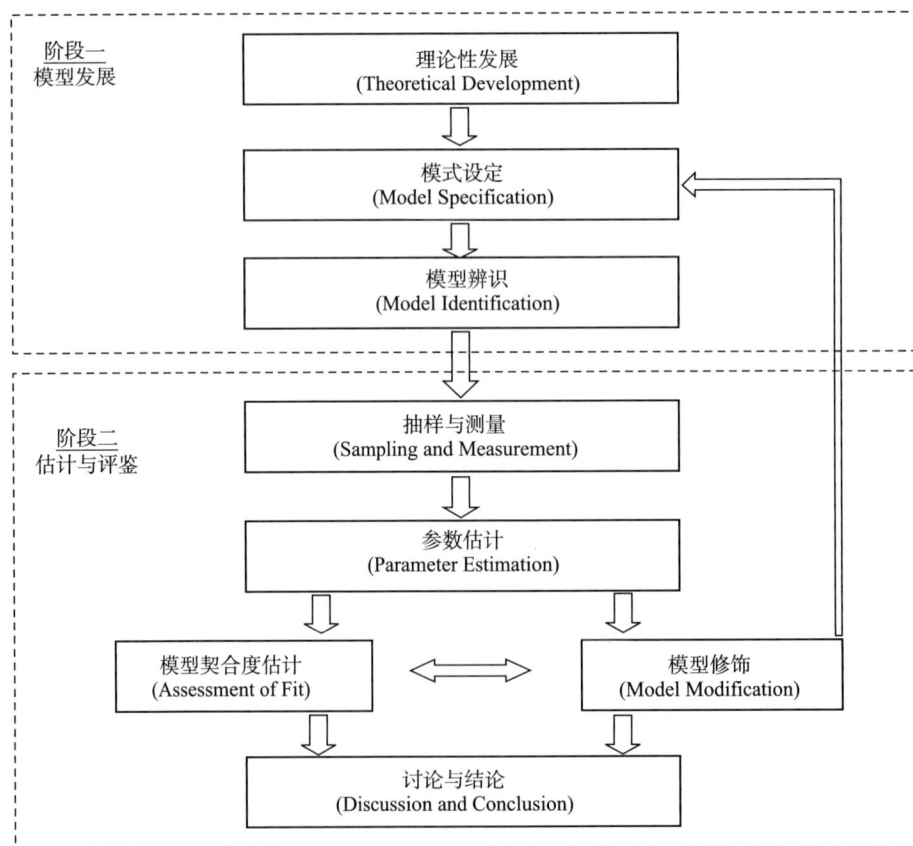

图 4-2 结构方程模式的基本程序

来源：邱皓政和林碧芳（2009）

乘的结构方程建模（PLS-SEM）来检验区域创新系统的功能有效性以及高技术产业创新过程中各阶段活动的功能地位。

4.2 基于 PLS-SEM 的中国区域创新系统功能有效性的路径检验

4.2.1 研究总结

基于罗默（Romer）内生知识生产函数在政策背景下的扩展框架，构建了诊断中国区域创新系统功能有效性的路径结构模型和测量指标体系，并付诸实证研究。本章提出的"功能—结构—检验"综合框架为创新系统方法从理论走向实践提供了有效的途径。在检验方法中，本章研究引入了适应多个被解释变量的偏最小二乘（PLS）回归模型和 PLS 路径分析模型，有效避免多重共线性、小样本、异常值、强假设等常见的统计问题，以获得稳定的检验结果。通过基于近期面板数据的实证研究，本章研究全面比较了中国区域创新系统科技创新产出决定因素的重要性，同时验证了中国区域创新系统功能体系并不完善，在创新链接和创新成熟度两个功能绩效上表现无效，以及创新环境的建设滞后于创新资源的投入。从根源分析，这些无效性折射出中国以公共研发机构为创新中心的计划式创新模式的弊端，以及发展以企业为创新主体的市场化创新模式的必要性。

4.2.2 研究背景

Freeman（1987）提出"国家创新系统"这一概念后，创新系统的方法已经被政策制定者和学术研究者所青睐。相对于线性模型和链式模型，创新系统的方法为分析国家或区域层次上的复杂创新系统提供了一个更加适合的分析工具。它可以引导我们从非线性角度探究创新的决定因素的同时从系统的角度考虑更多的基础设施和框架条件。这对基于需求的政策工具的发展和制定特别重要，尤其是对中国这样一个处于过渡期的发展中国家——逐渐从公共研发为中心的计划型创新模式蜕变，迈向一个以企业为创新主体的市场型创新模式。

自从 1978 年改革开放以来，中国创新系统改革已经历了近 30 年。毋庸置疑，无论是在科学创新产出的速度上还是规模上，中国都获得了一个惊人的增长，特别是中国加入世贸组织以后（Hu and Mathews，2008）。然而，决定创新产出的创新系统的功能是交互作用的创新要素共同作用的结果（Liu and White，2001；Edquist，2001），因此这种概括性论断仅仅只能从线性角度反映中国创新系统的浅层结果绩效，并不能从系统内部要素的功能性上反映它的深层过程效用。这个潜在的研究对处于过渡期的中国在创新政策的发展具有更加重要和实践的意义。创新更容易在地理集中或临近情况下发生（Doloreux and Parto, 2005），因此区域被认为是保持基于创新的学习经济最合适的规模（Asheim and Isaksen, 1997）。这也意味着以区域为研究单元的实证研究具有更大的实际意义（如，Fritsch, 2001, 2002；Fritsch and Slavtchev, 2007, 2009；Ropera et al., 2008；Li, 2009；Guan and Chen, 2010a, b）。此外，相对于多数的 OECD 国家，中国的创新系统太大而不能仅仅通过一个整体模型来分析其创新行为，因此区域维度不能忽略（OECD, 2008）。本章研究在罗默（Romer）内生知识生产函数在政策背景下的扩展框架（Furman et al., 2002）下，构建了诊断中国区域创新系统功能有效性的路径结构模型和测量指标体系，借助面向功能结构的路径方程来检验其功能有效性。

本章研究的评估意图是综合的。我们首先通过偏最小二乘法（PLS）去检验和比较影响区域创新产出的决定因素，随后用基于偏最小二乘法的结构方程来揭示创新系统外生性的功能块（或结构体）与内生创新产出功能块之间的因果关系，以及外生环境功能块对外生资源功能块的因果效用的调节效用。这里功能块的构造是根据创新要素在创新产出（过程）的角色或者功能归类划分的（见 Furman et al., 2002）。每个功能块的效用是多个同质可测的显性变量共同作用的结果，它们常常是不可直接观测的，在统计学上称为潜在变量。分析现有文献表明，Johnson（1998）首先提出"系统功能（system functions）"这一概念，他把一个系统功能定义为"……一个要素或者要素组合对系统绩效的贡献……"。随后，许多研究（如 Johnson and Jacobsson, 2003；Liu and White, 2001；Edquist, 2001；Hekkert et al., 2007；Hekkert and Negro, 2009）对该理论及应用进行了扩展研究。他们一致认为，探索创新系统的绩效表现其实就是衡量其功能块的效用质量，即分析每个系统功能块如何运作的。遗憾的是，他们的工作仍集中于概念的探讨和理论的发展，没有定量地实证探索每个功能块的系统性效用。既然功能块同时且交互式地决定了创新系统的绩效，我们通过基于功能路径的结构方程的方法是适合的。现有在 Romer（1990）的内生知识生产函数模型［参照 Griliches（1990）的知识生产函数］的扩展框架（如，Furman et al., 2002；Faber and Hesen, 2004；Fagerberg and Srholec, 2008；Fritsch and Slavtchev, 2007, 2009；李习保，2007；Li, 2009）下的实证研究一个共同潜在假设是：创新要素是可替换的，即不相互依赖。这一潜在的假设显然违背了创新系统创新要素交互作用的基本性质（见 Edquist, 2001；Doloreux, 2002），即在进行分析时，从线性意义上把创新系统视为一个黑箱，而不是从真实的创新系统意义上考虑内部交互作用的结构。

最后需要明确的是，我们的创新框架并不是单单局限于技术创新生产，还同时考虑了科学创新生产。这一决定主要基于对研发经费贡献的充分考虑：技术创新主要与应用和实验性研发（R&D）活动相关，科学创新主要与基础 R&D 活动相关。此外，我们的实证研究基于中国加入世贸组织的过渡期的面板统计资料，此时中国的创新模式更趋向于市场化模型，相对完整的创新系统功能体格局随着中国多期科技规划的发展已经基本形成（OECD，2008）。

4.2.3　路径模型

仅考虑资源性要素投入的知识生产函数从线性角度向我们阐明创新过程的基本要素，但这些基本要素对描述整个创新系统显然是不够的。创新系统方法引导我们考虑更多的环境和背景要素，这样显然符合目前基于需求的创新政策，而不是从线性角度出发基于供应的创新政策（Edquist and Hommen，1999），强调创新过程的系统观可以充分认识影响创新过程的各要素之间的交互作用潜在的复杂性和可能性。从角色角度分析，创新系统可被看成由两部分组成：一是创新生产随后商业化的主体创新过程；二是影响创新过程运行的辅助创新环境（Doloreux，2002；Faber and Hesen，2004；OECD，2005）。创新环境包括各种公共创新条件以及产业聚集环境等相关各种因素（见 OECD，2005）。Edquist（1997）把创新系统定义为"影响创新发展、扩散以及应用的各种重要的经济、社会、政治、组织以及其他的要素"。可见，创新过程是不能独立于创新环境而存在，而是嵌入创新环境中。Doloreux（2002）也强调说，区域创新系统的核心就是"嵌入"这一概念。从创新模型发展历程看，即从"线性模型（Linear model）"到"链式模型（Chain-linked model）"（Kline and Rosenberg，1986），再到"系统性模型（Systematic model）"（Edquist，1997），其中一个最为关键的变化就是环境（或背景）条件对创新过程的影响逐渐受到重视。最近的较多研究（如，Furman et al.，2002；Faber and Hesen，2004；Fritsch and Slavtchev，2007，2009；Fagerberg and Srholec，2008；Li，2009）都通过实证表明这些源于创新环境中的背景变量决定了创新过程的运作质量。本章研究通过概念图 4-3，从一个交互作用的角度，描述了创新系统整体生产路径框架图。现有许多与区域创新系统相关的针对研究（如，Cooke et al.，1998；Doloreux，2002；Faber and Hesen，2004；Tödtling and Trippl，2005）已经通过实证表明该分析框架的合理性。

图 4-3 路径框架图表明，一个完整的创新过程包括一个上游的创新生产过程和一个下游的创新商业化过程（Pakes and Grileches，1980；Furman et al.，2002）。然而，由于非创新要素的参与，现实中非常难以统计和测度第一阶段创新产出的商业化贡献，尤其是在考虑科学创新产出时，其短期的经济和社会效益更难衡量，因此本章研究的实证研究主要关注上游的创新生产过程。再如 Pakes and Grileches（1980）知识生产路径概念图描述了一个完整的创新过程，但该分析框架仍关注以 R&D 投资（R&D 经费和科学家或工程师）到知识增加这一知识创造过程。此外，Pakes and Grileches（1980）分析框架引导我们在考虑时间延迟（time lag）的框架下同等重视过去和当前的 R&D 经费对当前知识增加的影响。Romer（1990）的知识内生性增长理论也表明，创新并不是

天上掉下的馅饼，而是源于之前积累的知识资本和人力资本。因此，历史积累的知识资本和在考察期内人力和物力上新增加 R&D 投资一起才算构成了内部总的创新投入。此外还要考虑通过科技合作、外商投资以及技术转移等途径的知识溢出而获取的外部知识，这对处于发展期的中国尤为重要。这些内外部创新资源的投入和获取与创新产出一起构成了传统意义上的创新基本生产框架。

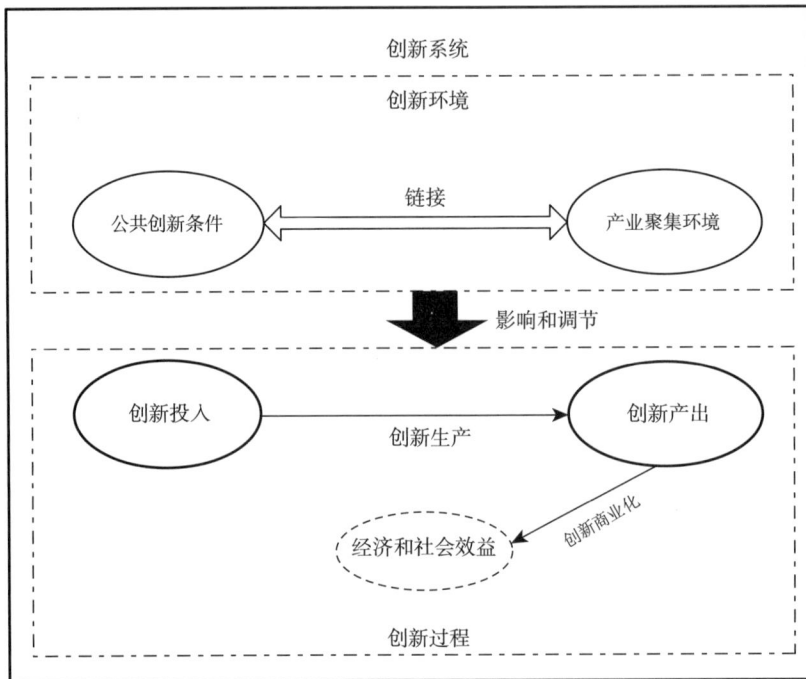

图 4-3　创新系统的路径框架

来源：陈凯华和官建成（2010a）

现有的研究表明，创新绩效不仅与直接的创新资源投资密不可分，而且与同步存在的外部创新环境息息相关，往往因为创新环境质量的不同导致了各创新单元在创新生产力和能力的差异（Furman et al.，2002；Fritsch and Slavtchev，2007，2009；Li，2009）。此外，良好的创新环境不仅仅是创新活动的"润滑剂"，而且还是"催化剂"。也就是说，创新环境中的背景变量与创新产出之间也存一定的"引诱"关系。当然，不适应的创新环境会阻碍创新投入的转化效率。对中国这样一个科技资源投资有限的发展中国家，更应该加大力气通过发展适宜创新的框架条件来获得更大的创新（OECD，2008）。就如 Furman et al.（2002）强调，创新能力并不是创新产出本身的实现水平，而是反映了创新产出的基本决定因素。这也意味着创新能力并不关心创新绩效的任何单一反映，而是关心创新绩效的可持续性（Hu and Mathews，2005）。这更引导我们对创新环境对创新过程的影响和调节效用的重视。可见图 4-3 引导我们摒弃传统的线性视角，从系统性角度同时关注创新资源、创新环境对创新产出的同步（联立）作用。当然，这些同步效用并不能全面描述创新系统的功能，创新资源和创新环境之间的交互作用也应该被考虑。这些调节作用可能削弱或者强化创新资源的在创新产出中的贡献。创新环境往往是政府制定和实施创新制度和政策的载体，因此关注创新环境在创新过程中的各种效用也是创新制度和政策的需要。

总起来说，区域创新系统的创新能力（如生产率）是由创新投入要素的强度、创新环境的质量以及它们之间的交互作用的效用（是否匹配）共同决定的。设想中国区域创新系统经过一系列的科技改革，各功能块运行良好，因此本章研究假设这些直接的因果效用为表现为显著的正向影响，这也是本章研究期望的。区域创新系统的生产率或者效率，取决于创新活动中创新环境要素在创新投入要素的转化过程中起到的调节效应（是促进还是阻碍）。若设想创新投入要素和创新环境要素之间的互补性运作良好，即此假设创新环境对创新要素在创新产出中的效用起到促进作用，即为调节效用假设为显著的正向影响。具体功能块以及功能块的测度指标将在下节详述。

4.2.4　方法设定

4.2.4.1　功能块的构建和测量指标的设定

本章研究基于由 Furman et al.（2002）在创新系统角度下构建的 Romer 知识生产函数扩展分析框架，并结合考察目的，构建了更加广泛的测量体系（见表 4-1）。不过与 Furman et al.（2002）分析结构不同，本章研究不但关心具体创新要素（可测的）的微观的具体效应，而且更为关心由同质（角色和功能相同）创新要素构成的潜在功能块在创新系统中的功能有效性。

从功能角度量化创新系统是个有效的方法（见 Johnson，1998；Johnson and Jacobsson，2003；Liu and White，2001；Edquist，2001；Hekkert et al.，2007；Hekkert and Negro，2009）。虽然目前对创新系统分析的功能分析体系并没有公认的体系（Hekkert and Negro，2009），但它引导我们依据系统的功能性来量化和分析创新系统，也就是衡量创新系统的各功能块运行质量。这个角度弥补了创新系统方法研究一个基本的不足，即缺乏系统水平层次上的解释要素来衡量创新系统的运作质量（见 Edquist，2001；Liu and White，2001）。本章研究参考 Furman et al.（2002）、Liu and White（2001）和柳卸林和胡志坚（2002）的测量体系，结合考察目的以及创新要素的角色和职能，构建了一个包含 8 功能块的框架体系。创新产出（INNO_ OUT）是内生性的功能，衡量创新系统的科技创新产出；其他 7 个外生性功能块被用来解释功能块 INNO_

OUT，它们分别用来衡量知识资本聚集（CU_ K_ STOCK）、新增创新投入（INNO_ IN）、外部知识获得（EX_ K_ ACQ）、创新成熟度（INNO_ SOPH）、公共创新环境（CO_ INNO_ EN）、产业聚集环境（CLUS_ EN）以及创新链接（INNO_ LINK）。在功能角色上，前3个外生功能块是作为创新投入的3种不同来源，是创新产出的直接受益者；后4个外生功能块是用来检验创新环境效用的。

这8个功能块本质上是潜在的、不可直接观测的综合变量，它们之间的交互作用决定了创新系统的功能路径框架。这些潜在的功能块是不能直接测量的，本章研究在Furman et al.（2002）和柳卸林和胡志坚（2002）测量体系基础上，构建了如表4-1所示的测量指标来测量这些功能块。为了下文表述简单，参照Furman et al.（2002）功能体系，8个功能块分别用不同的符号表示，如用"À"表示创新产出。

根据角色，这8个功能块又可从创新产出、创新投入和创新环境3方面描述：

（1）创新产出。Furman et al.（2002）在比较发达国家创新能力时，创新产出仅用美国专利商标局（USPTO）授权的专利衡量。然而，中国是个后进型国家，它的技术创新产出用USPTO的专利衡量显然不足，况且，最近几年中国在USPTO申请授权的专利不足在国内申请授权的专利数的1%。此外，专利无法有效对传统制造业的创新性衡量，因为传统制造业的创新通常并不申请专利（Arundel and Kabla，1998），并且在中国，传统制造业在工业体系占主导地位。又如Griliches（1990）指出，"并不是所有的创新都可以取得专利权的，也并不是所有的专利都可以授权的，况且那些授权的专利在创新性上也存在较大的差异。"因此，本章研究选用每个区域在国内授权的发明专利（D_ PAT）作为技术性创新产出的一个衡量，同时用高技术产业的附加值（HTI_ VA）作为一个补充衡量，以弥补对未观测的或者没有授权的技术创新产出衡量。

在我们的分析框架中，由于是衡量区域创新系统的整体创新生产，因此并不局限于对技术创新范畴，同时还考虑了科学创新产出，这里用科学论文的发表作为衡量科学性创新产出的代理测度（如，Fagerberg and Srholec，2008）。表4-1表明，为了充分考虑科学创新产出，本章研究同时用国际论文（I_ PAP）和国内论文（D_ PAP）两种科学论文产出。这样，内生性的功能块——创新产出（INNO_ OUT）共通过4个可测的显性指标D_ PAT、HTI_ VA、I_ PAP和D_ PAP来充分度量。由于本章研究的统计方法检验分析是基于偏最小二乘方法，因此无需担心测量信息的重叠、个别异常值和多重共线性等实践中常见的统计问题的干扰。下述其他功能块的度量也同样如此。

（2）创新投入。历史积累的知识存量（CU_ K_ STOCK）是创新产生的基本资源。本章研究用每个省域的人均GDP（GDPPC）以及在考察期前一定时间段内积聚的国际论文（C_ IPAP）、积聚的国内论文（C_ DPAP）和积聚的国内专利（C_ DPAT）等4个指标来度量知识存量（CU_ K_ STOCK）。

增加的创新投入（INNO_ IN）是创新活动的支持性资源。基础性研发（R&D）经费（B_ RD）、应用性和实验性 R&D 经费（A_ E_ RD）以及政府支持的重要公共科学与技术规划经费（GOV_ ST）作为功能块创新投入（INNO_ IN）的测量变量。这里选择 GOV_ ST 目的是为了考虑像"星火计划"、火炬计划、"863"计划以及"973"计划等重大公共科技规划对中国区域创新系统的贡献（OECD，2008）。

此外，本章研究分析框架还考虑了通过溢出效应而获得的外部知识获取（EX_ K_ ACQ）对区域创新的产出的贡献，这对中国这样处于一个学习型国家前沿的发展过程尤为重要（OECD，2008）。本章研究选用了外商直接投资（FDI）、科技合作（ST_ CO）和技术转移（TECH_ T）3 个可测指标来解释外部知识获取（EX_ K_ ACQ）这个外生功能块的质量。

（3）创新环境。区域创新系统内的创新环境涉及各种要素（见 OECD，2008），它们影响创新过程的质量和效率。本分析框架用更广泛的测量集合来解释与创新环境相关的功能块。依据 Furman et al. （2002），首先考虑产业聚集环境（CLUS_ EN）和创新链接（INNO_ LINK）两个功能块。一个好的 CLUS_ EN 能扩大公共创新基础条件的效用，相反会削弱它。功能块 INNO_ LINK 的功效强度反映了创新环境诱导创新转化成具体创新产出的潜力。CLUS_ EN 用区域内的高技术产业的 R&D 绩效（HTI_ RD_ P）和传统制造业的 R&D 绩效（TMI_ RD_ P）来度量。它反映了区域创新活动的投资规模和密度。

此外，两个外生性功能块：公共创新环境（CO_ INNO_ EN）和创新熟练度（INNO_ SOP）来表示公共创新条件。潜在综合变量公共创新环境（CO_ INNO_ EN）用来反映区域公共环境或条件对区域创新产出的影响，用财务环境（FIN_ EN）、通信环境（COM-EN）、市场环境（MAR_ EN）和公共研发机构绩效（PRI_ RD_ P）来解释。这里显性变量 PRI_ RD_ P 是非常有必要的，它在后进型国家创新生产中起到重要的辅助作用（Hu and Mathews，2005）。创新熟练度（INNO_ SOP）是个新颖的潜在变量，它被用来表示区域创新系统中企业创新能力。通过这个潜在变量，可以衡量中国提倡的以企业为创新主体的创新发展战略的效用。本章研究用技术设计能力（DE_ CA）、技术制造和生产能力（MP_ CA）以及员工素质（QUA_ EM）来衡量。

4.2.4.2 检验模型

为有效验证图 4-3 中的路径概念图，本章研究选用偏最小二乘的建模检验方法（Wold，1985；Wold et al.，2001），包括偏最小二乘回归（PLS-regression）和偏最小路径建模（PLS-path modeling）。首先用偏最小二乘回归估计选用的 22 个解释变量对 4 个创新产出的可测量变量的可解释性，以比较它们在创新产出中的重要性。随后用偏最小二乘路径分析检验各外生潜在的功能块对内生功能块——创新产出的影响，包括对外生变量之间的调节作用的检验。

这里采用的偏最小二乘建模不但可以同时有效地处理多产出的问题，并且考虑了更多的生产信息，同时可以以最小信息损失来有效克服测量指标之间的多重共线性（Jagpal，1982；Wold et al.，1984；Wold et al.，2001）。此外，偏最小二乘建模检验在其他实践中常见的几种统计问题（如，弱分布假设、小样本、异常点以及测量误差）表现稳定性（Tenenhaus et al.，2005；Westlund et al.，2008），这一特点为检验分析提供了一个有效的分析途径（Wold et al.，2001）。

此外，需要强调的是，路径模型常被用作一个验证性（confirmative）方法，用来估计事先确立的路径概念模型。然而，本章研究采用了一个探索性（exploratory）分析过程去履行验证性的路径分析。具体来说，图 4-3 中的路径概念模型并不是通过一个整体模型一次验证，而是通过一系列子模型逐步深入的验证方法。这些子模型都是在 Romer 最初的知识生产函数的基础上通过增加或者改变功能块构建的。这样做的理由是，7 个外生的潜在综合变量在创新系统中具有不同的功能，展现不同的角色和效用。当然，这样考虑也同时克服了传统结构方程分析的局限性，许多验证性分析常常用作探索性意图，特别是在不确定的情况下（见 La peyre，2001）。一种常见的情况是验证性因子分析常被拒绝，因此一系列路径概念模型的修改是必要的（James et al.，2009），而这一修改的过程实质上就是探索性过程。一些最新与探索性结构方程的研究为本章研究分析方法的选择提供了有力的支持（见 Marsh et al.，2009；James et al.，2009），这种探索性分析过程对得出稳定性的检验结果有着重要的实践意义。

4.2.4.3　检验样本

本章研究选择 30 个中国省份（直辖市或自治区）[①] 连续 4 年的观测数据组成一个面板数据集合来进行实证研究，表 4-1 提供了所有可测指标的来源。本章研究考虑了两年的创新产出延迟效应（Guan and Chen，2010a，b；官建成和陈凯华，2009），潜在变量 INNO_ OUT 的可测变量的统计值范围为 2002～2005 年；7 个外生潜在变量除 CU_ K_ STOCK 外的可测变量的统计值时间跨度为 2000～2003。由于统计值是在每年末统计，因此 CU_ K_ STOCK 中 4 个显性的测量指标的人均国民生产总值（GDPPC）取值区间为 1999～2002，其他 3 个可测变量是从 1989 年至统计年份期间的产出的总值（Furman et al.，2002），统计值的统计时间区间为 1999～2002。总起来说，本章研究获得了 120 个观测点，该样本不但满足检验样本的要求，同时充分考虑了变量在横截面和时间序列变异，有利于获得稳定性参数的估计。

---

① 因数据的可得性限制，本章研究并不考虑西藏自治区及香港和澳门特别行政区。

表 4-1　潜在功能块与其测量指标的定义及来源（统计年份为第 t 年）

潜在功能块	测量指标	指标定义	来源
创新产出			
A　创新产出（INNO_ OUT）	国际论文（L_ PAP [ln] [a]）	在 $(t+2)$ 年被 SCI 检索的论文	ISI Web of Knowledge
	国内论文（D_ PAP [ln]）	在 $(t+2)$ 年被 CSCD 检索的论文	中国科学引文数据库
	国内专利（D_ PAT [ln]）	在 $(t+2)$ 年获得授权的国内专利	中国科技统计年鉴
	高技术产业附加值（HTI_ VA [ln]）	在 $(t+2)$ 年高技术产业附加值	中国高技术统计年鉴
创新投入			
A　知识存量（CU_ K_ STOCK）	人均 GD⊃（GDPPC [ln]）	在 $(t-1)$ 年人均国民生产总值	中国统计年鉴
	国际论文存量（C_ IPAP [ln]）	从 1989 年至 $(t-1)$ 年被 SCI 共收录的论文	ISI Web of Knowledge
	国内论文存量（C_ DPAP [ln]）	从 1989 年至 $(t-1)$ 年被 CSCD 共收录的论文	中国科学引文数据库
	国内专利存量（C_ DPAT [ln]）	从 1989 年至 $(t-1)$ 年获得的授权国内专利	中国科技统计年鉴
H_1^A　创新投入（INNO_ IN）	基础研发投入（B_ RD [ln]）	在 t 年投入的基础研发经费	中国科技统计年鉴
	应用研发投入（A_ E_ RD [ln]）	在 t 年投入应用研发经费	中国科技统计年鉴
	科学家和工程师劳动投入（SE_ FTE [ln]）	在 t 年科学家和工程师投入的全时当量	中国科技统计年鉴
	政府公共科技投入（GOV_ ST [ln]）	在 t 年政府在重大科技规划（火炬计划、星火计划、"863" 和 "973" 计划）经费	中国科技统计年鉴
H_2^A　外部知识获取（EX_ K_ ACQ）	科技合作水平（ST_ CO）	在 t 年在论文合作发表、专利合作申请以及产学合作的总体水平 [b]	中国区域创新能力报告
	技术转移水平（TECH_ T）	在 t 年在技术市场交易和国内外技术购买的总体水平	中国区域创新能力报告
	外商直接投资（FDI）	在 t 年在外商投资额、增长率和人均投资额的总体水平	中国区域创新能力报告

潜在功能块	测量指标		指标定义	来源
创新环境				
X_1^{INF}	创新熟练度 (INNO_SOPH)	技术设计能力 (DE_CA)	在 t 年实用新型专利申请受理和外观设计专利申请受理总体水平	中国区域创新能力报告
		制造和生产能力 (MP_CA)	在 t 年生产经营设备和技术改造投入的总体水平	中国区域创新能力报告
		劳动素质 (QUA_EM)	在 t 年教育投资、人均图书消费、人均受教育年限等总体水平	中国区域创新能力报告
X_2^{INF}	公共创新环境 (CO_INNO_EN)	通信环境 (COM_EN)	在 t 年百人拥有电话数、城镇居民拥有手机数和百人拥有计算机数的总体水平	中国区域创新能力报告
		市场环境 (MAR_EN)	在 t 年固定资产投资及其增长率和进出口差额的综合水平	中国区域创新能力报告
		金融环境 (FIN_EN)	在 t 年技术创新基金和企业开发贷款的总体水平	中国科技统计年鉴
		公共研发组织绩效 (PRI_RD_P [ln])	在 t 年由公共研发组织执行的研发经费	中国科技统计年鉴
Y^{CLUS}	产业聚集环境 (CLUS_EN)	高科技产业研发绩效 (HTL_RD_P [ln])	在 t 年由高新技术产业执行的研发经费	中国科技统计年鉴
		传统制造业研发绩效 (TML_RD_P [ln])	在 t 年由传统制造业执行的研发经费	中国科技统计年鉴
Z^{LINK}	创新链接 (INNO_LINK)	大学研发绩效 (UNI_RD_P [ln])	在 t 年由高校执行的研发经费	中国科技统计年鉴
		风险资本水平 (VEN_LE)	在 t 年私营科技企业和高技术企业增长率的总体水平	中国区域创新能力报告

注：(1) 后缀 [ln] 表示该测量指标的测量值常用对数。
(2) 具体集结统计方法详见中国区域创新能力报告，其他源于中国区域创新能力报告的数据也类似处理，在此不赘述。

为有效估计该模型，本章研究首先基于 1999 年消除了受通货膨胀影响的指标的观测值，随后对那些可直接观测的指标取常用对数，这样不但是为适应模型估计的分布假设的需要，同时可以消除模型估计受异常值的影响（见 Griliches，1990；Furman et al.，2002）。

4.2.5　检验分析

表 4-2 提供了测量变量值的描述统计以及它们之间的 Pearson 相关系数的结果。较多的相关系数值达到 0.9 以上，表现出显著的相关性。可见，测量指标之间存在显著的多重共线性，传统的回归检验模型在此显然不再适用，而选用偏最小二乘方法检验分析是必要的（见王惠文等，2006）。在处理技术上，本章研究应用 SIMCA-P v10.0（Umetrics，2002）来处理偏最小二乘回归，用 SmartPLS v2.0（Ringle et al.，2005）来处理偏最小二乘路径分析。

4.2.5.1　决定因素的检验和重要性比较

由 SIMCA-P 提供的描绘解释变量组合和因变量组合的第一主成分之间的散点图表明用线性方程描绘内生创新产出变量和外生解释变量之间的关系是适合的。在兼顾解释能力、预测能力以及拟合水平，SIMCA-P 基于本研究的统计数据自动生成一个基于 4 个主成分的偏最小二乘方程。此时体现选择的成分对变量的解释能力的系数 $R_X^2 = 0.820$，$R_Y^2 = 0.927$，体现模型的预测值与变量实际观察值拟合水平的系数 $Q^2 = 0.919$，说明该模型具有很好的拟合度。从图 4-4 所示的每个解释变量的 VIP（Variable importance in projection）值的大小比较来看，几乎所有的 VIP 值都超过了 0.7，这也进一步说明本研究选择的解释变量具有较好的模型适宜性（Umetrics，2002）。

具体来讲，三个存量型指标 C_ DPAT、C_ DPAP 和 C_ IPAP 对创新产出（INNO_ OUT）表现出决定性的贡献，紧随其后的是与创新投入 INNO_ IN 相关的两个变量（A_ E_ RD 和 SE_ FTE）。大学研发绩效 UNI_ RD_ P 和政府支持的公共科技规划 GOV_ ST 也表现出重要的贡献。其他重要性变量（VIP>1.0）依次是 TMI_ RD_ P、HTI_ RD_ P、B_ RD 和 PRI_ RD_ P，可见专业聚集环境 CLUS_ EN 对中国创新产出也表现出重要的促进作用。需要注意的是，GDPPC 在统计上并没有表出显著的重要性，主要是由于前述变量（如，C_ IPAP，C_ DPAP，C_ DPAT，SE_ FTE 和 A_ E_ RD）突出的贡献而掩盖了它的相对效用。

表 4-2　观测指标的描述统计及相关分析（N=120）

测量指标	功能块（潜在变量）											
	创新产出（INNO_OUT）					知识存量（CU_K_STOCK）				创新产出（INNO_IN）		
	1	2	3	4	5	6	7	8	9	10	11	12
1. L_PAP	—											
2. D_PAP	0.96**	—										
3. D_PAT	0.81**	0.87**	—									
4. HTI_VA	0.80**	0.83**	0.90**	—								
5. GDPPC	0.58**	0.61**	0.66**	0.65**	—							
6. C_IPAP	0.98**	0.95**	0.80**	0.78**	0.59**	—						
7. C_DPAP	0.96**	0.99**	0.86**	0.83**	0.63**	0.96**	—					
8. C_DPAT	0.85**	0.89**	0.96**	0.89**	0.62**	0.84**	0.89**	—				
9. B_RD	0.91**	0.89**	0.72**	0.71**	0.51**	0.93**	0.91**	0.77**	—			
10. A_E_RD	0.89**	0.93**	0.88**	0.87**	0.57**	0.88**	0.91**	0.92**	0.82**	—		
11. SE_FTE	0.90**	0.94**	0.86**	0.82**	0.47**	0.90**	0.93**	0.92**	0.83**	0.95**	—	
12. GOV_ST	0.90**	0.94**	0.79**	0.77**	0.54**	0.91**	0.94**	0.85**	0.90**	0.92**	0.93**	—
13. ST_CO	0.66**	0.66**	0.69**	0.66**	0.70**	0.63**	0.67**	0.65**	0.53**	0.58**	0.56**	0.52**
14. TECH_T	0.50**	0.54**	0.58**	0.53**	0.47**	0.51**	0.54**	0.54**	0.51**	0.57**	0.52**	0.51**
15. FDI	0.52**	0.56**	0.68**	0.75**	0.78**	0.51**	0.55**	0.61**	0.46**	0.61**	0.49**	0.48**
16. DE_CA	0.62**	0.70**	0.80**	0.75**	0.79**	0.63**	0.69**	0.73**	0.57**	0.72**	0.62**	0.63**
17. MP_CA	0.46**	0.45**	0.49**	0.37**	0.34**	0.44**	0.44**	0.51**	0.40**	0.47**	0.52**	0.42**

测量指标	创新产出 (INNO_OUT)				功能块（潜在变量）知识存量 (CU_K_STOCK)					创新产出 (INNO_IN)		
	1	2	3	4	5	6	7	8	9	10	11	12
18. QUA_EM	0.48**	0.50**	0.37**	0.40**	0.65**	0.52**	0.53**	0.40**	0.53**	0.44**	0.40**	0.57**
19. COM_EN	0.41**	0.46**	0.57**	0.50**	0.31**	0.38**	0.42**	0.53**	0.33**	0.62**	0.47**	0.41**
20. MAR_EN	0.59**	0.64**	0.75**	0.72**	0.79**	0.59**	0.63**	0.69**	0.51**	0.64**	0.59**	0.57**
21. FIN_EN	0.52**	0.57**	0.59**	0.55**	0.42**	0.52**	0.54**	0.52**	0.47**	0.60**	0.55**	0.50**
22. PRI_RD_P	0.88**	0.90**	0.70**	0.71**	0.47**	0.89**	0.90**	0.77**	0.89**	0.87**	0.89**	0.96**
23. HTI_RD_P	0.74**	0.77**	0.76**	0.87**	0.47**	0.73**	0.76**	0.76**	0.67**	0.80**	0.76**	0.73**
24. TMI_RD_P	0.80**	0.8_**	0.88**	0.83**	0.55**	0.79**	0.80**	0.90**	0.69**	0.89**	0.88**	0.75**
25. UNI_RD_P	0.92**	0.94**	0.82**	0.80**	0.56**	0.93**	0.94**	0.87**	0.90**	0.89**	0.90**	0.92**
26. VEN_LE	0.55**	0.60**	0.52**	0.54**	0.67**	0.57**	0.62**	0.54**	0.58**	0.59**	0.52**	0.65**
均值	6.28	7.74	7.67	13.38	8.91	7.34	9.39	9.38	9.02	12.05	9.49	11.78
标准差	1.75	1.24	1.30	1.58	0.53	1.67	1.25	1.08	1.39	1.33	1.08	1.10
AVE	0.89				0.93				0.92			
组合系数	0.97				0.98				0.98			
Cronbach值	0.96				0.96				0.97			
第一特征值[a]	3.58 (89)[b]				3.28 (82)				3.68 (92)			
第二特征值[a]	0.29				0.51				0.22			

功能块（潜在变量）

测量指标	外部知识获取 (EX_K_ACQ)			创新熟练度 (INNO_SOPH)			公共创新环境 (CO_INNO_EN)				产业聚集环境 (CLUS_EN)		创新链接 (INNO_LINK)	
	13	14	15	16	17	18	19	20	21	22	23	24	25	26
14. TECH_T	0.32**	—												
15. FDI	0.58**	0.55**	—											
16. DE_CA	0.63**	0.61**	0.81**	—										
17. MP_CA	0.40**	0.44**	0.35**	0.39**	—									
18. QUA_EM	0.37**	0.34**	0.41**	0.53**	0.08	—								
19. COM_EN	0.30**	0.40**	0.46**	0.55**	0.03	0.27**	—							
20. MAR_EN	0.66**	0.58**	0.80**	0.82**	0.48**	0.43**	0.41**	—						
21. FIN_EN	0.42**	0.53**	0.56**	0.62**	0.46**	0.20*	0.47**	0.51**	—					
22. PRI_RD_P	0.43**	0.46**	0.43**	0.54**	0.38**	0.53**	0.37**	0.49**	0.43**	—				
23. HTI_RD_P	0.57**	0.45**	0.59**	0.62**	0.26**	0.33**	0.37**	0.54**	0.52**	0.66**	—			
24. TMI_RD_P	0.61**	0.56**	0.60**	0.64**	0.61**	0.28**	0.48**	0.67**	0.60**	0.69**	0.72**	—		
25. UNI_RD_P	0.64**	0.48**	0.48**	0.59**	0.45**	0.48**	0.36**	0.57**	0.49**	0.87**	0.77**	0.81**	—	
26. VEN_LE	0.42**	0.45**	0.52**	0.66**	0.18*	0.80**	0.26**	0.53**	0.40**	0.61**	0.47**	0.42**	0.53**	—
均值	30.22	22.38	20.36	23.65	38.74	31.93	33.14	33.31	24.60	10.53	9.36	11.07	9.70	23.95
标准差	12.73	15.03	18.28	16.48	14.85	14.59	14.93	11.74	19.04	1.50	2.43	1.18	1.60	13.17
AVE	0.66			0.56			0.58				0.86		0.76	
组合系数	0.85			0.79			0.85				0.93		0.87	
Cronbach 值	0.74			0.62			0.76				0.84		0.80	
第一特征值[a]	1.98 (66)[b]			1.70 (58)			2.35 (59)				1.72 (86)		1.53 (76)	
第二特征值[a]	0.68			0.92			0.66				0.28		0.47	

注：(1) [a] 提取方法采用主成分分析，提取两个主成分；[b] 括号中罗列是第一个主成分分解方差的百分比。

(2) * 5%水平显著；** 1%水平显著（双尾）。

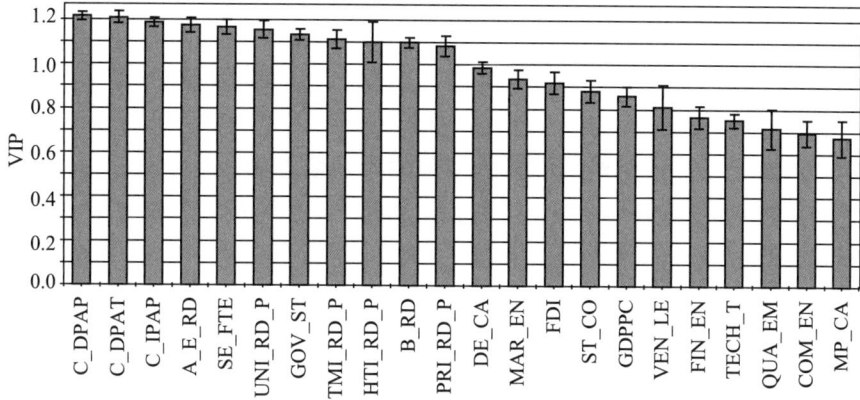

图 4-4　各解释变量的 VIP 比较

　　系列图 4-5（a）~4-5（b）进一步展示了各解释变量在每一个创新产出的测量变量的贡献比较。显然，各解释变量对不同创新产出的影响表现出较大的差异。专利产出（D_PAT）主要源于 C_DPAT、HTI_RD_P 和 TMI_RD_P 的贡献，而 HTI_RD_P、C_DPAT 和 FDI 对高技术产业的附加值（HTI_VA）表现最为突出。在科学创新产出（I_PAP 和 D_PAP）上，GOV_ST 表现出最为显著的贡献。此外，在科学知识

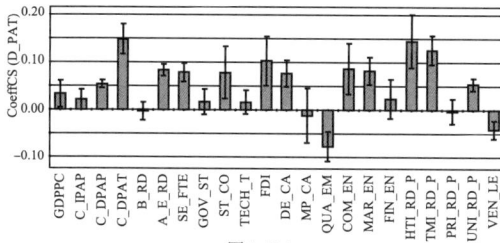

图4-5(a)
Adjusted R^2=0.905　Q^2=0.898

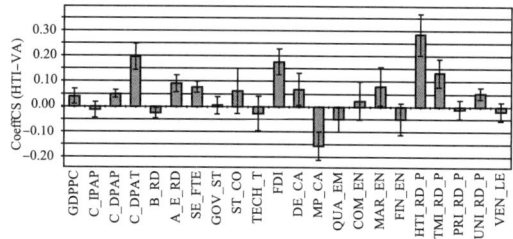

图4-5(b)
Adjusted R^2=0.915　Q^2=0.905

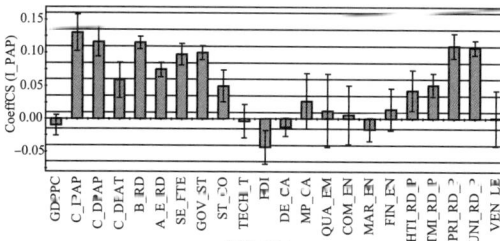

图4-5(c)
Adjusted R^2=0.921　Q^2=0.916

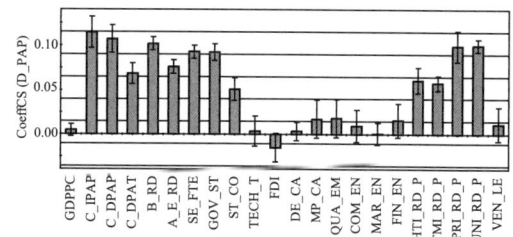

图4-5(d)
Adjusted R^2=0.957　Q^2=0.956

图 4-5　各解释变量的 PLS 回归系数比较

积累上（C_ IPAP 和 C_ DPAP）以及各种侧重科学研究的 R&D 活动（B_ RD、PRI_ RD_ P 和 UNI_ RD_ P）对区域科学创新的产出也都表现出正向的促进作用。

4.2.5.2 路径结构的检验

（1）有效性和可信度检验。对反应型功能块，首先满足收敛性（convergent）和判别性（discriminant）（Koufteros，1999；Im and Rai，2008）。借助 SmartPLS 估算表明，每个显性变量都获得较高的负荷（loading）和权重（weight）。此外，基于解靴带重复抽样程序（bootstrap resampling procedure）（Efron and Tibshirani，1993）t 检验表明，所有显性变量的负荷值都超过了 0.8（多数超过了 0.90），因此每个显性变量是可区分的；且每个显性变量的 t 检验也是显著的，这表明每个显性变量有较好的收敛性。此外，每个功能块的单维性（unidimensionality）也是尽量需要满足的（Tenenhaus et al.，2005）。表 4-2 的分析表明，除功能块 INNO_ SOPH 外，其他功能块的 Cronbach's alpha 值（Hair et al.，1998）都超过了 0.7，即满足了单维性的要求。这也保障了本章研究分析框架中构建的测度变量和潜在变量之间关系的有效性。表 4-2 中提供的因子分析结果表明，所有由功能块的显性变量构成的相关矩阵的第一特征值大于 1，第二特征值小于 1，这进一步说明本章研究构建的功能块满足单维性要求。

为确保一个度量的有效性，仅仅满足单维性是不够的，还需要满足可信靠性（Gerbing and erson，1988；Guan and Ma，2009）。为了评价潜在变量的可信性，也就是评价路径估计真实的程度，组合信度（composite reliability）被 Werts et al.（1974）引入。它是一个比 Cronbach's alpha 更有效的可信度评价指标，因为 Cronbach's alpha 假设平衡度量，因此对功能块的内部一致性评估给出了相对较松的界限（Chin et al.，2003）。在本例中，所有功能块的组合信度指数的最小值满足大于 0.7 的要求（Hair et al.，1998），说明本例分析满足组合信度的要求。此外，SmartPLS 给出了每个功能块的平均变异数萃取量（AVE）（Fornell and Larcker，1981）的统计结果，也称为"共性指标"，被用来度量与每个功能块对应的每个测度模型的质量（Tenenhaus et al.，2005）。可以说，AVE 是对功能块可信性的一个补充性的测量，它的统计值超过 0.5 就可以接受（Bagozzi and Yi，1988），表 4-2 的统计结果表明，本例所有功能块的都满足了这个要求。

（2）直接的因果效应检验。首先基于 Romer 的基本知识生产函数，分析两个基础性功能块 CU_ K_ STOCK 和 INNO_ IN 对创新产出功能块 INNO_ OUT 的直接影响。随后逐渐添加或更换其他外生功能块到这个基本分析体系逐步深入检验。通过这样一系列的验证性分析，可获得更多且更加稳定的检验信息，如外生功能块之间的"互补性"以及"排斥性"。表 4-3 提供了一系列的检验分析结果。这些验证性结果表明，中国区域创新系统的功能块除 INNO_ LINK 和 INNO_ SOPH 外，基本功能运行良好。这也表明中国的区域创新系统功能格局框架基本形成，但不够完善。

在第一组由 3 个基本外生功能块（CU_ K_ STOCK，INNO_ IN 和 EX_ K_ ACQ）和内生功能块（INNO_ OUT）构成的基本知识生产路径模型中，当单独考虑功能块 CU_ K_ STOCK 时（模型 1），内生功能块 INNO_ OUT 95.6% 的变异可被解释，并且 CU_ K_ STOCK 在统计上表现出非常显著的正向作用。这充分肯定了历史知识资本的积累在目前创新产出中的作用。当单独考虑 INNO_ IN 时（模型 2），INNO_ IN 也表现出对 INNO_ OUT 显著的正向促进作用，但它的预测能力相对 CU_ K_ STOCK 较弱，解释能力降了 5.4 个百分点。路径模型 3 同时考虑了 CU_ K_ STOCK 和 INNO_ IN 的同步效用，理所当然表现出更强的预测和解释能力（$R^2 = 0.965$）。这初步表明 Romer 内生增长模式在中国区域层次基本形成。

下面添加外生的辅助性和支持性功能块，来解释 INNO_ OUT 余下的 3.5% 的变异。当 EX_ K_ ACQ 参与路径模型 3 分析后（即路径模型 4）检验表明，INNO_ OUT 更多变异被解释（$R^2 = 0.972$），EX_ K_ ACQ 在 1% 的检验水平上表现出对 INNO_ OUT 的正向促进作用。这表明，通过科技合作、知识溢出以及外商投资获得外部知识对区域自身的创新产出有着显著的促进作用。如表 4-3 所示，依据标准化后的路径系数大小看，相对路径模型 3，在路径模型 4 中，CU_ K_ STOCK 的决定作用有所减弱，而 INNO_ IN 对 INNO_ OUT 的正影响程度有所加强，这意味着外部知识（EX_ K_ ACQ）扩大了内部创新投入的作用，削弱了区域创新产出对知识资本的依赖。这也说明，外部知识获得有利于获得突破性创新。

在路径模型 4 的基础上，若再考虑 INNO_ SOPH 和 CO_ INNO_ EN 两个功能块，3 个扩展性路径模型（5~7）形成。检验表明，INNO_ SOPH 对 INNO_ OUT 在统计上表现出一个显著但是负向的阻碍作用，CO_ INNO_ EN 也仅在 10% 的检验水平上表现为一个弱的促进作用。试图解释 INNO_ SOPH 在区域水平上的不理想效用的原因是多方面的。一个不能忽略的原因是考察期内中国缺乏高技术水平和创新型的技术和技能人才（OECD，2008），这似乎与中国教育规模逐步扩大形势不相称，造成这种尴尬局面的一个基本原因是中国的教育系统过于重视考试而忽略了受教育者的创新思维的培养（OECD，2008）。此外，鉴于中国发展现状，智力资本和教育资源的区域之间的不平衡也是造成 INNO_ SOPH 在统计上表现出不理想效用一个重要原因。从 R^2 值变化分析，单添加 INNO_ SOPH 时（模型 5），模型解释能力下降 0.1%；单添加 CO_ INNO_ EN 时，模型的解释能力上升了 0.1%；同时添加二者时，模型的解释能力上升了 0.2%。

模型 8~10 是在模型 7 基础上进一步分析 INNO_ LINK 和 CLUS_ EN 对潜变量 INNO_ OUT 的影响。检验结果表明，二者对 INNO_ OUT 效用在统计检验上都是显著的，但 INNO_ LINK 却表现的是负作用。这意味，在中国区域层次的平均水平上，由大学研发活动和风险基金充当的创新系统内部的基础设施和经济环境之间的链接机制并没有发挥期望中的促进作用，反而阻碍了区域创新的产出。这与目前中国金融系统不完善是密切相关的（OECD，2008）。由于考虑了更多参与功能块，因此新的路径模型 8 ~ 10 有了更强的预测能力（见表 4-3 中的 R^2 值）。

模型 11 是考虑了本章研究构建的所有功能块。与独立分析一样，所有的外生功能块在统计检验上都对内生的功能块 INNO_ OUT 表现出显著性的影响（5% 的水平），其中 INNO_ LINK 和 INNO_ SOPH 的效用是负向的。如果构建路径仅仅包含 5 个表现稳定性正向作用的功能块：CU_ K_ STOCK，INNO_ IN，EX_ K_ ACQ，CO_ INNO_ EN 和 CLUS_ EN（见模型 12），此时的路径模型有最好的解释和预测能力（R^2 = 0.986）。

（3）间接的调节效应检验。为获得有效的调节效应检验，首先对要考察的功能块（也就是潜在变量）的各测量指标的观测进行中心化以减少它们之间的多重共线性，然后计算它们的交叉积（cross-products）（Chin et al.，2003；Im and Rai，2008）。表 4-3 中的检验结果表明，中国区域创新系统在创新环境促进创新资源转化的功能上表现无效。

路径模型 6、7 和 12 检验表明，公共创新环境（CO_ INNO_ EN）对 3 个创新投入功能块的效用影响虽然在统计上并不显著，但在知识存量（CU_ K_ STOCK）和外部知识获取上（EX_ K_ ACQ）表现出稳定的负向作用。路径模型 8、10 和 12 检验表明，产业聚集环境（CLUS_ EN）在外部知识获取（EX_ K_ ACQ）对创新产出（INNO_ OUT）效用上表现出一个稳定的显著的（1% 水平）阻碍作用。需要注意的是，在最后的偏好模型 12 的检验中，产业聚集环境（CLUS_ EN）对聚集的知识存量（CU_ K_ STOCK）的效用表现出一个显著的（1%）的正向促进作用；然而，这一作用在模型 8 和 10 中并不显著，即并不稳定。事实上，对通过交叉积考察调节作用原本就存在一定的争论（Goodhue et al.，2007）。因此产业聚集环境（CLUS_ EN）对聚集的知识存量（CU_ K_ STOCK）的效用有待于进一步讨论。通过路径模型 9 检验表明，创新链接（INNO_ LINK）显著地（1% 的水平）阻碍了外部知识获取（EX_ K_ ACQ）对创新产出（INNO_ OUT）的影响。这显然违背了我们假设二者之间有正向的协调作用，虽然当产业聚集环境（CLUS_ EN）参与后（模型 10）显著性水平降低（在 5% 的水平）。模型 9 和 10 还表明，创新链接（INNO_ LINK）虽然对其他两个创新投入功能块（CU_ K_ STOCK 和 INNO_ IN）的效用影响并不显著，但是对知识存量（CU_ K_ STOCK）的效用表现出稳定的阻碍作用。

表 4-3 检验结果

创新产出（N=120）

效应	基于基本知识生产函数（BPF）				X_1^{INF} & X_2^{INF} 参与 BPF			Y^{CLUS} & Z^{LINK} 参与 BPF			所有功能块都参与 BPF	选用关键的功能块参与 BPF
	Model 1	Model 2	Model 3	Model 4	Model 5	Model 6	Model 7	Model 8	Model 9	Model 10	Model 11	Model 12
直接效应												
A	0.978**		0.759**	0.538**	0.654**	0.521**	0.614**	0.578**	0.611**	0.674**	0.678**	0.560**
H_1^A		0.950**	0.206**	0.299**	0.317**	0.279**	0.238**	0.154**	0.390**	0.187**	0.150**	0.107**
H_2^A				0.171**	0.184**	0.121**	0.152**	0.084**	0.158**	0.086**	0.063**	0.090**
X_1^{INF}					-0.149**		-0.142**				-0.096**	
X_2^{INF}						0.068**	0.108**				0.079**	0.091**
Y^{CLUS}								0.203**		0.182**	0.216**	0.203**
Z^{LINK}									-0.127**	-0.114**	-0.078**	
间接（调节）效应												
$X_2^{INF}×A$						-0.037	-0.090					-0.085
$X_2^{INF}×H_1^A$						0.063	0.004					0.023
$X_2^{INF}×H_2^A$						-0.007	-0.022					-0.018
$Y^{CLUS}×A$								0.100		0.165		0.173**
$Y^{CLUS}×H_1^A$								-0.147**		-0.219**		-0.190**
$Y^{CLUS}×H_2^A$								0.012		0.036		
$Z^{LINK}×A$									-0.144	-0.325		
$Z^{LINK}×H_1^A$									0.081	0.308		
$Z^{LINK}×H_2^A$									-0.118**	-0.100*		
R^2	0.956	0.902	0.965	0.972	0.971	0.973	0.974	0.979	0.975	0.983	0.981	0.986

注：* 5%水平显著；** 1%水平显著（双尾）。

不理想的调节效应检验结果表明，中国区域创新系统中的创新环境并没有对区域创新产出起到引诱和促进作用，一定程度上阻碍了创新资源的转化。这与中国目前在科技资源的疯狂投资与其落后的基础框架条件是分不开的。也就意味着，中国近期在创新资源的大量投入显著地促进了中国社会经济的进步，但是它并没有有效转化，这一结论验证了 OECD（2008）分析。

4.2.6 结论与政策建议

本章研究的目的是构建创新系统的功能分析框架，以诊断中国区域创新系统各种功能块对中国创新系统绩效的有效性，也就是从各功能体的运作性能上探索中国区域创新系统。为了该研究目的，本章研究在由 Furman et al.（2002）扩展的 Romer（1990）的知识函数分析框架基础上构建了功能块分析框架体系，并考虑各功能块之间的交互作用关系把它们并入一个整体路径结构框架中，并借助偏最小二乘建模进行检验。该分析框架提供了从系统角度和实践角度探索和比较影响中国区域创新系统的关键功能块以及之间的交互作用。

具体来讲，在传统基于概念或者理论探索的研究（见 Johnson，1998；Johnson and Jacobsson，2003；Liu and White，2001；Edquist，2001；Hekkert et al.，2007；Hekkert and Negro，2009）基础上，本章研究的分析框架为从功能角度实现诊断中国区域创新系统的运作状态成为可能。这意味着本章研究的分析框架为从功能角度实证探索创新系统的绩效成为可能。与现有具体性的测量（见 OECD，2008；Schaaper，2009），本章研究借助结构方程的实证研究发现为具体描述中国区域创新系统的功能提供了系统性角度的证据。在分析模型上，本章研究基于偏最小二乘法的分析框架不但可以处理多产出的复杂生产结构，同时可以有效避免指标之间多重共线性、异常点以及小样本的限制，为提供可信的测度提供了有力的基础。

基于偏最小二乘回归的决定因素分析表明，高校和公共研发组织、政府公共科技规划以及产业的聚集环境在改善中国区域创新能力方面起着尤为突出的作用。这在一定程度上折射出中国公共创新政策和产业的聚集环境在区域创新过程中表现出良好的效用。进一步的具体分析表明，高校和公共研发组织以及政府公共科技规划主要有益于基础（科学）创新，而应用（科技）创新主要得益于产业的聚集环境。

随后层层逼近的路径建模分析表明，3 种知识来源：积聚的知识资本、新的创新投入以及外部创新获得对中国区域创新产出表现出显著的促进作用。此外，多数外生的支持性（或起促进作用）的功能块在中国区域创新能力的实现上起积极的效用，特别是产业聚集环境和公共创新环境（财政、信息以及市场环境）在便利和促进中国区域创新产出上表现尤为突出。然而，两个功能块（创新的熟练度和创新链接）却表现不理想的效用，对区域创新产出表现出稳定的阻碍效用。创新熟练度的不理想效用与中国目前企业创新能力匮乏和创新主体的地位没有确立有着密切的联系；创新链接的不理想还与目前中国财政系统不完善有着密切的关系，特别是风险资金短缺及其运作的经验不足（OECD，2008）。

调节效应检验表明，中国区域创新资源投资和创新基础的建设不协调，创新基础并没有表现出对创新资源的转化起到理想的促进作用。其中一个关键的原因是目前中国区域去基础设施投资落后于创新科技 R&D 的投资，这是计划创新模式下的一个必然产物。这说明，中国应该竭尽全力摆脱以公共研发为主体的计划式创新模式，迈向一个企业研发为主体的市场化创新模式。中国或者区域政府应该重视科技投资和改善基础设施之间的平衡，使之协调发展。只有通过这种方式，科技投资才能以更有效的方式获得更加理想的回报。并且通过加大基础设施的改善，为吸引国外 R&D 密集型的企业投资奠定了良好的基础。这也充分体现了中国中产期规划中加大基础建设的必要性。

上述检验结果对中国区域创新政策的发展有着重要的现实意义：首先，要重视知识积累、加大自主创新投资并积极吸引外商投资，这是每个区域创新系统增加创新产出首要考虑的事情。其次，在加大创新投资的同时重视创新环境的协调发展。只有通过这种方式，创新投资才能以更有效的方式获得更加理想的回报，这样也肯定了现行的中长期科技规划中强调的加大基础建设的必要性。其中，竭尽全力摆脱以公共研发为主体的计划式创新模式，加快迈向一个以企业研发为主体的市场化创新模式，是促进创新投入与创新环境协调发展的有效途径。企业创新主体地位的确立，也有利于改善企业的创新能力，提高区域创新系统的创新熟练度。此外，高校要注重人才的实践能力的培养，提高他们的设计与制造能力；同时，高校的科研活动要紧密联系市场，其中促进"产—学—研"的紧密合作模式是个有效的途径。最后，构建一个具有良好运行机制的风险资本系统，以加强创新产出与市场的联系。

最后需要指出本章研究的局限性，以便将来研究的扩展。首先是没有考虑区域间在自然环境和文化环境的异质性。其次非 R&D 创新性要素（如，组织和管理创新）（OECD，2005）没有被考虑。

4.3　基于 PLS-SEM 的中国高技术产业创新过程的路径检验

4.3.1　研究总结

现有关于创新过程的研究主要从理论角度分析创新过程各阶段创新活动的参与性，很少从实证角度关注创新活动在整个创新过程中的效用差异以及它们之间的交互作用。本章研究从系统性角度考虑，引进一个结构性分析框架来整体描述创新过程，并通过基于偏最小二乘（PLS）的结构方程模型（SEM）检验该路径框架。我们用这个路径分析框架去探索中国高技术产业过程中关联的创新活动之间的因果效应。实证结果揭露了知识资本的聚集在整个创新过程中的重要性。具体检验结果表明，在创新过程中，技术创新的积聚对技术创新投入存在显著的马太效应，同时技术创新产出/效益对技术创新积累表现出显著的路径依赖效应。这些发现提醒我们，创新生产者为追求可持续的创新需要积极促进知识资本的积聚，但为了获得突破式的创新（radical innovations），同时要在一定程度上摆脱对前期知识积累的依赖。

4.3.2 问题提出

创新生产是一系列关联创新功能事件的总体作用的结果，描述了从创新的产生到创新应用（扩散）这一连续的系统过程。现有研究已表明，一个完整的创新过程可以视为一个由多个分离但又相关联的子过程组成的多阶段连续过程（Griliches，1990；Nelson，1993；Rothwell，1994a，b；Kline and Rosenberg，1986；Bernstein and Singh，2006；Roper et al.，2008；Guan and Chen，2010a）。创新生产过程的多阶段特征引导我们去探索创新过程每一阶段发生的、充当不同功能角色的创新活动事件之间的交互作用机制以及它们的效用差异。该探索显然对改善创新实践管理大有益处。

具体来说，从系统的角度考虑，创新过程是由交互作用和相互依赖的多个阶段构成（Bernstein and Singh，2006），它代表了一个创意（ideas）的产生、创新的生产以及转化的过程（Roper et al.，2008）。这意味着，一个创新过程并不是简单的创意的产生（Hansen and Birkinshaw，2007），创新的多阶段性提醒我们为了获得有效的创新管理，需要关注创新过程中的每一个子过程在整个创新过程中的角色和效用。实践表明，许多创新活动的"流产"都源于管理者没有充分认识到创新过程是个"链"，它的整体效用需要关注链中的每一个链接（Hansen and Birkinshaw，2007）。就如 Rejeb et al.（2008）把创新作为一个竞争性的经济指标，认为创新需要一个连续的、演变的、娴熟的管理。因此，面向创新过程的研究有益于改善创新过程实践管理的有效性。

相关研究表明，面向过程的创新活动的研究已成为现有的创新文献中关注的焦点（如，Rothwell，1994a，b；Rogers，1995；Geisler，1995；Brown and Sveson，1998；Bernstein and Singh，2006；Galanakis，2006；Cantisani，2006；Guan and Chen，2010a）。不过现有的多数聚焦于创新过程的演化机制以及内部结构转化结构的理论探索，很少从实证的角度去定量探索创新过程的运作机制与质量。更为准确地说，现有理论研究有效地促进了我们对创新过程中各创新功能活动的理解，然而从管理的实践需要看，仅仅了解创新过程各阶段的创新活动的"参与"角色对解释它们对创新的产出是不够的，还需要明白这些创新活动在整个创新过程中的"地位"和重要性。

本章研究试图通过简化（Simplization）和概化（Theorization）创新过程，从整体上构建一个影响结构（或路径）框架，以深层地定量探索创新过程。Cantisani（2006）

和 Kostas（2006）表明，递归式的创新过程中各关联阶段的创新活动之间的转化和交互作用并不是简单线性过程，从创意产生经过中间研发过程到最终商业化的实现，这一典型的创新过程显出了非线性的因果行为。可见，通过本章研究进一步对创新过程中存在递归关系的创新活动之间的因果关系结构建模，并实证探索与揭露创新过程的内部运作机制有效把握创新过程的运行机制与指导创新政策的发展是大有益处的。现有的有限研究中，Roper et al.（2008）首次借助特定的回归方程定量探索创新过程中存在的因果效应结构。不过该研究忽略了这些因果效应是交互的、非可替代的，它雇佣的独立的方程组无法有效反映创新过程中各种因果效应对创新产出/效益的系统性的整体效用。

考虑到因果效用的非替代性与非独立性，本章研究引入由联立方程组构成的结构方程（SEM）（Kline，1998；Tenenhaus，2005）在一个整体的分析框架下检验这些因果效应，这个检验分析框架使得创新过程更加满足系统意义。这个强有力的分析工具能通过模型设定和路径检验来分析一组有意义的综合变量之间的交互作结构，已被现有文献有效地引入到探索创新活动中，如 Nasierowski and Arcelus（1999），Gatignon et al.（2002），Sohn and Moon（2003），Prajogo and Sohal（2006），Sohn et al.（2007），Alegre and Chiva（2008），Guan and Ma（2009）和 Zeng et al.（2010）。不过，本章研究是首次借助这一系统性的工具从整体角度分析创新过程中的因果效应。为获得稳健性的检验结果，更具体的说，本章研究将借用基于偏最小二乘（PLS）的路径模型（Tenenhaus et al.，2005）去估计和检验本章研究的创新路径模型。这一灵活的检验框架在面临样本不足、弱假设等实践统计中常见的统计问题时，可有效避免传统基于最大似然估计、普通最小二乘或加权最小二乘估计的大样本、强假设的条件，扩展它的实践应用范围。

4.3.3 路径模型

完整的创新过程起始于创意的产生，终止于创新的商业化（Guan and Chen，2010a）。Bernstein and Singh（2006）指出创意的产生是创新过程的第一阶段，在这一阶段，创新生产单元中个人主要活动是从组织的内部和外部搜集信息。当然，这并不是一个随心所欲的过程，罗默的知识生产函数（Romer，1990）表明创意的产生并不是天上掉下来的，而是源于掌握的知识资本和人力资本。创意一旦产生，接下来的直接活动是一系列的战略性活动，用以服务为使创意成为现实进行的创新资源的获取和配置；随后，通过研究、设计、检验等活动使之成为可直接应用的技术或模型等实物产品，接着通过制造、销售等活动最终实现市场价值。

如果从支持或源于每个阶段活动的各类资源的角色划分，一个完整的技术创新过程包括四个技术创新功能块：拥有的技术创新积聚（Technological innovation accumulation）；战略性的技术创新投入（Technological innovation inputs）；中间的技术创新产出（Technological innovation outputs）；以及商业化的技术创新收益（Technological innovation outcomes）。这四个基于活动的整体效用的功能块通过三个相邻的递归影响路径与三个跨阶段的递归影响路线构成了图4-6所示的技术创新过程的路径影响框架。

为有效区分激进式的研发型创新和渐进式的非研发型创新在创新过程中的效用差异，技术创新投入被具体分为研发型技术创新投入（R&D technological innovation inputs）和非研发型技术创新投入（Non-R&D technological innovation inputs）。这对实证分析后进型的国家创新过程尤为必要。研发型技术创新投入是为了获得激进式的探索式创新（exploratory innovations），以获得比现有技术更加有效地推进绩效前沿（Gatignon et al.，2002），满足顾客和市场的新兴需要（Benner and Tushman，2003；Danneels，2002）。相比之下，非研发型技术创新投入是为了获得渐进式的开发创新，以在现有技术路线技术上改善和保持绩效（Gatignon et al.，2002），满足顾客和市场的现有需要（Benner and Tushman，2003；Danneels，2002）。这意味着，两个新的相邻路径和一个新的跨阶段路径形成。这样，本章研究最终的路径框架是由五个相邻影响路径和四个跨阶段路径整合成一体（见路径图4-6）。

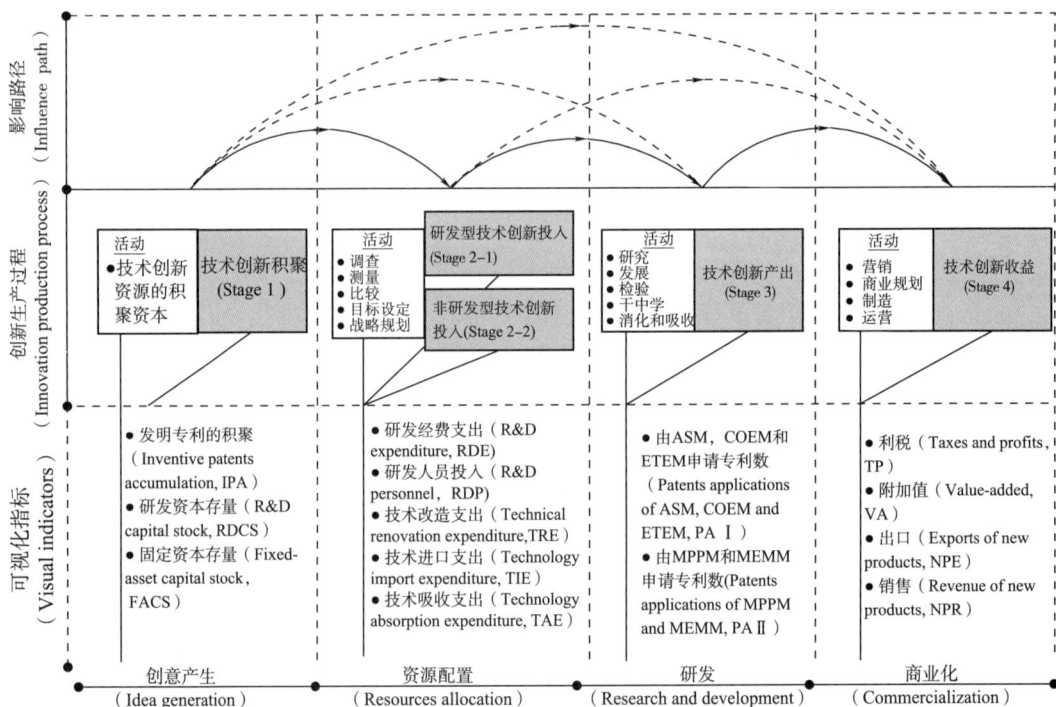

图4-6　技术创新过程中不同功能的活动影响路径概念模型

图 4-6 表明，我们构建的路径框架是单向的，从最初的技术创新积聚到最终的技术创新效益存在 6 条单向路径。显然，在我们分析框架下，一个完整的技术创新过程被视为一个简化的由分离但关联的创新功能块构成的网络结构，这些功能块效用是由创新过程每个阶段同质的创新活动决定。这个网络结构给我们提供了一个全面探索创新过程系统性运作机制有效途径。为了能有效实现我们的检验，我们在此有意忽略了促进创新生产潜在的因素以及外部环境影响，而仅仅关注创新过程内部运作特征。

为检验 5 个直接的关联效应，本章研究设定：

假设 1-a（H1-a）：更多的技术创新积聚能更加促进研发型技术创新；

假设 1-b（H1-b）：更多的技术创新积聚能更加促进非研发型技术创新；

假设 2-a（H2-a）：更多的研发型技术创新投入能带来更多的技术创新产出；

假设 2-b（H2-b）：更多的非研发型技术创新投入能带来更多的技术创新产出；

假设 3（H3）：更多的技术创新产出能带来更多技术创新收益。

跨阶段的间接的效应借助假设 H4，H5，H6 和 H7 来检验。

假设 4（H4）：更多的技术创新积聚能促进更多的技术创新产出；

假设 5（H5）：更多的研发型技术创新投入能带来更多的技术创新收益；

假设 6（H6）：更多的非研发型技术创新投入能带来更多的技术创新收益；

假设 7（H7）：更多的技术创新积聚能促进更多的技术创新收益。

本章研究通过路径图 4-7 来直观描述上述 7 类（9 个）假设限定的创新过程的路径结构图。其中直接效应用实线表示，间接效应用虚线表示。

4.3.4 方法设定

在图 4-7 所示的路径图中，5 个功能块（技术创新积聚、研发型技术创新投入、非研发型技术创新投入、技术创新产出以及技术创新收益）都是潜变量。虽然每个功能块是由同质的活动所决定，但由于用来衡量这些同质活动的变量之间常不具有直接的可比性以及重要性，因此无法直接测量和信息集结。也就是说，如图 4-7 所示，虽然每个功能块都可以找到多个可测量的外显变量来反映它的绩效，但很难找到一个科学、合理的方法独立整合这些变量的信息。基于此，本章研究引入结构方程来检验这一由潜在变量之间交互作用构成的结构路径模型。

结构方程是一个用来检验由多个交互作用的因果关系构成的交互作用路径框架内的因果效应的有效方法。结构方程的估计分成两类：一类是基于最大似然传统估计（见 Jöreskog，1970）；另一类是基于偏最小二乘的估计（见 Wold，1982，1985）。后者相对前者来说，对数据容量、质量等要求较弱，同时比较适合解释复杂的结构关系

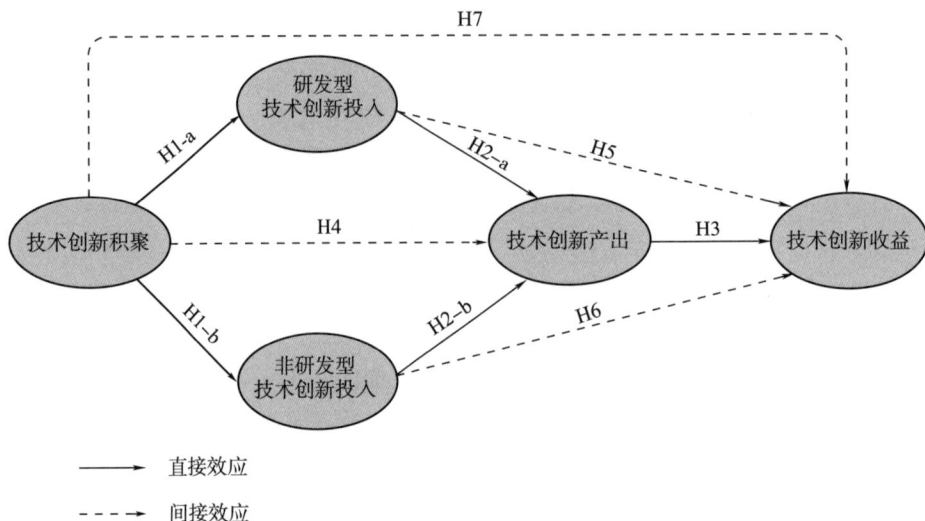

图 4-7　系统框架思考下技术创新过程的路径概念图

（Fornell and Bookstein，1982）。基于此，本例研究选用基于偏最小二乘的路径分析模型检验图 4-7 所示的路径结构。同时借助 VisualPLS（Fu，2006a，b）作为估计工具来实现路径估计、检验与分析。

4.3.5　检验分析

4.3.5.1　样本和数据搜集

本例实证研究基于中国高技术产业[①]的省域水平上面板数据，共涉及 26 个省域 2000～2004 年间 130 个观测点。选择面板数据可以有效减少区域样本不足，同时在进行参数估计是可充分考虑横截面和时间序列上的信息变异。Majchrzak et al.（2005）和 Marcoulides and Carol（2006）经过模拟表明，在利用 PLS-SEM 进行估计时，样本容量是路径个数的 5～10 倍，这样可以保证估计结果的稳定性。在本章研究中，共有 9 条待检验的路径，因此，本章研究的样本容量可以保证本章研究路径估计的有效性和稳定性。

图 4-6 已经表明，本章研究用多项目（multi-item）反映性（reflective）测量来度量每个潜在功能块。其中值得注意的是功能块"技术创新积聚"的测量或许面临着一

---

　　① 中国队高技术产业的划分是依据 OECD 的划分，包括五个产业：航空航天制造业（ASM）；电子计算机及办公设备制造业（COEM）；电子及通讯设备制造业（ETEM），医药制造业（MPPM）；医疗设备及仪器仪表制造业（MEMM）。

些挑战。本章研究通过构建三个外显变量来度量它，即发明专利的（数目）积累，研发资本存量和固定资本存量。如果用 t 作为观测年份，其中发明专利的积累用从 1995年①获得授权的专利到 $t-1$ 年的获得授权的专利数目总和。研发资本存量和固定资本存量用国际上常用的永续盘存法估计。永固盘存法是通过如下公式来估计资本投资流形成的资本存量：

$$K_{(t)} = I_{(t)} + (1 - \delta) \times K_{(t-1)} \tag{4.1}$$

这里 $K_{(t)}$ 表示待估计的第 t 年的资本存量，$I_{(t)}$ 表示在第 t 年的新投的资本，δ 是一个折旧率。根据应验和现有研究，研发资本的折旧率用 15%（Griliches，1998；王玲，Szirmai，2008），固定资本的折旧率用 6%（Li，2003）。其中最初的资本存量（$K_{(0)}$）通过下式计算：

$$K_{(0)} = \frac{I_{(1)}}{g + \delta} \tag{4.2}$$

这里 g 表示可获得数据样本统计年限（本研究是 1995 ~ 2007 年）间资本流的平均增长率。研发资本存量的计算对应研发费用投资流，固定资本投资的计算对应固定资本投资费用流。

我们的观测数据源于由中国国家统计局撰写的中国高技术产业统计年鉴。由于创新过程转化需要耗费一定时间，我们考虑了自变量和因变量观测值之间存在的时间延迟（e.g.，Furman et al.，2002；Guan and Chen，2010a，b）。本章研究中，技术创新积聚数据源于 1999 ~ 2003 年的统计数据，研发型和非研发型技术创新投入数据源于 2000 ~ 2003 年的统计数据，中间的技术创新产出数据源于 2002 ~ 2006 年的统计数据，最后的技术创新收益数据源于 2003 ~ 2007 年的统计数据。这里所有的收支指标都基于 1995 年的可比价格调整，以避免通货膨胀的影响。

4.3.5.2　测度的有效性和可靠性

表 4-4 提供了每一个功能块一维检验结果。Hair et al.（1998）建议，功能块的 Cronbach 值最小值可允许为 0.7。表 4-4 的统计结果表明，所有的功能块都满足这一条件，这初步表明本章研究构建的测量指标满足对应描述功能块的可靠性（Cronbach，1951）。此外，表 4-4 所示的通过主成分分析法获得的一维检验结果表明，用来描述每个功能块的可测变量组的相关矩阵的第一个特征向量都比第二特征向量值大，且第一主成分能考虑方差百分比分布在 64% ~ 94%。可见，本章用来路径分析的测度满足一维性。

---

① 中国高技术产业技术创新数据统计时间最早是 1995 年，本章研究可获得的最近统计数据是 2007 年的。

表4-4　一维性检验

功能块（潜变量）	第一特征值	第二特征值	Cronbach 值
技术创新积聚	2.564（85%）	0.296	0.911
研发型技术创新投入	1.875（94%）	0.125	0.930
非研发型技术创新投入	1.913（64%）	0.686	0.702
技术创新产出	1.397（70%）	0.603	0.744
技术创新收益	3.667（92%）	0.238	0.967

　　一维性检验的通过还不能完全满足各功能块测度的可靠性，一个更加综合指标，即组合信度水平，还应该被接受（Gerbing and Anderson，1988）。这一指数可用来衡量每条路径估计的准确度 Werts et al.（1974）。通过 VisualPLS 统计结果表明（见表4-5的第3列），本例中技术创新积聚、研发型技术创新投入、非研发型技术创新投入、技术创新产出以及技术创新收益五个功能块的组合信度的估计值分别为0.946、0.967、0.840、0.812和0.978，都满足最小限制0.70的底限（Hair et al.，1998）。

　　此外，表4-5还提供了通过 VisualPLS 获得的每个功能块的平均变异数萃取量（Average Variance Extracted，AVE）（Fornell and Larcker，1981）的估计结果。结果表明，每个功能块对应的 AVE 的值大于下限0.50（Bagozzi and Yi，1988），分别是0.855、0.937、0.637、0.686和0.917。

表4-5　PLS-SEM 分析的一致性检验

功能块（潜变量）	指标（显变量）	组合信度[a]	AVE[b]	R^2	负荷
技术创新积聚	发明专利的积聚（IPA）	0.946	0.855	---	0.896 ***
	研发资本的积聚（RDCS）				0.955 ***
	固定资本存量（FACS）				0.922 ***
研发型技术创新投入	研发经费支出（RDE）	0.967	0.937	0.943	0.963 ***
	研发人员投入（RDP）				0.973 ***
非研发型技术创新投入	技术改造支出（TRE）	0.840	0.637	0.528	0.816 ***
	技术进口支出（TIE）				0.732 ***
	技术吸收支出（TAE）				0.843 ***
技术创新产出	由 ASM，COEM 和 ETEM 申请专利数（PA Ⅰ）	0.812	0.686	0.777	0.728 ***
	由 MPPM 和 MEMM 申请专利数（PA Ⅱ）				0.918 ***

续表

功能块（潜变量）	指标（显变量）	组合信度[a]	AVE[b]	R^2	负荷
技术创新收益	利税（TP）	0.978	0.917	0.874	0.968 ***
	新产品附加值（VA）				0.932 ***
	新产品出口（NPE）				0.960 ***
	新产品销售（NPR）				0.969 ***

注：（1）*** p < 0.001。

（2）ASM：航空航天制造业；COEM：电子计算机及办公设备制造业；ETEM：电子及通讯设备制造业；MPPM：医药制造业；MEMM：医疗设备及仪器仪表制造业。

同时，通过 VisualPLS 可进一步获得每个可测变量在相对应功能块上的负荷及基于 Bootstrapping 重复抽样程序得到的 t 检验结果（Efron and Tibshirani，1993）（见表 4-5 的第 6 列）。除测度变量 PA Ⅰ 和 TIE，所有的可测变量的负荷值超过了 0.80，可见本章研究选择的可测变量具有很好的区分效度（discriminant validity）。t 检验结果表明，每个功能块对应的可测指标组都具有较好的收敛效度（convergent validity）。

最后，除满足功能块在测度上的有效性和可靠性，一个检验结构方程整体的有效性也是必要的。在本章研究中，每个功能块对应的被解释的变异（explained variability），即 R^2 值都超过了 0.50。这表明本章研究构建的结构方程整体有效性是满足的。此外，一个通过 AVE 和 R^2 的几何平均数构建的全局性指标 goodness-of-fit（GoF）可用来衡量 PLS-SEM 路径的整体有效性（Amato et al.，2004；Tenenhaus et al.，2005）。基于表 4-5 提供的 AVE 和 R^2 结果，本例中 $GoF = \sqrt{AVE \times \overline{R^2}} = 0.793$，可见本例构建的路径检验模型全局上是有效的。

4.3.5.3　假设检验

表 4-6 提供了路径检验结果。假设 H1-a 和 H1-b 显著的成立，因为我们可以断定较高的技术创新积聚水平常常能吸引和整合更多的研发型和非研发型技术创新投入资源。该统计结果表明，技术创新积聚对技术创新投入有着显著的马太效应。马太效应（也称为聚集优势）描述社会学中"富者愈富、穷者愈穷"的现象（Merton，1968，1988）。该效应反映了那些拥有较多资本的人可以控制资源以获得更多的社会资本。在本例分析框架下，马太效应在区域水平上的中国高技术创新过程的存在表明那些拥有更多技术创新资本的区域将会获得更多的技术创新投入；相对来说，那些在技术创新资本积聚上处于劣势的区域趋于获得更少的技术创新投入。该发现提醒我们，马太效应的存在将会加剧创新资源的在区域间分配不平衡，这对区域水平差距正在加剧的中

国来讲更值得引起关注。

由于假设 3 和假设 4 同时成立，即技术创新积聚对技术创新产出起到显著的正向促进作用，而技术创新产出又对技术创新收益起到显著促进作用。这样，依据传递效应，假设 7，即技术创新积聚对技术创新收益起到显著地促进作用，表 4-6 的检验结果验证了这一推断。假设 4 和 7 的成立也同时说明技术创新产出和收益对技术创新积聚具有显著的路径依赖作用。这 3 个假设的同时成立肯定了技术创新积聚在整个创新过程中的决定作用，这至少在本例成立。

然而，或许由于路径 3、4、7 对技术创新产出的效用过度地显著，假设 2-a，2-b，5 和 6 在统计上都不显著，即研发型技术创新投入和非研发型技术创新投入在整体考虑创新过程的路径效应时没有对技术创新产出和收益表现出显著地促进作用。当然，这仅仅是统计上的效用表现，不过这也有利于管理者或者创新政策制定者从系统整体角度确立工作重点，引导他们偏重那些显著的路径。

表 4-6　基于 Bootstrapping 方法的路径检验结果

	假设和对应的路径	T 检验	支持	因果效应
H1-a	更多的技术创新积聚能更加促进集结研发型技术创新	59.740 ***	是	0.971
H1-b	更多的技术创新积聚能更加促进集结非研发型技术创新	14.452 ***	是	0.726
H2-a	更多的研发型技术创新投入能带来更多的技术创新产出	−0.710	否	−0.118
H2-b	更多的非研发型技术创新投入能带来更多的技术创新产出	−0.124	否	−0.007
H3	更多的技术创新产出能带来更多技术创新收益	5.248 ***	是	0.425
H4	更多的技术创新积聚能促进更多的技术创新产出	3.598 ***	是	1.005
H5	更多的研发型技术创新投入能带来更多的技术创新收益	−1.867	否	−0.316
H6	更多的非研发型技术创新投入能带来更多的技术创新收益	1.840	否	0.120
H7	更多的技术创新积聚能促进更多的技术创新收益	3.682 ***	是	0.749

注：*** p < 0.001。

基于表 4-5 和表 4-6 中的统计分析结果，一个整合的路径模型检验模型如图 4-8 所示，图中标示了显著的路径系数与其对应的显著性检验结果以及每个观测变量在对应功能块上的负荷。其中显著的路径已加粗。

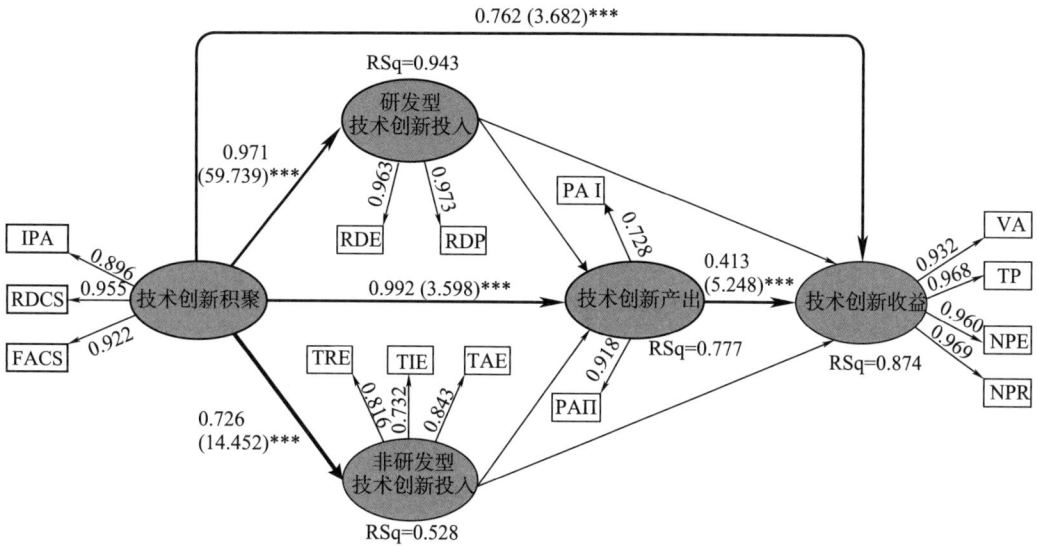

图 4-8 系统框架思考下技术创新过程的路径检验结果

注：***意味着在 1% 水平显著。

4.3.6 结论与政策建议

本章研究通过引入结构方程的联立建模方法，构建了技术创新过程的整体性的检验分析框架，并用该框架分析中国高技术产业的技术创新过程的运行机制。本章研究的整体分析框架为创新过程中创新活动之间不可替代的因果效应检验提供了有效的分析途径。

基于该框架的中国高技术产业的技术创新过程的统计检验分析表明，技术创新积聚对技术创新投入有着显著的马太效应，技术创新产出与收益对技术创新积聚表现出显著的路径依赖效应。路径依赖效应表明了技术创新过程中存在的技术锁定效应（Redding，2002）和惯性效应（Nelson and Winter，1982）。Maskell and Malmberg（1999）也曾经强调"知识创造具有很强的路径依赖效应，因为今天的知识实践、程序和类型都与昨天有关联。"Schumpeter（1961）指出，创新源于现有技术的新组合。这一公认的论断也表明技术发展的历史轨迹在将来的技术改变中起着决定性的作用（Redding，2002）。

为获得可持续的技术创新，应该重视技术创新资本的长期积聚，不能过多地强调技术创新投入的短期的即时回报。长期积聚的技术创新资本不但是创意的源泉，也为整个创新过程的实现提供了有力的支持。我们的发现也证实了 Romer 的知识生产函数框架中知识存量作为知识产生一个关键的因素 Romer（1990）的科学性和必要性。同样，我们的发现可以解释为何在研究创新活动与经济增长率之间的关系时，用研发资本存量而不是用即时当期投入，如 Griliches（1998）和 Guellec and Van Pottelsberghe de la Potterie（2004）。就如美国著名的创新经济学家 Griliches（1980）强调，"研发是一个投资流，真正影响创新产出的是历史投资流积聚下的资本"。

此外，由技术创新积聚优势对技术创新投入的马太效应而引起的高技术创新资源分配越来越不平衡警惕决策者，在创新资源配置时，不但要考虑承担者的优势，同时也要考虑区域之间的平衡。不过由技术创新产出和效益对技术创新积累的路径依赖效应引起的技术锁定效应与惯性效应提醒政策的制定者以及创新的实践者，为获得激进式的创新，要适时打破创新依赖。

第5章　不考虑创新过程内部转化的创新绩效建模及应用：基于非径向—非定向的 DEA 模型

5.1　测度背景与建模选择

Pakes and Grileches（1980）和 Romer（1990）的知识生产函数分析框架都明确表明创新过程可以被视为一个投入产出的生产过程，这就表明可以分析创新活动的经济行为。对创新活动的管理者和政策制定者来讲，为了有效控制创新过程绩效，他们首要考虑的便是创新产出的效率绩效，即在一定的创新投入下，如何获得更多的创新产出；或者在一定创新产出下，如何减少创新投入的消耗。如果仅仅用研发人员投入作为创新投入，用发明专利授权数量作为创新产出，那么用后者与前者的比值便可衡量技术创新效率大小。但如果产出不但考虑技术创新产出专利，还考虑科学创新产出论文，或者不但考虑研发人员的投入还考虑研发经费的消耗，此时再用简单的比值的方法已无法有效综合多个异质生产要素的信息。当然，对于单个产出情况，可以用随机前沿分析（SFA）估计创新生产单元的技术效率（如，Li，2009），但对于多个产出时，此方法已不再适合。在此背景下，数据包络分析技术是个理想的选择，如 Rousseau and Rousseau（1997，1998），官建成和何颖（2005，2007），官建成和陈凯华（2009），Wang and Huang（2007）以及 Guan and Chen（2010a，b）。

自从 1978 年 Charnes 等人提出基于径向—定向的 CCR 模型（Charnes et al.，1978）后，数据包络分析模型经过了一系列完善，其中一类重要的改善模型是非径向—非定向的数据包络分析模型。该类模型并不要求不同单元同一指标的同比例变化，并且同时考虑投入和产出两方的无效性，因此相对传统径向—定向模型可全面考虑生产过程无效性。其中两个典型的模型是基于松弛测量模型（Slacks-based Measures，SBM）（Tone，2001）和改良的 Russell 测量模型（Enhanced Russell Measure，ERM）（Pastor et al, 1999)。

本章主要通过三个不同层次（类型）的创新生产单元的统计数据进行实证研究，试图表明在投入和多产出的测度背景下，探索和引入不考虑生产单元内部结构的改善的非径向—非定向数据包络分析模型的在创新绩效测度中的应用。本章还结合Malmquist 指数，基于改善的非径向—非定向数据包络分析模型构建了创新动态绩效的分析框架。

5.2 ERM 模型的引入及在中国高技术产业创新效率测度中的应用

5.2.1 研究总结

本例应用改良的 Russell 测量模型和单因素效率测度模型，对以密集技术创新为发展基础的中国高技术产业技术创新活动的过程绩效进行了测度，以探索其"高产出，低效益"不良发展态势的症结及对策。测度显示，中国高技术产业技术创新活动的整体相对效率水平不佳，且逐年降低；整体规模效益不理想，相对最优生产规模状态仅占到考查状态的 30.6%；多数生产状态相对无效的高技术产业在技术引进经费上投入冗余严重，同时在新产品销售和专利产出上又存在较大的相对潜在产出不足。可见，完善科技资源的配置方式、加强引进技术的吸收和消化力度、增强自主创新的能力，以提高或保持增加值率，是中国高技术产业从本质上摆脱"高产出，低效益"的不良态势的发展途径。

5.2.2 问题提出

高技术产业作为目前知识经济活动中技术创新最为活跃的产业，是中国经济发展中新的增长点。"十五"期间，中国高技术产业以高于 GDP 增长近两倍的速度发展，产业规模和出口总额均跃居世界第二，至今已成为中国战略性支柱产业；并且中国高技术产品的国际市场份额近年来超过了 12%，开始由全球高技术产品生产基地向研发（研究与试验发展）制造基地转型。

据统计，近 10 年中国高技术产业的工业总产值和增加值及其分别占制造业总产值和增加值的比重日趋上升，尤其是近五年（"十五"期间），高技术产业规模平均增速高达 27.0%，2003 年总产值占制造业比重升到 16%（图 5-1）可见，中国高技术产业作为经济社会发展"助推器"的作用日益明显，对产业结构调整优化升级、转变经济发展方式产生了重大影响，有效地促进了中国粗放型经济模式向集约型经济模式转变的实现。然而，根据科技部提供的最新中国高技术产业数据（2007）①，不难推算 2005 年中国高技术产业增加值率为 23.7%，不仅低于发达国家平均水平约 11 个百分点，而且还低于中国制造业 2.6 个百分点，与 2000 年相比，高技术产业增加值率下降了 2.8 个百分点。

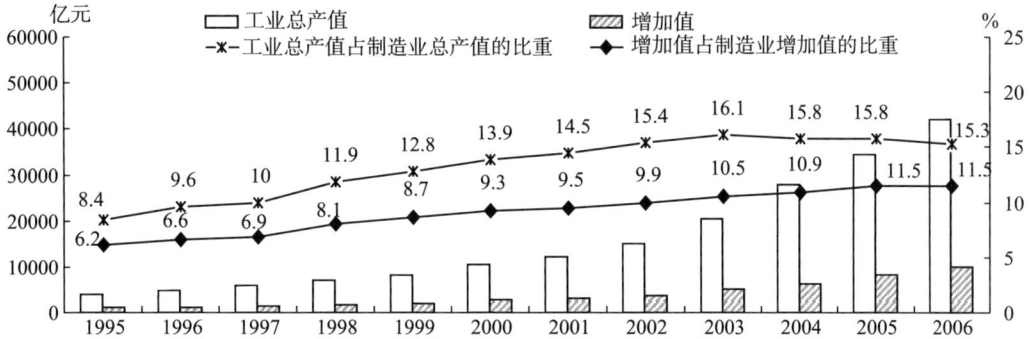

图 5-1　中国高技术产业工业总产值/增加值及
其占制造业总产值/增加值的比重（1995～2006 年）

注：根据以下资料整理：科学技术部发展计划司．中国科技统计报告．第 22 期（总第 413 期）；中国高技术产业数据（2003～2007）（http://www.sts.org.cn/sjkl/gjscy/index.htm.）。

从近 10 年发展趋势看（图 5-2），中国制造业的增加值率相对比较稳定，且略有上升趋势，而具有技术领先优势的中国高技术产业增加值率却有明显的下降趋势，其中 2004 年下降到历史最低点 22.8%，相对历史最高点下降了 3.7 个百分点。可见，在

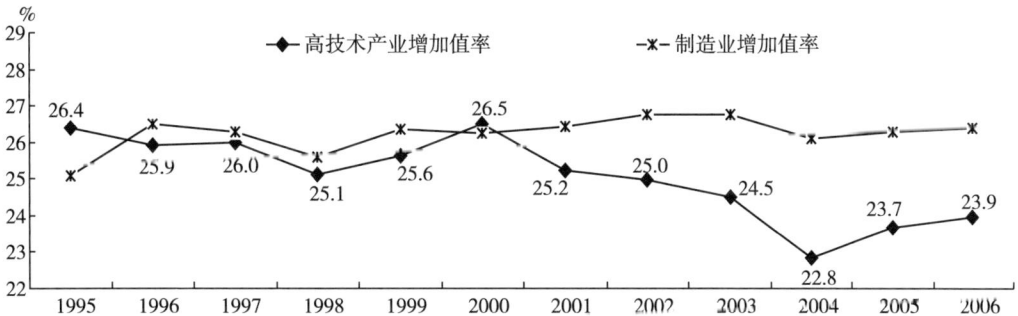

图 5-2　中国高技术产业增加值率和制造业增加值率的比较（1995～2006 年）

注：根据《中国高技术产业统计年鉴（2002～2007）》整理。

① 科技部官方网站．http://www.sts.org.cn/sjkl/gjscy/index.htm。

中国，具有技术领先特性的高技术产业目前却不具备应有的"高效益"特征，表现出较低的全要素生产率[①]，这已经严重影响了中国高技术产业后续的持续性增长。

中国高技术产业目前之所以处于"高产出，低效益"的尴尬局面，原因较为复杂，因为产业的经济效益水平不单取决于产业技术条件，而且还受产业的技术效率、规模效应、配置效率和劳动生产率等非技术性效率因素的影响。在相同技术条件下，后者往往是影响产业经济效益高低的主要因素。此外，从绩效考查角度出发，本章研究认为，"效率绩效测度"较"结果绩效测度"更适合辅助中国高技术产业向集约型经济发展模式转变，可真实体现有限技术资源下技术创新和资源配置的市场竞争力。如反映中国高技术产业结果业绩水平的增加值一直在上升，而其受管理水平和劳动生产率等过程因素影响的增加值率却一直在下降。此外，随着意味着劳动力出现短缺的"刘易斯转折点"的临近（蔡昉，2007），中国经济迫切需要促使经济发展模式从要素投入和出口需求驱动向技术进步和效率提高驱动转变[②]。因此，从效率角度考查依赖技术创新为发展基础的高技术产业的技术创新活动，有利于探索中国高技术产业"低效益之路"的真正原因，在理论上和实践中都有着重要的研究价值。

5.2.3 文献综述

现有关于中国高技术产业的研究成果，较多关注中国高技术产业创新成果产出、影响因素以及它与企业、产业和整个经济之间关系的研究，缺乏对体现中国高技术产业技术创新过程的本身运行效率状态的研究，而这对发现技术创新过程不足、改善技术创新产出的效益却有着更加直接的作用。Jakobson（2007）以专著的形式通过阐述性语言针对中国高技术产业中信息技术、纳米技术以及生物技术技术创新现状进行了分析；Liu and Buck（2007）和 Liu and Zou（2008）利用回归模型定量分析了国际技术溢出对中国高技术产业自主技术创新绩效的影响，结果表明国际技术溢出对国内自主技术创新绩效有着显著的正相关作用。相对国外学者，国内学者对中国高技术产业技术创新关注较为丰富，代表性的研究中，王燕梅（2000）通过对中国高技术创新技术产业化中的融资问题研究分析，得到科技成果未能应用的主要原因在于缺乏应用阶段的资金投入（22.2%）、尚未进行工业性实验（12.6%）、无接产单位（8.4%）、技术不配套（5.3%）等；史丹和李晓斌（2004）分析了中国高技术产业发展的影响因素并进行了数据检验，验证了高技术科技投入也具有边际效益递减的规律，并得出制度因

[①] 德鲁克认为增加值率是全要素生产率状态的一个关键指标（Drucker，1998，2007）。从经济学理论看，增加值率也反映经济发展到一定水平后的专业化水平，就目前中国高技术产业发展的现状，这个指标只是效率低下的体现（王玲和 Adam，2008）。

[②] 吴敬琏：新时期传统经济发展模式应向何处转型. 中国高新技术产业导报，2008-7-21.

素是影响高技术产业发展最重要的因素；张倩肖和冯根福（2007）基于中国高技术产业技术创新数据，分析了三种研发溢出与本地企业技术创新绩效的关系，得出外商投资企业研发溢出是促进中国本地企业技术创新的主要外部力量，且与中国本地企业自身研发活动之间存在互补关系；高建和石书德（2007）对中国两个重要的技术创新地区北京和上海的高技术产业的技术创新活动差异进行了分析，认为不同的区域要根据自身的资源禀赋来选择技术创新的模式；王玲和 Adam（2008）通过一个基于内生增长理论的生产函数模型研究了高技术产业技术投入和生产率增长之间关系，得出研发和技术引进之间的互补关系，即研发具有提高进口技术吸收能力的作用。在现有的技术创新效率相关研究中，朱有为和徐康宁（2006）对中国高技术产业研发效率进行了实证研究，结果表明中国高技术产业的研发效率整体水平偏低，并与企业规模和市场竞争程度之间存在着显著正相关关系。本章研究暂且不讨论朱有为和徐康宁（2006）以新产品作为研发产出是否妥当，就其利用随机前沿分析模型（Battese and Coelli，1995）需要对函数形式和分布的严格假设以及仅能研究单输出经济行为效率而言，也无法推广到具有多产出的技术创新效率测度中。基于此，官建成和陈凯华（2009）在最新研究中尝试了引入数据包络分析方法（Charnes et al.，1978）对 15 个中国高技术分支产业的技术创新效率进行测度，丰富了朱有为和徐康宁（2006）在研发效率方面的发现，但没有充分考虑外部技术输入的贡献。

本章研究在充分考虑中国高技术产业创新活动的发展同时依赖外部技术溢出与内部自主研发双重驱动的特点（见 Liu and Buck，2007）下，基于 18 个高技术分支产业的面板数据，用两个新颖的效率测度模型对中国高技术产业技术创新活动的技术效率、纯技术效率、规模效率以及生产规模状态进行全面分析。并对具体指标的无效水平进行了建模和测度比较，深层分析中国高技术产业目前存在的"高产出，低效益"尴尬局面的症结及其对策。

5.2.4 模型设定

创新系统是个复杂系统（Katz，2006），就其面向创新结果的"绝对结果绩效"来讲，因为其受规模效应、溢出效应、马太效应以及投入要素之间的复杂作用关系和不确定的内外部复杂环境因素等影响，也很难用标准的确定性层次结构和生产技术函数来描述和表示；而其面向创新过程的"相对效率绩效"，由于基于结果绩效，且又受投入要素的限制以及过程因素（尤其是制度、管理、劳动力技术熟练程度以及环境等因素）的影响，则是一个更加复杂的经济行为。同时，创新效率体现了从创新要素投入到中间产出（如，专利和新产品模型），再到市场经济效益实现交互在一起的多阶段转化的有效程度。尤其是在基于时间序列的动态环境下，生产技术要素的参与程度、相互作用关系以及内外部环境等因素，都随时间动态变化。因而对创新效率估计妥协而有效的途径是视创新系统为黑箱，撇开其复杂的内部结构和生产技术函数形式，利用非参数多元统计模型，挖掘潜在复杂数据中的信息。由于高技术产业创新行为具有典型的多投入多产出特性，而创新效率的测度也是在探求从投入到产出转化的效率水平上展开的，因此数据包络分析（DEA）（Charnes et al.，1978）是个有效的多元分析工具。

传统数据包络分析模型基于指标值的同比例变化，且常是产出或投入的定向模型，没有考虑非径向效率（Pastor et al.，1999），即无法对导致无效的因素全面测度（Cooper et al.，1999）。本章研究选择非径向—非定向的改良的 Russell 测量模型（Enhanced Russell Measure，ERM）（Pastor et al.，1999）更加有效地考查中国高技术产业的效率水平。模型 ERM 具有单位不变性，可有效避免指标量纲和数量级的影响，符合高技术产业单位和数量级差别较大的特点。

为了形成完整的递进测度模型体系，本章研究首先在效率结果基础上引入生产规模状态分类标准（Norman and Stoker，1991），对各高技术产业的生产规模状态进行判断和分类，然后还针对效率无效产业的指标在考查期间的无效绩效表现，建立了指标的无效性分析模型。在指标的无效分析上，一是新构建了 4 个可避开量纲和数量级差异影响的指数来度量各无效指标的"过剩程度或不足水平"；二是引入单因素效率测度模型（Zhu，2000）来分析各无效指标在其他指标水平不变的条件下潜在的"最大改善程度"。

5.2.5 指标、样本、数据的设定和说明

与 OECD 的标准相同，研发密集是中国高技术产业与传统制造业相区分的重要特征，以较高的研发强度获得自主的技术创新是高技术产业长足发展的基础。因此，应把对中国高技术产业的技术创新活动效率测度的重心放在以自主创新为主的技术创新活动生产效率的测度上。而在现实操作中，虽本国自主技术创新要素投入和引进的技术创新要素投入较易区分，但从创新产出角度分析它们在创新产出的组成或者贡献绝非易事，况且目前中国的技术创新在很大程度上还依赖技术引进，因此本章研究关于高技术产业技术创新绩效的测度包含了自主的和引进的两方面技术创新要素[①]，并在投入中加以区分，而产出中未作区分，现实中也是无法区分的。

---

① 实际上，技术创新产出同样受市场创新、组织创新和过程创新等内外部环境创新因素影响，因此本章研究虽然定位技术创新效率绩效的测量，但很难避开市场创新、组织创新和过程创新的影响，而往往这些内外部非技术创新因素可能是决定某些产业技术创新成败的关键因素。Oslo Manual 第三版（OECD and EUROSTAT，2005）也将创新从技术维度拓展到组织和市场，更加关注创新中的非研发活动，这一点也表明非技术创新因素在创新中的重要性。

5.2.5.1　测度指标

与传统制造业不同，高技术产业要保持较强的生存竞争力关键在于不断追求技术创新。对高技术产业而言，研发活动是它自主创新的基础。较高的研发强度（研发经费占工业总产值的比重）是其基本特征，到 2005 年中国高技术产业研发强度已达到了 1.05%，同年全部制造业的研发强度仅为 0.54%。另外，高技术产业研发经费相对其传统产业来讲，对经济有着较大的报酬（Griliches and Mairesse，1984；Nadiri，1993），研究表明，在中国，研发对高技术产业生产率提高的推动作用最为显著（王玲和 Adam，2008）。因此对高技术产业创新绩效活动要素进行分析，首先考虑与研发活动相关的投入要素。此外，对非研发性技术创新投入（傅家骥和高建，2003）要素（在中国主要包括技术改造、技术引进以及技术消化吸收三方面的经费支出），因考虑到自主研发和技术引进之间存在互补性（王玲和 Adam，2008），并且通过技术引进方式来弥补自主技术创新能力的不足，是目前多数中国高技术产业主要的技术创新路径，所以本章研究把在技术引进上的要素投入应作为一个的考查指标。这样，在高技术产业技术创新活动的投入要素上，主要集中在研发经费、研发人员以及技术引进三个方面。

虽然创新活动具有典型的资本累积性和路径依赖性，但本章研究中 R&D 投入量仍采用当期 R&D 增量，不用由"永续盘存法"得到的 R&D 资本存量（王玲和 Adam，2008；吴延兵，2006）。主要基于本章研究是效率性测度，不是影响性测度，因此不适合用 R&D 资本存量；且 R&D 资本存量相对当期 R&D 增量来讲，虽然对当期技术创新产出有影响，但影响程度较小；同时，高技术产业因为技术更新快，新产品经济效益主要受新投入的技术影响，以及目前中国高技术产业主要依赖技术引进，因此对历史科技活动的依赖较小；再者，本章研究是采用数据包络方法测度效率，其指标投入应该是当期的直接绝对量，而不是多期投入积聚下来的影响性投入，并且数据包络分析模型对输入数据"一视同仁"，并不像回归方程那样可以考虑投入要素的贡献率，同时可以通过检验来剔除那些通不过检验影响不明显的因素，如王玲和 Adam（2008）。因此，我们的观点是，在利用回归方程分析 R&D 对一些经济行为（如，生产率）的影响时，利用由"永序盘存法"获得的 R&D 资本存量较 R&D 投入更加科学，如 Guellec et al.（2004），王玲和 Adam（2008）和朱有为和徐康宁（2006），而在利用数据包络分析模型估计经济行为效率时，用当期 R&D 增量较为合适。

根据界定，研发活动只是技术创新过程的前期过程，它的直接产出主要是以专利为主的技术创新成果，国际上常作为衡量技术创新的产出指标（Griliches，1990）。而这些创新成果只有开发成为新产品、新系统或者新服务等，然后再实现商品化和产业化，完整的技术创新过程才算完成（Freeman，1997）。从这个意义上讲，体现新产品市场接受能力的有关经济效益指标作为技术创新因素是必然的，并且它是创新活动社会价值有效的体现，从商业上直观体现了高技术创新成果的价值（Liu and Buck，2007；Atuahene-Gima and Li，2004）。然而，目前中国高新技术知识产权转化率相当低，高科技的转化率现在不到10%[①]，因此只以新产品经济效益作为技术创新产出远不足体现用于自主技术创新的投入要素的贡献，多数体现的是用于技术引进的投入要素的贡献，因此，为了与产出要素有效地对应，本章研究把专利作为技术创新的产出指标，高建和石书德（2007）也采用了同样的做法。同时本章研究考虑到发明专利在原始创造力的体现上远高于其他两种类型专利（实用新型和外观设计型专利），国际公认的反映拥有自主知识产权技术的核心指标，因此本章研究用申请授权[②]的发明专利数作为创新活动一个产出指标。这样，共有三个指标，即发明专利申请数、新产品销售收入和新产品出口收入[③]，作为衡量技术创新活动的产出指标[④]。

综上所述，高技术产业的创新效率测度指标包括3个（$m=3$）投入指标：研发经费内部支出、研发人员全时当量和技术引进经费支出，以及3个（$s=3$）产出指标：新产品销售收入、新产品出口收入和发明专利申请数。各指标值的描述统计如表5-1所示。表中资料根据《中国高技术产业统计年鉴（2002~2007）》中数据整理，其中经费和收入都以2001年为基准化成可比量，消除了通货膨胀的影响。

表5-1　各投入产出指标值的描述统计

指标	单位	最小值	最大值	均值	标准差
投入指标					
研发人员全时当量（2001年）	（人年）	298	29146	5717.50	7135.09
研发人员全时当量（2002年）	（人年）	994	32829	6110.50	7902.51
研发人员全时当量（2003年）	（人年）	706	26517	6489.83	7055.68
研发人员全时当量（2004年）	（人年）	1009	22228	6076.17	6228.64

①　知识产权风险投资进入黄金时代. 中国知识产权报，2005-05-26。

②　此处采用申请数而不采用授权数，原因是授权数据（2002~2004）严重缺失，并且本章研究通过1995~2002年间的数据验证中国高技术产业在发明专利授权数和申请数之间存在非常显著的关系，相关系数都在0.96以上，因此用发明专利的申请数并不影响本章研究分析结果，况且没有获得授权的专利也同样消耗了研发资源，这样更好地与投入资源相对应。

③　用新产品出口来体现高技术产业在国际市场上的创新竞争力。

④　相对传统制造业，高技术产业的增加值对新技术（包括引进的和自主研发的）的依赖更强，但在中国，对多数高技术产业来讲，其较大比例的增加值并非依赖新技术开发、产业化获得，而是通过资本形成和劳动力投入来实现。此外，增加值受企业的经营管理水平和劳动力技术熟练程度等因素影响较大（柳卸林和张杰军，2004），适合衡量产业总体产出效益，因此本章研究不把它作为技术创新产出指标。

续表

指标	单位	最小值	最大值	均值	标准差
研发经费内部支出（2001 年）	（万元）	2617.00	511711.00	83105.50	118047.19
研发经费内部支出（2002 年）	（万元）	12309.59	496848.33	98640.98	116053.66
研发经费内部支出（2003 年）	（万元）	7080.46	530795.12	112170.03	125391.61
研发经费内部支出（2004 年）	（万元）	16077.34	660221.86	134627.73	155697.94
技术引进经费支出（2001 年）	（万元）	726.00	181085.00	41168.17	47523.06
技术引进经费支出（2002 年）	（万元）	4862.95	172245.54	49164.10	51586.85
技术引进经费支出（2003 年）	（万元）	1332.82	177745.54	48151.79	55718.37
技术引进经费支出（2004 年）	（万元）	305.84	211371.67	36987.28	58168.64
产出指标					
发明专利申请数（2003 年）	（件）	12	1693	411.33	438.89
发明专利申请数（2004 年）	（件）	17	2520	569.28	678.87
发明专利申请数（2005 年）	（件）	9	5409	866.89	1285.38
发明专利申请数（2006 年）	（件）	30	8618	1285.39	1973.78
新产品销售收入（2003 年）	（万元）	11109.78	4232186.12	694586.39	1324126.92
新产品销售收入（2004 年）	（万元）	12007.43	4648662.76	999186.99	1477068.94
新产品销售收入（2005 年）	（万元）	26413.07	5687114.23	1224303.74	1868347.34
新产品销售收入（2006 年）	（万元）	2243.58	10178895.02	1549633.72	2681221.09
新产品出口收入（2003 年）	（万元）	120075.89	11381203.30	2122037.21	2753025.34
新产品出口收入（2004 年）	（万元）	111869.32	10673147.83	2386931.88	2829516.09
新产品出口收入（2005 年）	（万元）	152228.57	12538421.89	2996765.85	3787546.33
新产品出口收入（2006 年）	（万元）	206269.58	17565049.50	3559123.72	4917355.01

5.2.5.2　测度样本

依据《中国高技术产业统计年鉴》，中国高技术产业共分五大类：医药制造业、航空航天器制造业、电子及通信设备制造业、电子计算机及设备制造业和医疗器械及仪器仪表制造业，这与 OECD 划分相同。经验表明，在利用数据包络分析进行评估时，参评的决策单元数目越多，越能界定投入与产出间的关系，越能获得更加符合实际的效率前沿面。如果决策单元的数目低于指标变量数目的和，那么会出现较多的有效单元。一个粗糙的潜规则是决策单元的数目不小于 $\max\{3(m+s), m \cdot s\}$（这里 m 和 s 分别是投入产出指标的个数）（Cooper et al.，2007b）。若直接以五个产业为测评对象，显然不满足上述规则。本章研究采取以下四个途径弥补决策单元数目的不足：一是不用五大产业为测度单元，而是以它们所属的 18 个分支产业为测评单元①；二是采用基于时间序列上的多个横截面数据为观测值，这样可以得到各分支产业在时间序列上连续的动态效率绩效，弥补单个横截面数据上出现较多有效单元而区分能力降低的不足，起到间接扩大单元数目作用；三是对效率拥挤过多的评价模型进行超效率扩展，增加区分度；四是采用区分度较好的非径向—非定向 ERM 模型（Pastor et al，1999）。

依据《中国高技术产业统计年鉴》，选择五大高技术产业属下的化学药品制造、中成药制造、生物生化制品制造、飞机制造及修理、通讯传输设备制造、通讯交换设备制造、通讯终端设备制造雷达及配套设备制造、电子真空器件制造、半导体分立器件制造、集成电路制造、电子元件制造、家用视听设备制造、电子计算机整机制造、电子计算机外部设备制造、医疗设备及器械制造以及仪器仪表制造等 18 个分支产业作为本章研究的测评单元。

5.2.5.3　测度数据

本章研究测度数据源自 2002～2007 年的《中国高技术产业统计年鉴》，即根据 2001～2006 年数据整理所得（统计工作存在 1 年的时间延迟）。由于从科技（主要是研发）投入到新专利、新模型、新生产系统的诞生和新产品和新服务的商业化通常都需要一定周期，即存在投入产出的时滞，而《中国高技术产业统计年鉴》没有考虑这一点，提供的投入和产出数据不对应，而现实中也很难对应。同时各种创新活动周期存在较大差异性，且时有交叉，使得投入产出对应更加难处理，目前没有一个有效的办法。发明专利也因为研发过程的复杂程度、试验周期以及劳动强度等因素的差别，其时滞存在较大差异；此外，技术引进后转化成新产品，多数也需要布置、消化和吸收活动，因此同样存在时滞差异。Furman et al.（2002）在评价国家创新能力时，虽然把专利产出时滞设定为 3 年，但多数高技术产业研发周期存在较大差异，从通信和电子产业的几个月到医药和飞机制造的几年不等。本章研究为了统一口径，都统一为 2 年，因此投入数据为 2001～2004，产出数据为 2003～2006。若每年看成一个观测面，每个分支产业看成一个观测点，即共组成 4 个连续观测期、72 个观测点的面板数据。

5.2.6　数据分析

若记 (x_{ij}, y_{rj})，$(i = 1, 2, \cdots, m; r = 1, 2, \cdots, s; j = 1, 2, \cdots, n)$ 为整理后的指标数据组合，则高技术产业创新活动的技术效率（TE）和纯技术效率（PTE）可

---

① 其中，航空器制造数据缺失过多，因此无法纳入测度范围。此外，为了详细考查电子及通信设备制造的创新绩效，本章研究把其分支产业通讯设备制造属下的通信传输设备制造、通信交换设备制造和通信终端设备制造，以及其分支产业电子器件制造属下的电子真空器件制造、半导体分立器件制造、集成电路制造都作为独立单元考核。

分别由模型（5.1）和模型（5.2）求得。它们是 ERM 模型在不同规模报酬假设下的形式，其中可变规模报酬（VRS）下的模型（5.2）相对于不变规模报酬（CRS）下的模型（5.1），区别在其约束条件中增加了对结构变量 λ_j 限制，即 "$\sum_{j}^{n}\lambda_j = 1$"。

$$\text{TE} = \min \left(\frac{1}{m}\sum_{i=1}^{m}\theta_i \right) \Big/ \left(\frac{1}{s}\sum_{r=1}^{s}\varphi_r \right)$$

$$s.t.\ \theta_i x_{io}^b \geqslant \sum_{j=1}^{n}\lambda_j x_{ij}^a,\ i = 1,\ 2,\ \cdots,\ m,$$

$$\varphi_r y_{ro}^b \leqslant \sum_{j=1}^{n}\lambda_j y_{ij}^a,\ r = 1,\ 2,\ \cdots,\ s, \tag{5.1}$$

$$\lambda_j \geqslant 0(\forall j),$$

$$0 \leqslant \theta_i \leqslant 1(\forall i),\ \varphi_r \geqslant 1(\forall r).$$

$$\text{PTE} = \min \left(\frac{1}{m}\sum_{i=1}^{m}\theta_i \right) \Big/ \left(\frac{1}{s}\sum_{r=1}^{s}\varphi_r \right)$$

$$s.t.\ \theta_i x_{io}^b \geqslant \sum_{j=1}^{n}\lambda_j x_{ij}^a,\ i = 1,\ 2,\ \cdots,\ m,$$

$$\varphi_r y_{ro}^b \leqslant \sum_{j=1}^{n}\lambda_j y_{ij}^a,\ r = 1,\ 2,\ \cdots,\ s, \tag{5.2}$$

$$\sum_{j=1}^{n}\lambda_j = 1,\quad \lambda_j \geqslant 0(\forall j),$$

$$0 \leqslant \theta_i \leqslant 1(\forall i),\ \varphi_r \geqslant 1(\forall r).$$

相对传统数据包络模型，模型（5.1）和（5.2）是非径向—非定向型的数据包络模型。在效率测度时，它们不但考虑了径向松弛和非经向松弛，同时也考虑了投入和产出的无效，因此保证获得的结果效率有效是满足帕累托-库普曼有效的充分有效。同时，由于是非经向和非定向，通过 ERM 模型获得的效率值不会大于传统径向和定向的数据包络模型下获得的效率值，并且时常可以避免过多的效率结果为 "1"，所以模型（5.1）和（5.2）有更佳的效率区分度。

模型（5.1）和（5.2）中的 θ_i 和 φ_r 分别表示当第 j 高技术产业位于生产前沿面上时，该高技术产业的第 i 个投入指标消耗和第 r 个产出指标产出的比例，它们与对应的投入过剩（s_i^-）和产出不足（s_r^+）存在如下等式关系（Pastor et al, 1999）：

$$\theta_i = \frac{x_{io} - s_i^-}{x_{io}} = 1 - \frac{s_i^-}{x_{io}},\ i = 1,\ \cdots,\ m \tag{5.3}$$

$$\varphi_r = \frac{y_{ro} + s_r^+}{y_{ro}} = 1 + \frac{s_r^+}{y_{ro}},\ r = 1,\ \cdots,\ s \tag{5.4}$$

可见模型（5.1）和（5.2）还满足 "单位不变性（units invariant）"，使获得的效率不受指标单位差异性的影响；此外，如此获得的效率测度还满足严格的单调性（Pastor et al, 1999），更加适合作为效率水平区分的结果。

由于模型（5.1）没有考虑规模无效影响，是最优规模假设下的技术效率（TE），因此模型（5.1）下的有效是技术和规模都有效，而模型（5.2）下的有效只是纯技术效率（PTE）有效，所以通常存在 PTE ≥ TE。从而在非径向—非定向的效率分析下，规模效率（SE）可定义为 SE = TE/PTE。如果 SE = 1，产业为规模有效，否则存在 SE< 1，即产业为规模无效。

5.2.6.1 有效性分析

（1）效率分析

中国高技术产业目前仍处于高投资阶段，不但在科技资源的投入管理和配置上不成熟，而且在较多的高技术领域尚处于初步尝试投资阶段，这样就难免会有较高的失败风险，造成科技成果有效产出率较低，较大程度上影响技术创新活动效率的提高。此外，中国较多的高技术产业科技创新活动规模较小，新产品或者专利占用的创新成本过多，不具备较好的规模效应，而且在产业化和商业化运营上经验贫乏，因此很大程度上影响了新产品的市场化效益。从表5-2所示的各分支产业的平均效率分析，从2001～2004年，无论是否考虑规模效应的影响，中国高技术产业技术创新活动效率绩效一直在恶化：技术效率从0.476下滑到0.308，纯技术效率从0.688下滑到0.588，规模效率虽然2003年有所改善，但仍从2001年的0.759下滑到2004年的0.671。这一趋势和中国高技术产业增加值增长率下降的变化趋势较为吻合，一定程度上说明中国高技术产业增长率不佳的绩效较大程度上是受到高技术产业技术创新活动效率不佳的影响。因此，随着技术创新要素投入量的不断增加以及成本的不断提高，同时为了适应中国高技术产业从"中国制造"到"中国智造"的不断推进的步伐，效率改善势在必行，要"未雨绸缪"，不要"顾此失彼"。技术创新带来的直接经济结果（如，增加值）固然重要，但不能忽视技术创新的过程效率在节约型社会和集约型经济发展模式下的重要性。否则只能以科技资源的高浪费、新产品的低附加值和外部环境的高污染为代价[①]。

如果分析目前中国高技术产业效率不佳的原因，首先应该考虑中国高技术产业开展技术创新活动的技术创新条件（如，研发人员素质、研发设备条件和试验开展的能力等）和技术的应用与管理水平。从表5-2所示的相关分析结果看，18个产业的技术效率和纯技术效率存在明显相关，考虑到技术效率受技术条件和技术的应用与管理水平以及规模效应的共同影响，而纯技术效率没有考虑规模效应的影响（由表5-2所示的相关分析结果，二者之间基本不存在显著的相关性），因此表明，开展技术创新活动的纯技术效率（技术条件和技术的应用与管理水平）是影响中国高技术产业生产效率

---

① 治理由高技术产业技术创新带来的外部环境污染的一定程度上抵消了技术创新的增加值，因此，可以把环境因素纳入本章研究的效率测度体系中。方法体系可参考胡鞍钢等（2008）。

的重要因素，而规模效应不明显。

若从分支产业的有效状态分析，在连续 4 年的考查期内，技术效率、纯技术效率和规模效率有效的产业个数逐年减少，效率状态不佳。尤其是技术效率和规模效率，4 年考查期内，有效的分支产业数目仅在 22% ~ 44% 徘徊。其中只有电子计算机制造和电子计算机外部制造在连续 4 个考查期都处于有效状态，通信交换设备制造、办公设备制造以及医疗设备及器械制造在 4 个连续考查期为纯技术效率有效。此外，各产业在 4 个连续考查期的有效状态都不稳定，这反映了中国各高技术产业技术创新活动效率水平无法长期保持在相对有效状态，从而也证明中国高技术产业在技术创新活动的运作能力上缺乏绝对领先的带头产业。

此外，从各效率的标准差分析，各分支产业在技术效率和纯技术效率上的标准差基本都在 0.4 以上，相对数值为 1 的最大效率值来讲，即超过了 40%，而规模效率的标准差相对较小，但在 2004 年也超过了 0.4，因此中国高技术产业技术创新活动在各效率上的差异较大，影响各产业在技术创新活动联合上形成"共振"达到"共赢"的状态，也就很难谈得上创新资源的共享和显著的规模经济效应。

（2）规模分析

依据 Cooper et al. （2007b）的建议，在模型（5.1）的最优解基础上，可根据 $\sum_j^n \lambda_j > 1$、$= 1$ 还是 < 1 来判断各分支产业的规模报酬状态是递减（D）、规模报酬不变（C），还是规模报酬递增（I）。如表 5-2 所示，连续 4 年，处于规模报酬递增的分支产业的个数分别为 7、10、9 和 13，体现出整体规模效应改善的趋势。而连续 4 年中，一直处于规模报酬递增的分支产业仅 3 个，即飞机制造及修理、电子真空器件制造、半导体分立器件制造，仅占总产业数目的 16.7%，可见高技术产业整体规模报酬状态并不理想。

如果依据 Norman and Stoker （1991）建立的生产规模状态分类准则，各分支产业的生产规模状态有如下分类：

① SE = 1 且 PTE－1 时，产业处于最优生产规模状态。其中 4 年一直处于该状态的分支产业只有电子计算机整机制造和电子计算机外部设备制造。根据表 5-2，不难推算，在所有 72 个生产规模考查点，最优生产规模状态仅占所有考查状态的 30.6%。此外，在 4 个连续考查期内，每年处于该状态的产业个数占总产业个数的 22.2% ~ 38.9%，可见高技术产业最优生产规模状态整体不良。

② SE<1 且 RTS = DRS 时，产业规模状态相对过大。其中化学药品制造最为明显，4 年测评期内 3 年都为规模相对过大。此外，中成药制造和家用视听设备制造也有 2 年处于规模相对过大状态。依据表 5-2 可得，处于该规模状态的仅占所有考查点的 15.3%，因此高技术产业规模过大但并不严重。

表 5-2 18 个分支产业 2001～2004 年的 TE、PTE、SE 和 RTS 结果

分支产业	2001				2002				2003				2004			
	TE	PTE	SE	RTS	TE	PTE	SE	RTS	TE	PTE	SE	RTS	TE	PTE	SE	RTS
化学药品制造	0.147	0.155	0.947	D	0.231	0.239	0.969	D	0.127	0.150	0.846	D	0.085	0.087	0.972	I
中成药制造	0.057	1.000	0.057	D	1.000	1.000	1.000	C	0.189	1.000	0.189	D	0.042	0.046	0.913	I
生物生化制品的制造	0.533	0.542	0.983	D	0.077	1.000	0.077	I	0.601	1.000	0.601	I	0.027	1.000	0.027	I
飞机制造及修理	0.033	0.033	0.999	I	0.015	0.015	1.000	I	0.011	0.011	1.000	I	0.013	0.014	0.995	I
通信传输设备制造	1.000	1.000	1.000	C	0.077	0.125	0.614	I	0.104	0.125	0.834	I	0.024	0.030	0.809	I
通信交换设备制造	0.333	1.000	0.333	D	1.000	1.000	1.000	C	1.000	1.000	1.000	C	1.000	1.000	1.000	C
通信终端设备制造	0.148	0.155	0.960	I	0.099	0.102	0.977	I	0.123	0.130	0.947	I	1.000	1.000	1.000	C
雷达及配套设备制造	1.000	1.000	1.000	C	0.040	1.000	0.040	C	0.053	0.058	0.923	I	0.003	1.000	0.003	I
电子真空器件制造	0.081	0.087	0.928	I	0.141	0.151	0.935	I	0.043	0.045	0.968	I	0.093	0.093	0.992	I
半导体分立器件制造	0.078	0.130	0.605	I	0.084	0.139	0.601	I	0.047	0.048	0.980	I	0.088	1.000	0.088	I
集成电路制造	0.269	1.000	0.269	I	1.000	1.000	1.000	I	0.614	0.625	0.982	I	0.243	0.288	0.844	I
电子元件制造	0.286	0.290	0.984	I	0.595	0.640	0.929	I	0.189	0.208	0.908	I	0.164	0.165	0.995	I
家用视听设备制造	1.000	1.000	1.000	C	1.000	1.000	1.000	C	0.548	1.000	0.548	D	0.312	0.489	0.637	D
电子计算机整机制造	1.000	1.000	1.000	C	1.000	1.000	1.000	C	1.000	1.000	1.000	C	1.000	1.000	1.000	C
电子计算机外部设备	1.000	1.000	1.000	C	1.000	1.000	1.000	C	1.000	1.000	1.000	C	1.000	1.000	1.000	C
办公设备制造	0.236	1.000	0.236	I	0.320	1.000	0.320	I	1.000	1.000	1.000	C	0.093	1.000	0.093	I
医疗设备及器械制造	1.000	1.000	1.000	C	0.159	1.000	0.159	C	1.000	1.000	1.000	C	0.135	1.000	0.135	I
仪器仪表制造	0.357	1.000	0.357	D	1.000	1.000	1.000	C	0.239	0.240	0.995	I	0.215	0.373	0.575	I
均值	0.476	0.688	0.759		0.491	0.689	0.757		0.438	0.536	0.873		0.308	0.588	0.671	
标准差	0.400	0.414	0.342		0.437	0.419	0.359		0.403	0.447	0.217		0.390	0.439	0.404	
与 PTE 的相关系数	0.637**			-0.290	0.640**			-0.169	0.866**			-0.234	0.494*			-0.499*

注：(1) TE—技术效率，PTE—纯技术效率，SE—规模效率，I—规模报酬递增，D—规模报酬递减，C—规模报酬不变。
(2) * 5% 水平显著；** 1% 水平显著（双尾）。
(3) 本表数据作者是借助 MatLab 软件编程计算获得。

③ SE<0.9 且 RTS=IRS 时，产业规模相对过小。其中共有 23.6% 的考查点处于该状态。办公设备制造、半导体分立器件制造、通信传输设备制造和生物生化制品制造都是 4 个考查点中 3 个处于规模过小状态；雷达及配套设备制造和集成电路制造也分别有 2 年处于规模过小状态。

④ SE≈1 且 PTE<0.9 时，产业规模无效（为了明确，不妨规定，0.99<SE<1）。其中仅 6.9% 的观测点为生产规模无效，可见生产规模状态为无效的程度较低。飞机制造及修理相对严重，其中有 2 年为规模无效，其他产业表现不明显，只有电子真空器件制造第 4 年、电子元件制造第 4 年以及仪器仪表制造的第 3 年处于该状态。

因此，中国高技术产业的各分支产业的生产规模状态过大、过小或者无效并不严重，但总体规模状态表现不佳。

5.2.6.2　无效性分析

（1）要素投入产出的无效性分析

由于要素投入过剩（surpluses）和产出不足（shortfalls）是技术效率严重无效的表现（Cooper et al.，2001），因此可从具体指标值的投入过剩程度或产出不足水平来分析高技术产业的技术创新活动的无效水平。此外，为避免规模无效影响，本部分的无效分析是基于模型（5.2）的计算结果。

依据式（5.3）和（5.4）中的等价关系，$1-\theta_{kd}$ 和 $\varphi_{kd}-1$ 分别反映了第 d 个高技术产业第 k 个输入指标的投入过剩的程度和第 k 个输出指标的产出不足水平。若记 C 为存在过剩或者不足的无效产业组成的集合，则对具体产业 DMU_d，$d \in C$，在 4 个考查期内，其具体指标的投入相对过剩程度和产出相对不足水平分别可由式（5.5）和（5.6）计算获得。

$$C_d^I = (1/4) \cdot \sum_{d \in C}(1 - \theta_{kd}) \tag{5.5}$$

$$C_d^o = (1/4) \cdot \sum_{d \in C}(\varphi_{kd} - 1) \tag{5.6}$$

其中，k 为第 k 个松弛变量非零，且满足 $1 \geq C_d^I \geq 0，C_d^o \geq 0$。此外，还可以对所有无效产业相对某个具体指标值的平均过剩程度和不足水平进行度量。则对所有的 DMU_d，$d \in C$，在给定的具体某一考查期内，它们在具体指标的投入相对过剩程度和产出相对不足水平可分别由式（5.7）和（5.8）计算获得。

$$C_k^I = (1/p) \cdot \sum_{d \in C}(1 - \theta_{kd}) \tag{5.7}$$

$$C_k^o = (1/p) \cdot \sum_{d \in C}(\varphi_{kd} - 1) \tag{5.8}$$

其中 p 为每个考查期内存在要素拥挤产业的个数，即每个考查期内，可变规模报酬下 ERM 无效的产业个数，k 为第 k 个松弛变量非零，且 $1 \geq C_k^I \geq 0，C_k^o \geq 0$。

表 5-3 和表 5-4 所示各指标的投入相对过剩程度和产出相对不足水平表明，无论从无效产业连续 4 年的平均过剩程度或者不足水平分析，还是从指标上各无效产业的单年平均过剩程度或者不足水平分析，产出不足水平较为严重，新产品销售收入平均不足水平达到了 10.612；虽新产品出口收入相对较轻，但各无效产业在其上的平均不足水平也达到了 1.252，而相对产出，所有输入拥挤水平相对较轻，都小于 0.3。被评价产业的相对过剩程度和相对不足水平，不但受参考产业的投入和产出的影响，而且二者之间也是相互影响的，产业产出不足水平常常和投入过剩程度成正比。在供应不饱和的市场环境下，高技术产业的产出不足的一个重要原因是创新技术没有被充分的商业化，即缺乏有效的技术转化机制，其中重点包括引进的技术消化和吸收不足。"重视技术的创造和引进，轻视转化、吸收和利用"，必然会导致投入过剩，产出不足。造成这种局面的一个重要原因是对技术转化吸收和利用的经费配置不足，如 2001 年，中国高技术产业技术引进与消化吸收的比为 1：0.047，而日本与韩国这一比例大致保持在 1：3 的水平。这不但造成创新技术的市场效益无法得以实现，同时技术一直处于落后状态。另外一个原因是技术研发创新活动没有有效地确立以企业为创新主体，这样一是偏离了市场需求，技术创新成果为了无法实现市场效益的无用技术，二是没有及时引入市场，技术创新成果成为了闲置技术。

表 5-3　各无效分支产业的具体指标 2001~2004 年间投入相对过剩程度和
产出相对不足水平的均值

无效分支产业	技术创新要素投入				技术创新要素产出			
	研发人员全时当量	研发经费内部支出	技术引进经费支出	均值	发明专利申请	新产品销售	新产品出口	均值
化学药品制造	0.594	0.246	0.336	0.392	0.000	8.089	1.442	3.177
中成药制造	0.061	0.000	0.169	0.077	0.000	9.594	0.884	3.493
生物生化制品的制造	0.136	0.140	0.000	0.092	0.056	0.068	0.000	0.041
飞机制造及修理	0.840	0.366	0.515	0.574	1.691	72.291	2.495	25.493
通信传输设备制造	0.247	0.187	0.243	0.226	0.097	17.986	3.698	7.260
通信终端设备制造	0.014	0.289	0.533	0.279	2.538	4.876	1.945	3.119
雷达及配套设备制造	0.116	0.027	0.000	0.048	9.746	0.002	0.021	3.256
电子真空器件制造	0.122	0.135	0.785	0.348	2.823	15.669	2.159	6.883
半导体分立器件制造	0.310	0.130	0.000	0.147	12.612	4.699	1.634	6.315
集成电路制造	0.000	0.208	0.403	0.204	0.173	0.226	0.195	0.198
电子元件制造	0.479	0.101	0.416	0.332	0.277	2.750	1.484	1.504
家用视听设备制造	0.064	0.000	0.247	0.104	0.000	0.129	0.018	0.049
仪器仪表制造	0.333	0.142	0.000	0.158	0.000	1.581	0.303	0.628
均值	0.255	0.152	0.281	0.229	2.309	10.612	1.252	4.724

　　如果从具体产业分析，飞机制造及修理技术创新产出不足尤为严重，产出要素不足的平均水平达到了 25.493，其中新产品销售最为严重，不足水平为 72.291。此外，通信传输设备制、造电子真空器件制造以及半导体分立器件制造技术创新产出也表现出明显不足，平均不足水平也在 6 以上。在专利产出上，半导体分立器件制造表现出最为显著的不足水平，为 12.612，其次是雷达及配套设备制造。在新产品销售方面，除飞机制造及修理外，通信传输设备制造和电子真空器件制造表现出较高的不足水平，分别达到了 17.986 和 15.669。相对而言，中国的家用视听设备制造和生物生化制品的制造相对其他高技术产业，技术创新产出不足水平较低，分别仅为 0.049 和 0.041。尤其是在产品出口上表现出较好的绩效。这也恰好验证了中国家电和生物制药具有相对较强的国际竞争力。

　　在技术创新投入要素上，飞机制造及修理表现最为突出，平均拥挤程度为 0.574，这说明中国对飞机制造业较为重视，但由于核心技术缺乏和科研实例的不足，致使过多的技术创新要素投入无法有效转化成新专利和新产品，即使转化了，常因为技术水平不足，新产品销售往往表现出不佳的业绩。此外，化学药品制造业在研发人员投入和电子真空器件制造在技术创新引入也表现出明显的相对过剩。而生物生化制品的制造、中成药制造以及雷达及配套设备制造三者在投入的生产要素上管理利用和消化吸收上表现出较好的绩效水平，投入要素的相对过剩程度的平均值都不足 0.1。

表 5-4　2001～2004 年无效分支产业的具体指标相对过剩程度和产出相对不足水平的均值

时期	技术创新投入要素			技术创新产出要素		
	研发人员全时当量	研发经费内部支出	技术引进经费支出	发明专利申请	新产品销售	新产品出口
2001	0.488	0.367	0.209	0.242	13.201	1.005
2002	0.458	0.050	0.267	3.542	16.562	1.750
2003	0.345	0.434	0.378	8.735	14.911	1.312
2004	0.354	0.069	0.831	0.690	21.599	3.634
均值	0.411	0.230	0.421	3.302	16.568	1.925

　　再由表 5-4 所示的各指标上所有分支产业单年平均相对过剩程度或不足水平分析，在 2001～2004 年间，中国高技术产业的技术创新要素的相对投入过剩程度和产出不足水平基本上是逐年加重，尤其是新产品销售和出口收入的不足水平，增加明显。这种结果出现的原因：一是新产品竞争能力或者技术创新成果产业化和商业化程度较低，导致市场化效益和效率低；二是中国高技术产业在资源配置能力较弱，过多的要素投入没有得到有效的利用和吸收。这样，势必导致即使通过自主研发或者引进方式获得

新技术，而由于在技术利用、管理成效以及商业实现的较多无效性的影响，纵然可获得逐年增加的增加值，但增加率却不一定具有相同趋势。如在 2001~2004 年间，中国高技术产业增加值虽然翻了一倍还多，但是增值率却降了 2.4 个百分点。因此，改善中国高技术产业的资源配置能力和管理水平，加强高技术创新成果转化能力和新产品的市场化运营能力，是目前中国高技术产业发展极为需要的。

（2）指标值潜在的最大改善程度

上述是从产业无效角度考查当所有指标值同时变化时具体考查指标的无效性，并不能完全反映仅单个考查指标变化时自身无效程度的表现。因此还有必要对这些无效产业的具体指标值潜在的最大可能改善程度进行测度，即在保持其他指标变量不变时，对输入的最大潜在减少比例和对输出的最大潜在增加比例进行具体的估计。此处不妨采用单因素效率测度数据包络模型（5.9）和（5.10）（Zhu，2000）来估计具体考查指标的潜在"最大改善程度"。

$$\theta_d^{k*} = \min_{\theta, \lambda} \theta_d^k, \quad d \in N$$

$$s.t. \sum_{j \in E} \lambda_j^d x_{kj} = \theta_d^k x_{kd}, \quad k \in \{1, \cdots, m\},$$

$$\sum_{j \in E} \lambda_j^d x_{kj} \leq x_{id}, \quad i \neq k,$$

$$\sum_{j \in E} \lambda_j^d y_{rj} \geq y_{rd}, \quad r = 1, \cdots, s,$$

$$\sum_{j=1}^n \lambda_j^d = 1, \quad \lambda_j^d \geq 0, \quad j \in E. \tag{5.9}$$

$$\varphi_d^{k*} = \max_{\varphi, \lambda} \varphi_d^k, \quad d \in N$$

$$s.t. \sum_{j \in E} \lambda_j^d y_{qj} = \varphi_d^k y_{qd}, \quad q \in \{1, \cdots, s\},$$

$$\sum_{j \in E} \lambda_j^d y_{rj} \geq y_{rd}, \quad r \neq q,$$

$$\sum_{j \in E} \lambda_j^d x_{kj} \leq x_{id}, \quad i = 1, \cdots, m,$$

$$\sum_{j=1}^n \lambda_j^d = 1, \quad \lambda_j^d \geq 0, \quad j \in E. \tag{5.10}$$

其中，E 和 N 分别代表由模型（5.2）判断有效和无效的产业集合。$1 - \theta_d^{k*}$ 体现了无效单元 DMU_d 在指标 k 上过多投入的比例，越大说明投入指标 k 剩余越多，即其潜在改善（削减）程度越大；$\varphi_d^{k*} - 1$ 体现无效单元 DMU_d 在指标 k 上潜在产出不足的比例，越大说明产出指标 k 不足越大，同样，其潜在改善（增加）程度越大。从模型形式上分析，其实就是把被考查的投入或者产出指标看成可控因素，而其他所有投入或者产出指标为不可控因素。

由表 5-2 的结果数据，在模型（5.2）下，有 5 个产业在 4 年考察期内总是可变规模报酬有效，因此也就不存在具体指标绩效的潜在改善，其潜在改善程度值都为 0。对其他 13 个无效产业，计算连续 4 年 $1-\theta_d^{k*}$ 和 $\varphi_d^{k*}-1$ 的均值，如表 5-5 所示。从各具体指标潜在的最大改善程度分析，各产业潜在的产出比例较大，多数都大于 1，新产品销售收入产出潜在的改善空间最大，改善比例的均值达到了 11.276；而潜在的投入过剩程度相对较低，都小于 1，其中技术引进经费过剩比例相对最为明显，达到 0.464。从产业角度讲，飞机制造及修理无论在技术创新要素投入较少比例空间还是产出的增大比例空间都最大，分别达到 0.874 和 28.023；而生物生化制品制造和家用视听设备制造在技术创新要素产出较少空间还是产出的增大空间都相对较小，产出增长比例空间不足 0.1，说明其产出绩效水平相对其他产业较好，投入减少比例空间不足 0.12，体现了它们技术创新资源的有效配置和利用。

表 5-5　各无效分支产业的具体指标 2001～2004 年间潜在最大改善比例的均值

无效分支产业	技术创新要素投入				技术创新要素产出			
	研发人员全时当量	研发经费内部支出	技术引进经费支出	均值	发明专利申请	新产品销售	新产品出口	均值
化学药品制造	0.763	0.650	0.725	0.713	1.038	8.729	1.627	3.798
中成药制造	0.148	0.169	0.188	0.168	0.226	10.089	0.923	3.746
生物生化制品制造	0.137	0.140	0.025	0.101	0.148	0.092	0.045	0.095
飞机制造及修理	0.940	0.831	0.851	0.874	6.650	74.491	2.926	28.023
通信传输设备制造	0.464	0.525	0.505	0.498	2.326	19.566	4.079	8.657
通信终端设备制造	0.311	0.599	0.671	0.527	3.943	5.277	2.389	3.870
雷达及配套设备制造	0.116	0.027	0.051	0.065	10.118	0.225	0.090	3.478
电子真空器件制造	0.577	0.596	0.936	0.703	5.591	16.483	2.588	8.221
半导体分立器件制造	0.404	0.380	0.544	0.443	15.223	6.632	2.491	8.116
集成电路制造	0.076	0.252	0.416	0.248	0.235	0.327	0.303	0.289
电子元件制造	0.741	0.530	0.714	0.662	1.443	2.778	1.755	1.992
家用视听设备制造	0.071	0.014	0.247	0.111	0.017	0.132	0.020	0.056
仪器仪表制造	0.356	0.184	0.163	0.235	0.408	1.772	0.401	0.860
均值	0.393	0.377	0.464	0.411	3.644	11.276	1.511	5.477

注：本表结果是通过 DEA Excel Sovler 计算获得。

这些结论与上述无效产业技术要素投入过剩程度和产出不足水平分析恰好吻合，

从而进一步说明中国技术创新产出市场化程度、产业化水平和竞争力都相对较低，这也是目前中国科技创新整体面临的窘境。中国目前技术创新主要依赖引进方式，能提高市场竞争力的自主技术创新产出还不足，因此，提高创新技术的商业产出是影响中国高技术产业战略发展的关键问题。

5.2.7 结论与政策建议

本章研究通过综合利用非径向—非定向的"改良的 Russell 测量模型"以及非径向的"单因素效率测度模型"，在充分考虑中国高技术产业创新活动的发展同时依赖外部技术溢出与内部自主研发双重驱动的特点下，对中国高技术产业 2001～2004 年间的技术创新效率和无效产业的指标无效行为进行了全面测度，从生产效率角度探究中国高技术产业目前"高产出，低效益"的症结及其对策。研究结果表明，中国高技术产业整体技术创新效率不佳，且逐年下降，尤其是效率无效产业的技术创新资本成本投入过大和技术创新成果产出相对潜在不足水平[①]非常明显，与高技术产业目前整体经济效益面临的低水平和明显的下滑趋势相吻合。分析其原因，关键在于中国高技术产业过多的重视创新资本的积累，忽视了创新成果的转化利用，导致创新成果商品化和产业化低下。这也提醒我们，在加强技术创新的同时，还要加强营销创新、组织创新和服务创新等影响技术创新转化效率的非技术创新因素的发展。

结合研究结论和症结所在，本章研究试探性地提出中国高技术产业今后在政策发展上的三点建议。

（1）深化高技术产业科技管理体制改革，完善科技资源配置和运营管理能力

政府主导型的科技管理体制使中国高技术产业的创新资本投资与市场需求存在一定的脱节，这样往往导致许多技术创新成果没有市场，无法产业化。史丹和李晓斌（2004）通过调查研究表明，国家科技管理制度是影响高技术产业发展的第一位制度因素。因而中国高技术产业科技管理制度需要进一步完善，尤其是要通过科技资源配置体制的改革，形成高技术产业发展有效的市场竞争秩序，以促进高技术产业的长期持续发展（金碚，2003）。从企业管理角度分析，由于中国高技术产业目前专业化水平不高，虽然可通过引进或者自主创造聚集可观的技术创新资本，但因在新技术开发、消化、吸收、转化以及产业化等方面经验不足和管理不善，常常致使技术创新资源和成果的浪费和闲置。因而，中国高技术产业在重视技术创新产出的同时，还应重视营销

---

① 技术创新成果潜在的相对产出不足是相对目前没有被充分转化利用的过量投入的技术创新资本而言的，根据测度模型 DEA 的性质，它的水平是由所有参评的高技术产业的技术创新投入和产出之间的相对水平所决定；而中国高技术产业"高产出"定论是中国高技术产业的绝对经济收益（工业总产值和增加值等指标）的不断攀升而言的。

创新、组织创新和服务创新等影响技术创新转化效率的非技术创新因素。

（2）合理配置技术创新各阶段的资金，促进创新资本的利用、消化、吸收和产业化

技术创新资本投入过剩同时又存在创新产出不足，意味着技术创新资本没有被有效的转化、消化或吸收，也就无法转化成经济收益，目前中国高科技的转化率现在不到 10% 足以证明这一点①。其中影响创新成果转化率较低的一个重要因素是缺乏相应资金支持。通过实证分析表明，研发投入存在着一定的"阀值效应"，只有当一项新技术成果从基础研究、应用研究到试验推广都有足够的相应资金支持，才可能在预定的时间范围内达到预期的结果（张世贤，2005）。如果缺乏研发阶段的资金，也就谈不上自主的原始技术创新；如果缺乏技术开发阶段的资金，会直接影响技术成果转化；如果缺乏产业化阶段的资金，就会影响新产品或者新服务的市场效益。因此，在技术创新成果的转化上，更要注重加大资金投入，才可以使创新成果"走出闺房，产生经济效益"。但是，目前中国现有的融资渠道和融资环境仍存在较多问题，无法满足高技术产业化对资金的需要，因此必须拓宽高科技知识产权的融资渠道，尤其是大力支持风险投资来弥补资金的不足，这对缺乏资金的中小企业尤为重要。

（3）提升企业创新主体的地位，加强发展产学研联合创新模式，以获得技术创新的规模经济

中国高技术产业要摆脱"重视创新资本的积累，忽视创新成果的转化利用，导致创新成果商品化和产业化程度低下"这一局面，努力提升企业创新主体地位是关键。技术创新的直接目的是推动技术进步，但最终目的是获得经济效益，推动经济的发展。技术创新过程的完成是以新产品的第一次商业化为标志的，因此，企业作为创新主体对技术过程的实现尤为重要。另一方面，由于高技术的研发往往投资大、风险高，为了减少研发资本投入和降低风险，充分发展产学研联合的创新模式也是目前中国高技术产业开展自主研发创新的一个重要途径。通过有效的产学研合作，高技术产业不但可以借助高校和科研院所基础研究的优势，增加原始型自主创新的可能性，同时还可以节省创新成本，获得规模经济；对科研院校来讲，产学研合作的创新模式可实现它们的创新研究活动更贴近市场需求，不闭门造车，保证科研成果的经济价值和及时的产业化。

此外，高技术产业科技投入的边际效益递减规律（史丹和李晓斌，2004）也阻碍着中国高技术产业增加值率的改善，因此中国高技术产业还需要不断地加大创新资本的投入，尤其是自主研发资本的投入，以保持其较高的速度增长。这样，更需要重视

---

① 知识产权风险投资进入黄金时代. 中国知识产权报，2005-05-26。

创新成果的转化利用，提升创新成果商品化和产业化，保持中国高技术产业创新资本的转化效率。

本例仅从中国高技术产业创新系统的本身探索了中国高技术产业发展态势"高产出，低效益"的症结及其对策，没有考虑外部经济和社会环境的影响，因此存在一定的局限性。在将来的扩展性研究中，检验分析经济和社会环境因素对创新效率或创新产出的影响与把经济和社会环境因素直接加入本章研究的模型体系中分析测度结果的变化，无论在模型构建还是实践探索上都是两个非常有意义的方向。

5.3 SBM-RD-Malmquist 模型的构建及在中国省域科技创新效率变化测度中的应用

5.3.1 研究总结

以研发活动为主线的中国省域科技生产绩效的评价是近期国内学者关注的焦点，但现有研究在测度对象界定和测度模型构建上存在诸多改进空间。本章研究联合非径向—非定向 SBM（Slacks-based Measure）和 RD-Malmquist 构建了改进的省域研发活动生产前沿绩效（效率及全要素生产率变动）的测度框架。以中国 30 个省域的研发投入产出构成（考虑时间延迟）的面板数据为基础进行了实证分析。研究发现，在省域层面上，研发投入水平及其生产前沿绩效差异非常突出；研发全要素生产率变化显出空间聚集，而研发纯技术效率显出空间分散；研发全要素生产率增长主要由于研发技术进步；研发投入水平与其生产前沿绩效之间不存在必然联系，一定程度上折射出中国"计划导向"方式配置研发资源的无效性，包括硬件和软件之间投资不协调。

5.3.2 问题提出

科技创新日益重要性必然要求有更加合理的创新政策与之伴随，对其引导、控制发展，以寻求最佳实践（best-practice）的途径，陈凯华和官建成（2010c）。因此对政策制定者来说，一个关键的行为是构建由最佳实践组成的生产前沿（production frontier）作为标杆（benchmark）来度量科技创新绩效，即测度科技创新的生产前沿绩效（production frontier performance），并以此为依据制定和实施科技创新政策，进而改善其绩效（Moed et al.，2004）。研究与开发（Research and Development，R&D）活动是科技创新的基础和源泉，因此对其生产前沿绩效的测度与分析是科技创新评价的核心。从生产角度测度 R&D 活动绩效符合 Schumpeter 的创新理论对创新的界定："建立一种新的生产函数，即'生产要素的重新组合'"（唐清泉等，2009）。

　　从 R&D 投入角度分析，中国目前已成为世界上科技创新的主要贡献者，它的崛起改变了世界研发格局。从 2000 年起，中国的 R&D 人数已经超越日本，排在世界第二，仅次于美国；R&D 经费的投入增长速度更是惊人，从 1995 年起，每年以 19% 的速度增长，到 2005 年，已达 300 亿（current USD），位居世界第六（OECD and MOST，2007）；R&D 密度（R&D 经费/GDP）相对 1995 年的 0.6%，2005 年已达 1.34%，增长了一倍还多。根据《国家中长期科学和技术发展规划纲要（2006-2020 年）》设定的目标，到 2010 年至少达到 2.0%，到 2020 年提高到 2.5% 以上。这将是一个雄心勃勃的目标，因为这意味着 R&D 经费的每年的增长率为 10% ~ 15%（Schaaper，2009）。如何控制如此庞大的 R&D 投入使之更加有效率地转化为科学与技术成果（常以专利和论文数量来衡量）？这或许是目前中国推进"创新型社会"战略过程中科技政策制定者最为关心的事情。如 Oxman（1992）强调："基于历史数据的生产绩效的测量是控制和改善生产活动绩效的第一步。如果你不能测量一个生产活动，你就不能了解它。如果你不能了解它，就不能控制它。你不能控制它，当然你就不能改善它。"因此，对中国 R&D 绩效的有效测度是个亟待于解决的战略性问题。

　　中国研发规模庞大复杂，且各省域之间由于历史以及自然环境影响等原因形成的在产业结构、公共研发（主要是高校和中科院）水平、公共设施条件（如，金融系统的支撑）等差异，很难用一个模型来描述其创新行为（OECD and MOST，2007）。随着市场经济改革的推进，各省域虽然在中央统一领导下推进经济和社会的发展，但经济活动、劳动人员流动主要集中于各地区之内，这使得在省域层次上进行 R&D 绩效测度具有合理性（更多的合理性可见 Li，2009）。科技创新数据以各省域为统计口径也使本章研究的实证分析具有可行性。

5.3.3　研究现状

　　从分析角度看，R&D 活动生产前沿绩效包括两个方面的内容，一是基于横截面数据的效率（efficiency）[①] 测度；二是基于面板数据的（全要素）生产率（productivity）[②] 变化的测度。现有集中于省际区域创新的技术效率测度多数是在刘顺忠和官建成（2002）和官建成和刘顺忠（2003）基于传统径向数据包络分析（DEA）构建的测度框架基础上的实证性的扩展研究。此外，考虑随机因素和统计噪音的影响，基于 SFA 的测度框架的扩展性研究近期也逐渐受到重视。在此基础上的

---

　　① 主要包括三个方面，技术效率（technical efficiency）、纯技术效率（pure technical efficiency）、规模效率（scale efficiency）（见，Coelli et al.，2005）。

　　② 生产率相对效率是个更加综合概念，不但包含了技术水平，而且包含了技术效率和规模效率等因素（见，Coelli et al.，2005）。

省际区域创新效率动态绩效的研究更是近期的事情。然而，区域创新是一个复杂的过程，是区域内多种资源、多种要素参与的多投入综合活动过程，而且创新投入向产出转化贯穿于创新的全过程（史修松等，2009），因此它的生产前沿模式（函数）很难构造，这就意味着生产前沿绩效也很难精确地测定。到目前为止，现有的研究仍然没有统一的测度框架，多数仍从不同侧面和不同的角度对中国省际区域创新或者 R&D 绩效进行实证性研究，而在测度对象的界定，特别是测度模型选择上存在较多有待于解决的扩展性研究。

第一，在现有的研究中，区域创新效率的基本内涵仍然没有明确统一的界定（史修松等，2009），这是目前国内创新测度分析框架存在的基本不足之处。现有多数研究的一个基本遗漏之处是对测度对象的界定不清晰。根据检索，现有的研究似乎对"R&D 效率"、"创新效率"、"技术创新效率"等不同的概念存在混用。创新是个系统性的连续的多阶段过程，主要面向技术性而非科学性的创新。从生产角度来讲，技术创新主要包括"R&D"和 R&D 过程产出的"商业化过程（包括公共服务产品的价值产生）"（Moon and Lee，2005；官建成和何颖，2005；Brown and Svenson，1998；Pakes and Griliches，1984）。可见，R&D 仅仅是创新过程的上游创造性生产过程，其产品创新性需要商业化价值或者公共服务价值来衡量。针对企业技术创新，Freeman and Soete（1997）强调，只有实现了商业价值，创新才算完成。可见，"创新"的概念是个复合的概念，因此"创新效率"包括"R&D 效率"和"经济效率"。创新包括技术创新和科学创新，因此，为了更加准确地界定测度对象，当考查以专利（或者以新产品代替或弥补）为产出的技术 R&D 过程时（如，官建成和刘顺忠，2003；岳书敬，2008；Li，2009；李习保，2007），应称之为"技术生产前沿绩效"（如，池仁勇和唐根年，2004；孙凯和李煜华，2007；官建成和陈凯华，2009）；当考查以学术论文为产出的科学 R&D 过程时，应称之为"科学生产前沿绩效"（如，Bonaccorsi and Daraio，2003）；如果考查同时以专利和产出的科学和技术 R&D 过程，应称之为"科技（即科学与技术）生产前沿绩效"或者"R&D 生产前沿绩效"（如，官建成和何颖，2005；刘凤朝和潘雄锋，2007；Wang and Huang，2007；袁鹏等，2007）[①]。如果没有对测度的对象进行准确界定，这样往往会使在构建指标框架时较为随意，在这种情况下构建的生产前沿显然失去了公平标杆作用，常常导致现有的研究尽可能地筛选具有代表性的投入产出变量，以求反映创新活动的实际状况（史修松等，2009）。

第二，在效率测度模型的选择上，区域创新活动绩效的分析缺少有效的测度模型。

[①] 在 R&D 产出上存在科学与技术性产出，但在 R&D 投入上是很难区分的，因此现有的研究无论在具体研究技术生产还是技术和科学整体生产时，R&D 投入不加以区分。显然，前者导致 R&D 投入和产出严重不对应，因此本章研究认为，集中 R&D 整体活动分析实践上更加科学。

主要原因是现有的国内研究主要是在不事先考虑测度对象生产框架需求的情况下随意选取自己"熟知"的模型，哪知这种"硬性嫁接或移植"的传统模型在此实证研究中存在诸多局限性。这是国内研究与国际研究最大的差距所在。根据现有研究，目前关于省际区域创新活动的测度主要集中于两种方法：一是确定性的非参数方法；二是随机性的参数方法。非参数方法中，现有研究偏好用传统径向且定向的数据包络分析（DEA）模型（包括 CCR 模型（Charnes et al.，1978）和 BCC 模型（Banker et al.，1984））。如官建成和刘顺忠（2003），刘顺忠和官建成（2002），池仁勇和唐根年（2004），虞晓芬等（2005），官建成和何颖（2005），袁鹏等（2007），白俊河等（2008）。遗憾的是，CCR 模型和 BCC 模型没有全面考虑影响生产过程的非有效（Cooper et al.，2007a，b）[①]。参数方法中，现有的研究主要集中于随机前沿模型（Stochastical frontier analysis，SFA）（Aigner et al.，1977；Meeusen and van den Broeck，1977）。如张宗益等（2006），Li（2009），李习保（2007），史修松（2009），岳书敬（2008）等。SFA 有效考虑了 Pakes and Griliches（1984）较早的建议——在创新活动实证研究中需要考虑统计噪音和随机因素。然而，SFA 在测度创新活动效率时有这较难克服的局限性，因为它较为适合单输出以及确定性生产函数下的测度[②]。

　　第三，在全要素生产率分解和测度上，模型的选择不统一。袁鹏等（2007）和刘凤朝和潘雄锋（2007）首先借助径向且定向 DEA 效率计算[③]，利用 Färe et al.（1985，1992）最初提出的两因子分解法（即 F）分析省际区域 R&D 活动全要素生产率变化；杜传忠和王金杰（2008）用同样分析框架具体分析各省域技术生产活动全要素生产率变化。白俊红等（2008）随后仍基于同样的效率计算模型，但用 Färe et al.（1994）扩展的三因子分解方法（即 FGNZ-Malmquist 指数）重新分析各地区 R&D 活动全要生产率变化。随后，白俊红等（2009）又引入基于 Malmquist 指数的参数估计方法（Kunbhakar and Lovell，2000），集中分析各地区技术生产活动的全要生产率变化的原因。可见，虽然国内相关研究有限，在测度省际区域 R&D 活动或者单纯的技术生产活动的全要素生产率上选用计算（或估计）模型以及分解方式存在较大差异。但现有的研究表明，上述构建的测度框架存在较多的局限性。如既然中国省际区域创新活动规模存在巨大差异，因此，在中国省域层次上 R&D 全要素生产率变化测量和分解时必然

---

　　① 在产业层次上，官建成和陈凯华（2009）引入一个非经向且非定向 SBM-DEA 模型（Tone，2001）改善国内创新效率分析框架。

　　② 在测度仅考虑专利或新产品的单产出以及需要融合环境因素对生产技术效率影响时，SFA 是个较好的选择（如，李习保，2007）。当然，DEA 模型和回归技术（如，Tobit 回归）相结合的综合模型也可进行相关分析（如，Wang and Huang，2007）。

　　③ 准确地说，DEA 是非参数方法，因此获得效率的过程称为"计算"，而在参数分析框架下，称为"估计"。

需要考虑规模报酬，而基于规定规模报酬假设的 Färe et al. （1989，1992，1994）测量和分解框架无法满足这一要求。此外，省域创新生产活动是非线性且多产出的复杂过程，因此利用现有的参数技术较难描述这一生产过程。

本章研究在官建成和陈凯华（2009）测度框架基础上扩展，雇佣可变规模报酬下 RD-Malmquist 指数（Ray and Desli，1997），而不是固定规模报酬下的 FGNZ-Malmquist 指数（Färe et al.，1994）。它们的分解因子相同，都是三因子分解方法，考虑了规模效率的变化因子，但在计算上，RD-Malmquist 指数提供了全要素生产率变化的更加准确测量（Ggifell-Tatje′ and Lovell，1999），而且可以测量生产前沿的自主偏移（Ray and Desli，1997）①。为了获得更加有效的测量，本章采用改进的非经向且非定向的 SBM 数据包络模型（Tone，2001），以弥补传统径向且定向 DEA 效率计算或者定向技术距离函数计算（如，柯孔林和冯宗宪，2008）无法全面考虑 R&D 活动过程中的无效因素。

5.3.4 分析框架

（1）R&D 生产框架

Pakes and Griliches（1984）首先构建了"知识生产路径模型"来描述创新过程的生产框架和测度框架。随后，Brown and Svenson（1988）从更加符合实践的角度在微观层次构建了企业 R&D 实验室的整体生产框架，他们把整个 R&D 活动视为一个系统，从最初的"R&D 投入"到通过上游的处理系统（processing system）获得"中间产出"，再到下游的接收系统（receiving system）而获得最终的"经济效益"，从而实现整个创新过程在经济意义完成（Freeman and Soete，1997）。近期的在国家层次（Moon and Lee，2005）或者区域层次上（官建成和何颖，2005）的两阶段测度都是基于此展开的。本章研究侧重对上游 R&D 过程绩效建模和实证研究，即面向从"R&D 投入"到"中间产出"的处理系统的运作绩效；而对下游从"中间产出"到"经济效益"的接受系统的运作绩效，因篇幅限制，将另文探讨。

即使是微观层次上的企业 R&D 过程，也是个存在反馈机制的复杂过程（Brown and Svenson，1988），更何况本章研究是面向宏观区域层次上 R&D 过程。毋庸置疑，R&D 过程是靠人的活动来完成的，如做实验、分析数据、申请专利或者撰写学术论文等，但 Brown and Svenson（1988）在测度 R&D 生产率时首要强调的一点是，R&D 绩效的测

---

① 章祥苏和贵斌威（2008）在最新的研究总结如下，FGNZ 对生产率指数的分解存在着逻辑上的错误，虽然 Färe et al.（1997）并没有认可 RD 的修正，且 Grosskopf（2003）仍对 FGNZ 模型作了辩解，但至此关于 Malmquist 指数分解的争论已基本结束，RD 模型的正确性基本得到了确认。并且 Lovell（2003）从理论角度对 Malmquist 指数分解进行了探讨，再次肯定了 RD 模型的正确性。

量要侧重外部性和结果性因素，而非内部过程性和活动性因素。此外，他们强调，若 R&D 绩效的实践测度过多地强调内部测量和反馈机制往往会致使研发绩效测度失败。现有的研究也都是服从他们的观点，本章研究也不例外。更何况在区域层次上有效度量 R&D 内部过程性和活动性指标是不现实的事情。

现有的多数研究中，R&D 投入包括"R&D 内部支出"和"R&D 人员全时当量"，较为统一。相比之下，R&D 产出变量的选择较为困难且不统一。根据《中国科技统计年鉴2006》界定，R&D 活动包括基础研究、应用研究以及实验发展。从 R&D 成果角度出发，基础研究的主要产品是学术论文；应用研究的主要产品不但包括学术论文，还包括专利、用于制造新产品的理论模型；实验发展主要成果包括新产品模型和专利。可见，R&D 产出的主要形式包括学术论文、专利以及新产品模型（包括用于制造新产品的理论模型）。这意味着全面衡量 R&D 科学和技术成果不能单用学术论文和专利。在目前国内外研究中，专利（特别是发明专利）的授权数或者申请数是衡量区域或者国家层次上 R&D 技术成果最受青睐的指标（如，Furman et al.，2002；Faber and Hesen，2004；官建成和何颖，2005；李习保，2007），显然存在较大局限性。Griliches（1990）用专利衡量企业技术成果时便指出"并不是所有的发明都是可以申请专利的，也并不是所有的发明都可以获得授权的"。Arundel and Kabla（1998）更进一步指出，专利在衡量传统制造业技术创新时是个特别差的度量指标，因为这些部门的大部分专利不能获得授权。这一点对传统制造业占据重要地位的中国至关重要，虽然中国不少省域在易被专利授权的高技术产业近几年取得了突飞猛进的发展。由于中国的创新多数发生在大中型企业，因此本章研究用大中型企业的新产品销售收入作为授权专利度量技术成果水平时一个补充性指标[①]。这样可获得本章采用的 R&D 生产概念框架（图5-3）。

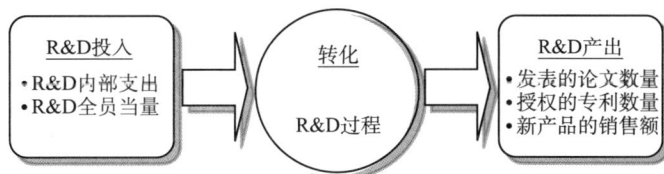

图5-3　R&D 的生产概念框架

<hr>

① 这样常造成度量信息的重叠，但已被现有国内外研究所认可，如 Faber and Hesen（2004）；袁鹏等（2007）；官建成和陈凯华（2009）等。

这里需要注意的是，由于 R&D 生产需要耗费一定的时间，因此要满足在实践测量 R&D 投入与 R&D 产出之间相对应，还需考虑 R&D 投入和产出之间的时间延迟。由于不同的 R&D 成果生产周期不同，因此到目前为止没有统一的时滞长度（Bonaccorsi and Daraio，2003；Wang and Huang，2007）。在此问题上，本章研究遵循国内的大多数研究（如，袁鹏等，2007；唐清泉等，2009），将 R&D 投入和产出的延迟时间跨度期定为两年，例如以 2000 年的 R&D 投入对应 2002 年的 R&D 产出，其余年份的处理与此相同。

（2）测量数据来源

本章研究所使用的样本为 2000～2003 年间中国大陆 30 个省域（西藏由于数据不全，分析中将其略去）R&D 投入产出组成的面板数据。在数据整理时设定了两年的时间延迟，因此对应产出为 2002～2005 年间统计数据。考虑统计工作的延迟，所有原始数据来源于《中国科技统计年鉴 2001—2006》。

生产前沿绩效是从增加的投入资源可转化为产出成果的水平，因此在度量 R&D 经费投入时，本章研究采用 R&D 增量而不是存量。在现有关于创新活动生产绩效的研究中，使用经费增量还是采用存量存在较大的分歧。R&D 活动具有一定的积累性和路径依赖性，已有的科学和技术基础一定会对以后的 R&D 活动产生重要的影响（唐清泉等，2009）。基于这个理论角度，可认为采用 R&D 存量作为 R&D 投入更加合理，如吴延兵（2006），Wang and Huang（2007）。然而，目前的多数研究仍采用了 R&D 增量，除此前提到的 Guan and Wang（2004），Meng et al.（2006），还有官建成和陈凯华（2009），李习保（2007），Li（2009），Moon and Lee（2005）等国内外研究。本章研究采用 DEA 模型测度 R&D 生产前沿绩效，侧重分析在现有 R&D 生产技术下考察当期 R&D 资源的实体投入的获得最大 R&D 产出的程度，而不是回归分析背景下考查现有 R&D 资源对 R&D 产出的影响[①]。

为了增加可比性，R&D 人员用科学家和工程师的全时工作当量（Full-time equivalence）、货币性指标 R&D 经费和新产品销售收入都基于 2000 年数据进行不变价格转化以消除通货膨胀的影响。此外，为体现创新，本章研究用由美国科学信息研究所（ISI）的 Web of Knowledge 数据库收录的 SSCI、SCI 和 ISTP 三种论文数量[②]作为衡量科学成果（如，刘凤朝和潘雄锋，2007；袁鹏等，2007），用国内授权的发明

---

① 在利用回归方程分析 R&D 对一些经济行为（如，生产率）影响时，利用由"永序盘存法"获得的 R&D 资本存量作为 R&D 投入更加科学，如 Guellec and van Pottelsberghe de la Potterie（2004）。

② 论文的引用次数可有效反映论文的创新水平，但因为区域层次上的数据缺失没有考虑。此外，国内的 CSCD 和 CSSCI 论文体现了国内科学论文发表的水平，但因为缺少创新性（Ren and Rousseau，2002）而没有考虑。

专利数作为衡量技术成果的指标（如，唐清泉等，2009）。在中国，专利包括发明、实用新型和外观设计三种形式。三种专利中，发明专利的技术含量最高，难度也最大，属于高水平技术创新项目；实用新型专利是"小发明"，是发明中技术水平较低、难度比较小的发明创造；而外观设计专利几乎不涉及技术含量，难度最低（李平等，2007）。因此，发明专利是衡量技术成果水平的较好指标，其技术含量高且申请量很少受到专利授权机构审查能力的约束（肖广岭和柳卸林，2001），更能客观地反映出一个地区原始技术创新能力与科技综合实力（官建成和何颖，2005；刘凤朝，2006）。依据整理后的数据，对本章研究中用来描述中国省域层次上的 R&D 投入与产出之间进行相关分析，发现它们之间的 Pearson 相关系数都在 0.85 以上，因此我们断定，本章研究选择的 R&D 投入与产出之间存在较好的对应关系，满足 DEA 模型测度的基本要求，同时也证明本实例分析中的指标度量、时间延迟长度的有效性。

5.3.5　模型构建

创新模式从传统的线性模式（Linear model）到非线性的链式模型（Chain-linked model）（Rothwell，1994a，b；Kline and Rosenberg，1986），再到充分考虑创新要素之间交互作用的系统模型（Systematic model）（Edquist，1997）的发展。创新模式演化过程也是人类逐步认识创新过程以及决定因素的过程，该演化过程传递的一个关键信息是，创新过程不是线性的，而是各种创新要素交互作用的非线性结果。即使在微观企业 R&D 实验室层次上，Brown and Svenson（1988）也表明 R&D 投入、R&D 过程、R&D 产出、R&D 成果以及反馈机制相互之间的复杂联系。因此，基于知识生产函数前沿模型①不适合描述区域层次上的 R&D 生产过程，并且是面向的是"平均实践（Average practice）"，即平均前沿，从平均角度指导 R&D 政策发展和实施；而生产前沿模型面向的是"最优实践（Best or efficient practice）"，即最优前沿，从最优角度指导 R&D 政策发展和实施。可见，基于 Farrell（1957）发展起来的一个参数方法（基于固定函数形式的估计）和一个非参数方法（基于一个分段线性凸边界的计算）有着本质的区别，但基于"最优实践"标杆分析更加符合 R&D 的实践管理。此外，从模型的估计（计算）上，基于参数形式的生产函数的实践应用的有效性还要受多产出、自变量之间的多重共线性等因素影响（Bonaccorsi and Daraio，2003）。就本实例来说，由于本章研究 R&D 产出共有五个观测值，而各观测值之间价格或者权重信息较难确定，因此很难通过加权集结为一个因变量来适应生产函数的形式要求；同时，初步分析实例数

---

　　① 通常是基于 Cobb-Dauglass 生产函数对数转化以及更加灵活的超越对数生产函数。为获得效率估计时，常用修正的最小二乘法（COLS）和 SFA（Coelli and Perleman，1999）。其中，相对 COLS，SFA 考虑随机因素。

据表明 R&D 投入的两个变量之间存在显著的相关性，此时再用生产函数模型，回归估计结果将失去科学性。因此，本章研究从最优化角度出发，基于用 DEA 技术来构建最优前沿面，估计各省际区域 R&D 活动相对最优前沿面的绩效表现。此时的效率估计满足帕累托最优（Pareto Optimality），即 R&D 效率最佳的充分必要条件是：①除非增加一种或一种以上的创新要素投入，或减少其他种类的产出，否则不能再增加任何产出；②要减少某种投入，必定会减少产出或追加另一些投入才能保持产出不变（唐清泉等，2009）。

自从 Charnes 等（1978）构建了固定规模报酬下径向且定向的 DEA 模型，即 CCR 模型，来度量具有多输入多输出的同类型部门之间相对技术效率（technical efficiency）。因 CCR 模型存在诸多不足，此后 30 年经过了多次完善。Banker et al.（1984）构建了可变规模报酬下 DEA 模型，即 BCC 模型，来考虑规模报酬的影响，但仍是径向且定向的测度，无法考虑全部的非有效（Pastor et al.，1999；Cooper et al.，2007a）。虽然 Chambers et al.（1996）提出了非径向—非定向距离函数，但还是无法考虑所有非有效（Cooper et al.，2007a）。本章研究为了全面考虑非有效，且便于计算，采用非经向且非定向的 SBM 模型（Tone，2001）作为基本效率测度模型。

若有 n 个地区参与测评，x_{ij}，$(i = 1, 2, \cdots, m)$ 和 $y_{rj}(r = 1, 2, \cdots, s)$ 分别表示第 $j(j = 1, 2, \cdots, n)$ 个地区的研发投入指标和产出指标的观测值。当第"o"个地区被评估时，若其观测值组合为 (x_o, y_o)，用 $D(x_o, y_o)$ 表示该地区在前沿生产技术"$D(\ )$"下的效率值。可见，$D^a(x_o^b, y_o^b)$ 表示第 b 期时被测评地区观测值相对于第 a 期前沿生产技术的效率值。若 a 和 b 分别为 t 和 $t+1$，可组成的四种效率组合，即 $D^t(x_o^t, y_o^t)$、$D^t(x_o^{t+1}, y_o^{t+1})$、$D^{t+1}(x_o^t, y_o^t)$ 和 $D^{t+1}(x_o^{t+1}, y_o^{t+1})$。

（1）R&D 纯技术效率变化（RDPTECH）

技术效率反映了组织的做中学（learning by doing）、技术组织扩散以及管理实践的改善（Nishimizu and Page，1982），它是指在技术的稳定使用过程中，技术的生产效能所发挥的程度。技术效率越高，说明技术生产的效能越好。由于它的水平依赖组织制度完善，尤其是有关组织的技术引进、消化和吸收等制度，因此技术效率变化体现了组织的技术政策和制度所发挥效能的改善、停滞或退步。固定规模报酬下求得的效率 $D_c^a(x_o^b, y_o^b)$（下脚标"c"表示固定规模报酬）体现的是综合的技术效率，它不但受组织的技术政策和制度的影响，同时还受规模报酬的影响；而可变规模报酬效率 $D_v^a(x_o^b, y_o^b)$（下脚标"v"表示可变规模报酬）考虑了规模报酬影响，因此它主要体现了技术政策和制度等纯技术效率因素的影响。基于 Ray and Desli（1997）的 RD 模型，本章研究用下列公式度量从 t 期到 $t+1$ 期的纯技术效率变化。

$$\text{RDPTECH} = D_v^{t+1}(x_o^{t+1}, y_o^{t+1}) / D_v^t(x_o^t, y_o^t) \tag{5.11}$$

（2） R&D 技术变化（RDTCH）

"生产前沿"代表每一个投入水平可获得的最大产出，因此它反映了被测组织的当前技术（technology）现状 Coelli et al.，2005）。从测量角度分析，能够有效体现生产技术变化的途径是生产前沿面的移动（Nishimizu and Page，1982）。由于不同前沿面体现了不同的生产技术，因此用 t 期和 $t+1$ 期的观测值（x_o^t，y_o^t）和（x_o^{t+1}，y_o^{t+1}）分别在前沿技术 $D_v^t(\ )$ 和 $D_v^{t+1}(\ )$ 下的效率比值的几何平均数（Ray and Desli，1997）来度量被考查地区 R&D 技术变化（RDTCH），即

$$\text{RDTCH} = \left[\frac{D_v^t(x_o^{t+1},\ y_o^{t+1})}{D_v^{t+1}(x_o^{t+1},\ y_o^{t+1})} \cdot \frac{D_v^t(x_o^t,\ y_o^t)}{D_v^{t+1}(x_o^t,\ y_o^t)} \right]^{1/2} 。 \tag{5.12}$$

技术效率变化体现了组织短期的创新潜力，而技术进步体现了组织长期的创新能力。正如 Nishimizu and Page（1982）所认为的那样，技术效率和技术进步具有显著不同的政策涵义。一方面，技术效率的"追赶效应"导致了实际产出的增长（即向生产边界移动）；另一方面，技术进步所引起的增长效应不仅意味着短期产出水平的提高，而且带来了经济增长的可持续性。这两者的根本差别是，追赶效应会随着时间的流逝而消失，增长效应不但不会消失，反而会维持或增大。

（3） R&D 规模效应变化（RDSECH）

$D_c^a(x_o^b,\ y_o^b)$ 是在假设固定规模报酬下的效率估计，包含了规模无效因素，若有效，也是满足规模有效下的"全局性（global）"技术效率有效；而 $D_v^a(x_o^b,\ y_o^b)$ 是在假设可变规模报酬下的效率估计，剔除了规模无效因素，若有效，仅是"局部性（Local）"纯技术效率有效，因此 $D_c^a(x_o^b,\ y_o^b) \leqslant D_v^a(x_o^b,\ y_o^b)$。既然规模无效引起二者之间估计结果的差异，不难理解，两种效率的比 $D_c^a(x_o^b,\ y_o^b)/D_v^a(x_o^b,\ y_o^b)$ 可用来衡量被考查地区的规模有效程度（Byrnes et al.，1984）。比值小于 1 时，说明被考查地区的规模尺寸不当，即处于规模无效状态；当比值为"1"，则表明被考查地区处于最优生产规模状态，即 Banker 命名的 MPSS 状态（Banker，1984）。若分别以前后两期的生产前沿技术为基期生产技术，可获得两个相对规模效应变化指数：

$$\text{RDSECH}^t = \frac{D_c^t(x_o^{t+1},\ y_o^{t+1})/D_v^t(x_o^{t+1},\ y_o^{t+1})}{D_c^t(x_o^t,\ y_o^t)/D_v^t(x_o^t,\ y_o^t)}$$

和 $$\text{RDSECH}^{t+1} = \frac{D_c^{t+1}(x_o^{t+1},\ y_o^{t+1})/D_v^{t+1}(x_o^{t+1},\ y_o^{t+1})}{D_c^{t+1}(x_o^t,\ y_o^t)/D_v^{t+1}(x_o^t,\ y_o^t)} 。$$

则，综合体现规模效应变化指数测度为二者几何平均数（Ray 和 Desli，1997）：

$$\text{RDSECH} = \left[\text{RDSECH}^t \cdot \text{RDSECH}^{t+1} \right]^{1/2} 。 \tag{5.13}$$

该规模效率变化指数体现了被考查地区 $t+1$ 期相对于 t 期的规模效应的综合变化程度，分 =1、>1 和 <1 三种情况。若 =1，则表示规模报酬状态没变；若 <1，表示规模报

酬状态恶化,即若原来规模报酬递增,目前递增速度减缓了;若>1,表示规模报酬状态改良,即若原来规模报酬递增,目前递增速度增加了。此外,需要说明的是,相对于 Färe et al. (1994) 的 FGNZ 模型从绝对变化角度度量规模效应变化,Ray and Desli (1997) 的 RD 模型从相对角度度量规模效率更加符合费雪指数 (Fisher index) 的灵魂。

(4) R&D 全要素生产率变化(RDTFPCH)

根据 Ray and Desli (1997) 的 RD 模型,各地区 R&D 全要素生产率变化(RDTFPCH)可有 RDPTECH、RDTCH 和 RDSECH 乘积值度量,即 RDTFPCH 可分解成 RDPTECH、RDTCH 和 RDSECH 三个因子的乘积:

$$\text{RDTFPCH} = \text{RDPECH} \times \text{RDTCH} \times \text{RDSCH}。 \tag{5.14}$$

该综合指数和其分解成的三个分指数的基本性质:①值越大表示绩效趋向改善的速度越来越大。②值若小于 1,则表示当前该指数绩效相对前期恶化(退步);若等于 1 表示该指数绩效没改善,处于停滞状态;若大于 1 表示该指数绩效改善(增长)。③针对某指数测量多个测评对象的平均变化或者测量单个测评对象的多期平均时,要用几何平均法(Färe et al., 1994)。

5.3.6 实证分析

(1) R&D 投入相对规模水平分析

为综合 R&D 经费和人员(全时当量)来度量各地区 R&D 投入(RDI)的相对规模水平,我们利用观测期(2000～2003 年)的观测数据构造如下各省际区域(不包括西藏)RDI 水平测度公式:

$$\text{RDI} = \frac{1}{2}\left(\frac{\text{该地区在观测期间的 R\&D 经费总投入}}{\text{MAX(被考查的所有在观测期间的 R\&D 经费总投入)}} + \frac{\text{该地区在观测期间的 R\&D 人员总投入}}{\text{MAX(被考查的所有在观测期间的 R\&D 人员总投入)}}\right) \tag{5.15}$$

显然,RDI 分布在(0,1]。当 RDI=1 时,说明该地区在 R&D 经费投入和人员投入水平都是最高的。计算参评的 30 个地区 RDI 的测量值,不难发现各省际区域 R&D 投入相对水平存在较大的差异,极差为 0.9927,标准差为 0.2408。更加细化的统计表明,排在前四名的北京、上海、广东和江苏几乎分摊了 50% 的 R&D 经费和 34% 的 R&D 人员;然而,位于后九位的新疆、青海、内蒙古、宁夏、甘肃、云南、贵州、广西、海南 9 个省分摊不到 4% 的 R&D 经费和 7% 的 R&D 人员。其中最大的北京(相对水平为 1)是最小的海南(相对水平为 0.00729)的 137 倍。为直观观察各地区在 2000～2003 年间 R&D 投入相对水平在空间分布特点,绘制了图 5-4。

显然,中国的 R&D 投入呈现出空间的聚集,主要投向北京和沿海各省,以及内陆

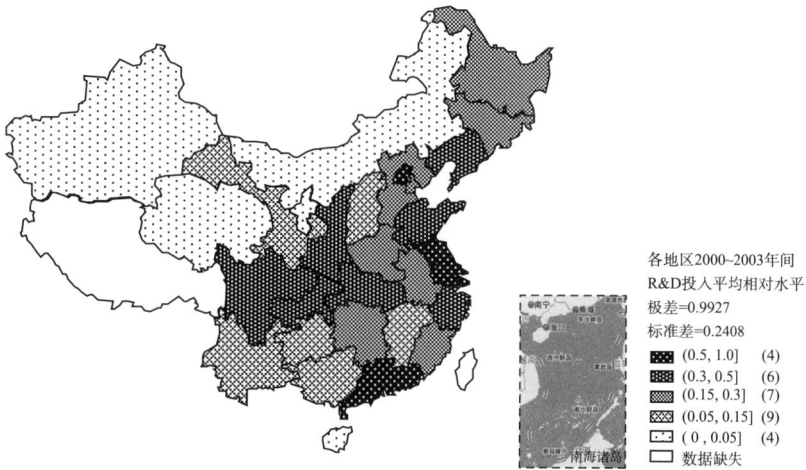

图 5-4　各地区在 2000 ~ 2003 年间 R&D 投入相对水平在空间分布

注：本图的空间分布不包括南海诸岛、钓鱼岛等中国领土（下同）

空间相连接的四省，四川、重庆、湖北和陕西。这些省域一个显著的特点是创新基础和环境具有较大的优势，中国重点研究型高校和科研院所几乎集中在这些省域。此外，这些省域具有较好的经济基础，如中国三大活跃的经济区（以北京为主的环渤海地区、以上海为主的长江三角洲以及以广东为主的珠江三角洲）也集中于此。此外考虑到 R&D 规模效应，因此我们假设，这些省域在生产前沿绩效上相对其他省域应具有优势。这下述实证研究将证明该假设是否正确。

（2）各地区 R&D 技术效率趋势、差异与分布特征

从连续四年（2000 ~ 2003）的平均（算术平均）水平上来看 [见图 5-5（左）]，中国省际区域的 R&D 活动的三个横截面效率指标 [纯技术效率（RDPTE）、技术效率（RDTE）和规模效率（RDSE）] 结果都令人满意，各效率指数的平均值都在 0.7 以上。从连续四年的变化趋势看，三个效率基本都是先陡然下滑然后慢慢略有抬头趋势。这一变化趋势点同李婧等（2008）和史修松等（2009）的结论相一致，但平均效率值比他们的计算都要大。造成这种结果的原因是本章研究考虑了更全面的 R&D 产出成果。这一点从测度框架提醒我们，要有效且全面度量 R&D 产出，使之与初始的 R&D 投入相对应，否则会低估 R&D 效率。

从各省际区域之间 R&D 效率差异（标准差）看 [图 5-5（右）]，三个效率都表现出令人担忧的结果。从连续四年（2000 ~ 2003）的变化趋势看，各省域三个效率的计算值标准差基本都是先急剧上升，然后虽有平缓下来，但仍是保持的增大的趋势。具体每个效率来说，省域之间 R&D 技术效率（RDTE）差异最大，R&D 规模效率（RDSE）差异最小。由于 R&D 纯技术效率（RDPTE）是由 RDTE 和 RDSE 乘积算的，

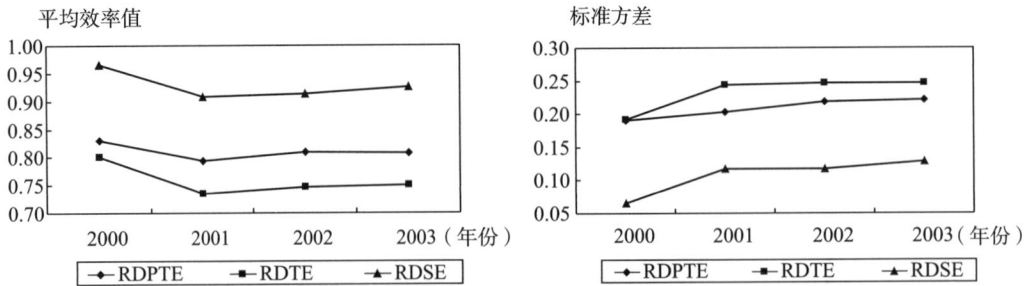

图 5-5　各地区在 2000~2003 年间 R&D 纯技术效率（RDPTE）、R&D 技术效率（RDTE）
和 R&D 规模效率（RDSE）的平均值（左）及标准差（右）的变化

因此，它的差异曲线位于二者之间。

由于各地区之间存在较大规模差异，为了获得技术效率的可比性，我们剔除规模效应的影响，即集中分析可变规模报酬下各省域 R&D 纯技术效率。据此绘制各省域 R&D 纯技术效率空间分布图（图 5-6）。

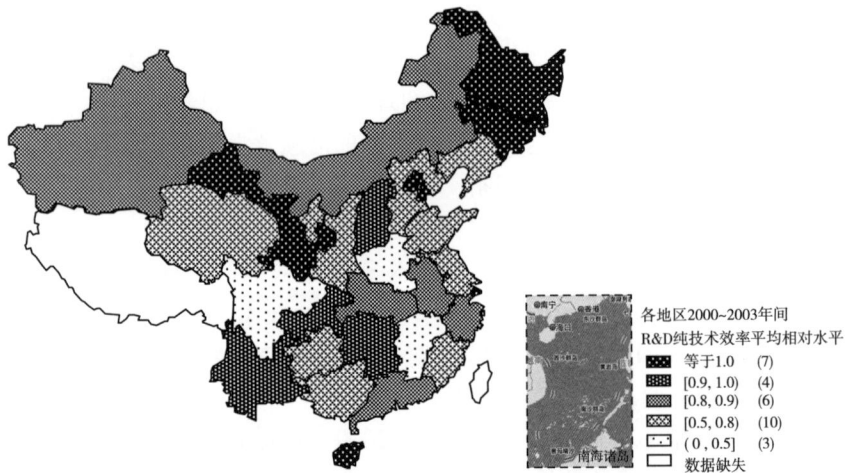

图 5-6　各地区在 2000~2003 年间 R&D 纯技术效率相对水平在空间分布

与各省域 R&D 投入平均相对水平分布图（图 5-4）相比，各省域在 2000~2003 年间 R&D 纯技术效率相对水平空间分布相对分散。基于四年离散数据组成的数据集合，计算各省域 R&D 投入相对平均水平与 R&D 纯技术效率相对水平之间的 Person 相关系数为 -0.011（秩相关系数 Kendall's tau_b 和 Spearman's rho 分别为 -0.019 和 -0.049）。显然，省域 R&D 投入相对平均水平与 R&D 纯技术效率相对水平之间并不存在必然的关联。这一省域 R&D 规模并没有显著影响 R&D 投入效率的高低统计结果表明，规模越大越有利于创新的"熊彼特假设"没有获得支持。这一结论与唐清泉等（2009）分析中国大中型企业创新活动的结论一致。此外，多个在创新基础环境和条件具有优势的省域，如江苏、浙江以及广州，这些在 R&D 投入水平上占绝对优势的省域却取得了较差的 R&D 纯技术水平。例如江苏以第 5 位的 R&D 投入平均水平在参评的 30 省域仅取得了第 25 的名次。令人诧异的是，一些创新基础环境和条件较差的省份，如甘肃、黑龙江、吉林、海南，却取得了较好的 R&D 技术效率。这些不符合市场运营规律的结果暗示我们上述假设并不成立。如果探究原因，首先与中国在软性环境（software）和硬性条件（hardware）之间不平衡导致硬性条件无法充分利用有着密切的联系（见 OECD and MOST，2007，p49）；此外，这些违背经济规律的结论与中国计划式的创新政策与市场规律偏离较远造成无效有关（见 OECD and MOST，2007，p16）。这些发现说明，中国在加强建设"建设型国家"的同时，迫切需要推进以市场为导向的创新机制。当然，部分省域的 R&D 投入水平和纯技术效率不匹配是有历史原因的，值得引起今天科技政策制定者的注意。如因战略原因，四川和陕西两个省份继承了冷战（Cold War）时期大量 R&D 设施，相对东部优越的创新环境来讲，这些 R&D 设施因缺乏有效的创新环境支持转化率较低。

（3）各地区 R&D 全要素生产率变化及三个分解指数趋势、差异与分布特征

从各地区四个变化指数的平均（几何平均）水平来看［图 5-7（左）］，四个指数在 2000～2003 年间三个相邻过渡期（2001/2000、2002/2001、2003/2002）的变化趋势呈现出显著的正向"V"形，即先陡然下降然后上升，特别是各省域 R&D 的整体全要素生产率变化（RDPCH）曲线。这一结果表明中国省域 R&D 效率的动态变化并没有呈现逐年改善的趋势，而是表现出显著的波动。特别是 2002 年相对 2001 年（即 2002/2001），除 R&D 技术变化（RDCH）指数外，其他三个指数计算值小于"1"，即处于退化趋势。在 2003/2002 过渡期，三个分解指数的计算值都大于"1"，通过它们乘积得到的综合 R&D 全要素生产率变化值理所当然取得了更大计算值，这也是其测度值上升最快的原因。

如果从时间趋势上观察各地区在四个变化指数计算值上的差异（标准差）［图 5-7（右）］，除 R&D 纯技术效率变化（RDPTECH）趋势曲线呈现出显著的上升趋势，其他三个指数曲线都是先下滑然后再趋缓上升。其中 R&D 全要素生产率变化（RDTFPCH）上升速度最明显，呈现出一个标准的正向"V"字形。结合上述各省域 R&D 三种效率差异逐渐增加的统计结果（图 5-5），不难得出，如果不采取有效措施，今后中国各省域 R&D 生产绩效差异不但要扩大，扩大的速度也将会更大。如何缩短地区之间的差距？如何减缓这种差距扩大的速度？这两个问题是今后科技政策制定所努力的方法。这不但需要努力实现创新模式从"计划导向"向"市场导向"的转变，同时要强化政

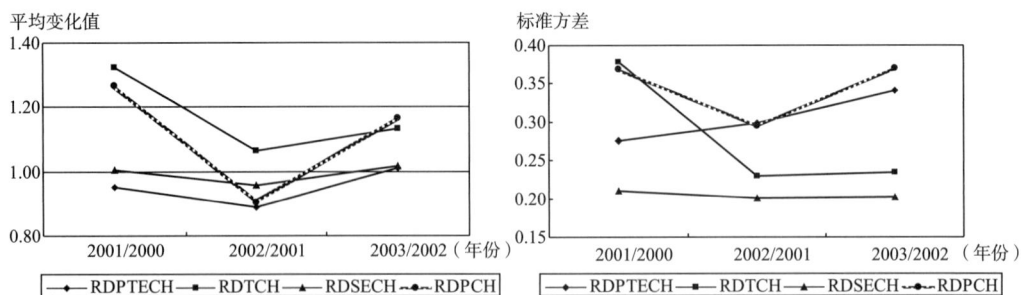

图 5-7　各地区在 2000～2003 年间 R&D 纯技术效率变化（RDPTECH）、
R&D 技术变化（RDTCH）、R&D 规模效率变化（RDSECH）和
R&D 全要素生产率变化（RDTFPCH）的平均值（左）及标准差（右）的变化

府在调整 R&D 投入和改善创新环境的调控和支持作用。

再看图 5-7（右），三个分指数曲线中，仅有 R&D 技术变化曲线一直位于"平均变化值＝1"的曲线上方，即 R&D 技术在 2000～2003 年间一直在改进，且位于 R&D 纯技术效率变化曲线和 R&D 规模效率变化曲线的上方，可见，由三者乘积方式决定的 R&D 全要素生产率变化曲线位置主要由其决定。如果从 2000～2003 年平均增长分析，R&D 全要素生产率的值为 1.101，即获得了 10.1％的增长；而三个子指数 R&D 纯技术效率变化、R&D 技术变化和 R&D 规模效率变化值分别为 0.949、1.169 和 0.993，可见 R&D 纯技术效率变化和 R&D 规模效率变化在 2000～2003 年整体都处于退化，而 R&D 技术变化却获得了 16.9％的高增长率。因此，在省域整体来看，R&D 全要素生产率增长主要因为 R&D 技术的进步。

从图 5-8 所示的各省域在 2000～2003 年间 R&D 全要素生产率变动相对水平在空间分布分析，不难发现，全要素生产率增长较快的几个省域多数位于中西部，特别是四川和重庆，增长率达到了 30％以上。然而，北京、上海、江苏和广州等重点 R&D 投资省域，虽然在创新环境和条件具有绝对的优势，但 R&D 全要素生产率的改善程度却远远落后其他省域。这一比较结果说明，中国省域创新环境对创新绩效并没表现出促进作用，背后可能原因仍是中国计划式 R&D 活动较多，受市场成分支配较少，较多省域的创新环境没有发挥应有的促进作用。

5.3.7　结论与政策建议

本章研究用非径向—非定向的 SBM 模型来计算 RD-Malmquist 指数，利用中国 30 个省域的面板数据，实证分析了中国 R&D 生产效率与全要素生产率的变化及分解。

在测度模型上，我们基于 Malmquist 指数构建了分析 R&D 生产前沿绩效变化的指

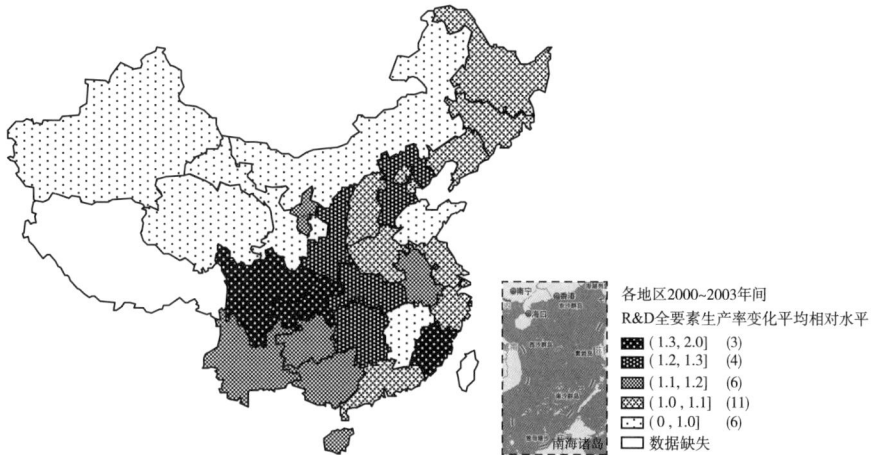

图 5-8　各地区在 2000～2003 年间 R&D 全要素生产率变动相对水平在空间分布

数。现有的研究过多地依赖传统的生产绩效测度模型来分析中国 R&D 生产前沿绩效，不但对 R&D 生产过程的没有全面的系统的描述，而且没有全面考虑 R&D 生产过程的无效性，致使获得的生产前沿绩效缺乏可信性。本章研究首先引入 RD-Malmquist 指数分析框架构建省域 R&D 生产前沿绩效变化的指数，以此获得更加有效的测量；然后，为有效考虑无效性，本章研究以引入 SBM 模型计算各指数。

在实证研究上，我们从平均水平出发，从 R&D 投入、R&D 纯技术效率、R&D 全要素生产率变化以及它的三个分解指数（纯技术效率变化、技术变化、规模效率变化）对中国研发活动生产前沿绩效的差异以及分布特征进行了全面的分析。我们发现，中国各省域在这些 R&D 绩效特征指标上的统一表现是突出的不平衡。R&D 投入和 R&D 全要素生产率变化表现出空间的聚集。

本章研究主要启示，中国在加强 R&D 活动中硬性设备建设的同时，也要平衡 R&D 软性条件的建设以提高 R&D 设备利用率；努力推进以企业为创新主体的创新型国家的建设，尽可能使 R&D 资源的配置遵循市场规律，从而提高其利用率；同时，要改善政府在 R&D 中的作用，因为它影响中国省域 R&D 效率的一个关键原因（李习保，2007）。

本章研究中模型构建和实证探讨并重，限于篇幅限制，本章研究的实证研究仅基于较短的研究期，虽然较多的结论与现有文献吻合，但将来的研究中需要通过扩大数据进一步验证。此外，在模型上，由于现有参数型模型的限制，因此本章研究选用灵活的非参数模型作为基本的测度模型。如果考虑省域创新系统的不确定性以及测量误差，文章中的参数模型再在确定下估计显然已不足描述创新系统 R&D 过程。在将来的研究中，我们认为可引入 Simar and Wilson（1998）的解靴带法（Bootstrap）来估计参数模型，以构建稳健性参数模型获得稳定的效率估计。

5.4 ERM–Malmquist 模型的构建及在中国理工科高校科学创新动态绩效测度中的应用

5.4.1 研究总结

有效的高校科研管理离不开对其动态绩效的把握。本章研究借助"曼奎斯特（Malmquist）指数"理论，在考虑规模效应的影响下，基于非径向—非定向的"改良的 Russell 测量模型（Enhanced Russell Measure，ERM）"，从绩效的动态性角度构建了纯技术效率变化、生产技术变化、规模效应变化、组织管理绩效变化以及综合效率变化等五个绩效指数，以从多角度来考查中国重点理工科高校科学创新的动态绩效，即绩效变动趋势和程度。以 12 所具有代表性的"985"工程重点建设的理工科高校为研究对象，基于两个考查期（2002～2003 年和 2004～2005 年）的科学创新投入产出数据展开实证分析。比较前后两期的分析结果发现，各理工高校的五个绩效指数的变动趋势几乎都发生了质的变化，从"衰退（状态值<1）"变为"增长（状态值>1）"；生产技术变化与综合效率变化之间存在稳定的显著相关关系；纯技术效率变化、规模效应变化和组织管理绩效变化等软性动态绩效指数与综合绩效变化之间相关关系增强。

5.4.2 研究背景及现状

科技创新的日益重要性必然要求有更加合理的政策与之伴随，对其引导和控制发展。因而对政策制定者来说，一个关键的行为是基于最佳实践（best-practice）的标杆（benchmarking）分析来度量科技创新绩效，并以此为依据制定和实施科技创新政策，进而改善其绩效（Moed et al.，2004）。高校作为科研论文、专利等科学与技术创新的主体之一，在"产学研"或者"产学研政"联合的国家创新系统中充当着关键的角色。因此，构建基于最佳实践的测度框架对评估和指导高校科技创新活动至关重要。

为有效考查和控制创新过程的质量，绩效的测度首先要面向过程，即要把投入和产出联合起来，而不能仅仅面向产出。如周静等（2005）指出："对一个事物的评价不仅要看它产出的量，或者说不能只看它的'效果'（effectiveness），同时还要看它的产出与其投入的相对关系，也就是要看它的'效率'（efficiency）"。对高校科技创新体系的评价也是一样，不仅要分析高校的论文产出情况、科技成果鉴定、专利申请、成果转化等——是从"效果"的角度进行评价；同时，还需要从"效率"的角度评价分析。目前，相关的研究（如，Ng and Li，2000；周静等，2005；陆根书和刘蕾，2006；孙世敏等，2007；Johnes，2008）已经取得了一定的进展；遗憾的是，现有的文献大都是基于传统的径向且定向数据包络分析（DEA）模型（包括 CCR 模型（Charnes et al.，1978）和 BCC 模型（Banker et al.，1984）），没有全面考虑影响生产过程的非有效（Cooper et al.，2007a）。此外，现有的文献主要集中于对高校科技创新活动横截面静态的前沿绩效的实证研究，较少涉及对其动态绩效（即前沿绩效的变化）分析框架的构建和实证分析，而动态绩效的测度可使政策制定者了解高校科技创新绩效变化行为，以便制定更具针对性的政策。本章的研究目的便是借助非径向—非定向的"改良的 Russell 测量模型（Enhanced Russell Measure，ERM）"来估计基于"曼奎斯特指数（Malmquist index）"理论构建的多角度测度考查高校科技创新活动的动态绩效指数，以完善高等教育的定量评估体系。为了使评估具有针对性并满足测评单元的同质性，本章的实证研究集中于对中国理工科高校科学创新活动的分析。

5.4.3　模型构建

针对公共部门的评估常常面临着测评指标价格信息缺乏以及不确定的投入产出关系等困难，Charnes et al.（1978）构建了固定规模报酬下 DEA 模型，即 CCR 模型，来度量具有多输入多输出的同类型部门之间相对技术效率（technical efficiency）。随后，Banker et al.（1984）构建了可变规模报酬下 DEA 模型，即 BCC 模型，来考虑规模报酬的影响。这两个传统的标准 DEA 模型都是径向且定向的测度，因此无法考虑全部的非有效（Pastor et al，1999；Cooper et al.，2007a）。虽然 Chambers et al.（1996）提出了同时基于投入和产出的非径向距离函数，但仍无法考虑所有非有效（Cooper et al.，2007a）。本章研究为了全面考虑非有效，且便于计算，采用"改良的 Russell 测量模型"（Pastor et al.，1999）作为基本效率测度模型。

若有 n 个高校参与测评，x_{ij}，$(i=1,2,\cdots,m)$ 和 $y_{rj}(r=1,2,\cdots,s)$ 分别表示第 $j(j=1,2,\cdots,n)$ 个高校的科学创新投入指标和产出指标的观测值。当第"o"个高校被评估时，若其观测值组合为 (x_o,y_o)，用 $D(x_o,y_o)$ 表示该高校在前沿生产技术"$D(\ )$"下的效率值。可见，$D^a(x_o^b,y_o^b)$ 表示第 b 期时被测评高校观测值相对于第 a 期前沿生产技术的效率值。若 a 和 b 分别为 t 和 $t+1$，可组成的四种效率组合，即 $D^t(x_o^t,y_o^t)$、$D^t(x_o^{t+1},y_o^{t+1})$、$D^{t+1}(x_o^t,y_o^t)$ 和 $D^{t+1}(x_o^{t+1},y_o^{t+1})$。它们是通过"改良的 Russell 测量模型"，即规划模型（5.16），来计算。

$$D^a(x_o^b, y_o^b) = \min_{\theta, \varphi, \lambda} \left(\frac{1}{m} \sum_{i=1}^{m} \theta_i \right) \bigg/ \left(\frac{1}{s} \sum_{r=1}^{s} \varphi_r \right)$$

$$s.t. \quad \theta_i x_{io}^b \geqslant \sum_{j=1}^{n} \lambda_j x_{ij}^a, \; i = 1, 2, \cdots, m,$$

$$\varphi_r y_{ro}^b \leqslant \sum_{j=1}^{n} \lambda_j y_{rj}^a, \; r = 1, 2, \cdots, s, \tag{5.16}$$

$$\sum_{j=1}^{n} \lambda_j = 1,$$

$$0 \leqslant \theta_i \leqslant 1 (\forall i), \; \varphi_r \geqslant 1 (\forall r), \; \lambda_j \geqslant 0 (\forall j).$$

该规划最优解记为 $(D^a(x_o^b, y_o^b)^*, \theta_i^*, \varphi_r^*, \lambda_j^*)$。

当 $a = b$ 时，模型（5.16）用来测度同期效率，此时因同期参评单元的相对效率比较，并且测评单元的观察数据参与前沿面的构成，因此 $D^a(x_o^b, y_o^b)^* \leqslant 1$。为了增加区分度，当 $D^a(x_o^b, y_o^b) = 1$ 时结合 Andersen and Petersen（1993）的超效率思想，采用 ERM 超效率模型（5.17）（Tone, 2004）；当 $a \neq b$，模型（5.16）用来测度跨期效率，此时测评单元的观测值组合 (x_o^b, y_o^b) 不参与由比较期所有单元的观测数据组合 (x_j^a, y_j^a)（$j = 1, 2, \cdots, n$）构成前沿面。后者情况常会遇到非可行解（Tone, 2004），此时也需采用 ERM 超效率模型（5.17）。

$$D^a(x_o^b, y_o^b) = \min_{\theta, \varphi, \lambda} \left(\frac{1}{m} \sum_{i=1}^{m} \theta_i \right) \bigg/ \left(\frac{1}{s} \sum_{r=1}^{s} \varphi_r \right)$$

$$s.t. \quad \theta_i x_{io}^b \geqslant \sum_{j=1}^{n} \lambda_j x_{ij}^a, \; i = 1, 2, \cdots, m,$$

$$\varphi_r y_{ro}^b \leqslant \sum_{j=1}^{n} \lambda_j y_{rj}^a, \; r = 1, 2, \cdots, s, \tag{5.17}$$

$$\sum_{j=1}^{n} \lambda_j = 1,$$

$$\theta_i \geqslant 1 (\forall i), \; 0 \leqslant \varphi_r \leqslant 1 (\forall r), \; \lambda_j \geqslant 0 (\forall j).$$

5.4.3.1 高校的纯技术效率变化指数（PTECI）

技术效率反映了组织的做中学（learning by doing）、技术组织扩散以及管理实践的改善（Nishimizu and Page, 1982），它是指在技术的稳定使用过程中，技术的生产效能所发挥的程度。技术效率越高，说明技术生产的效能越好。由于它的水平依赖组织制度完善，尤其是有关组织的技术引进、消化和吸收等制度，因此技术效率变化体现了组织的技术政策和制度所发挥效能的改善、停滞或退步。固定规模报酬下求得的效率 $D_c^a(x_o^b, y_o^b)$（下脚标"c"表示固定规模报酬）体现的是综合的技术效率，它不但受组织的技术政策和制度的影响，同时还受规模报酬的影响；而可变规模报酬效率 $D_v^a(x_o^b,\ y_o^b)$（下脚标"v"表示可变规模报酬）考虑了规模报酬影响，因此它主要体现了技术政策和制度等纯技术效率因素的影响。基于 Ray and Desli（1997）的 RD 模型，本章研究用指数 APTECI $= D_v^{t+1}(x_o^{t+1},\ y_o^{t+1})/D_v^t(x_o^t,\ y_o^t)$ 度量从 t 期到 $t+1$ 期的纯技术效率变化。由于基于前后两个完全不同的参考前沿技术 $D_v^t(\ )$ 和 $D_v^{t+1}(\ )$，因此称该指数为"绝对（Absolute）纯技术效率变化指数"。作为补充，若同时基于同一个参考前沿技术 $D_v^t(\ )$ 或 $D_v^{t+1}(\ )$，又可得到两个体现"相对（Relative）纯技术效率变化指数"，即 RPTECI$^t = D_v^t(x_o^{t+1},\ y_o^{t+1})/D_v^t(x_o^t,\ y_o^t)$ 和 RPTECI$^{t+1}(v) = D_v^{t+1}(x_o^{t+1},\ y_o^{t+1})/D_v^{t+1}(x_o^t,\ y_o^t)$。这样，可以获得综合考虑前后两期纯技术效率变化指数（PTECI）的计算公式为：

$$\text{PTECI} = \left[\,\text{APTECI} \cdot \text{RPTECI}^{t+1} \cdot \text{RPTECI}^t\,\right]^{1/3}。 \tag{5.18}$$

若不考虑规模报酬，仅从模型构成上分析，CCD 模型仅仅体现的是相对生产变化（Caves 等，1982）。可见，本章研究的技术效率指数的构建综合了 RD 模型和 CCD 模型的思想。

5.4.3.2　高校的技术变化指数（TCI）

同其他传统生产组织一样，生产技术（水平）变化也是高校这类创新生产组织最为关心的绩效指标，它体现了决定高校科技创新生产的关键硬性条件（如，科研人员的素质和科研设备的水平）的改善、停滞或者恶化的趋势。从测量角度分析，能够有效体现生产技术变化的途径是组织生产前沿面的移动（Nishimizu and Page，1982）。由于不同前沿面体现了不同的生产技术，因此用 t 期和 $t+1$ 期的观测值 (x_o^t, y_o^t) 和 (x_o^{t+1}, y_o^{t+1}) 分别在前沿技术 $D_v^t(\ )$ 和 $D_v^{t+1}(\ )$ 下的效率比值的几何平均数来度量被测评高校的技术效率变化指数（TCI），即

$$\text{TCI} = \left[\frac{D_v^t(x_o^{t+1},\ y_o^{t+1})}{D_v^{t+1}(x_o^{t+1},\ y_o^{t+1})} \cdot \frac{D_v^t(x_o^t,\ y_o^t)}{D_v^{t+1}(x_o^t,\ y_o^t)}\right]^{1/2}。 \tag{5.19}$$

从构成分析，该指数与 Ray and Desli（1997）的 RD 模型中的技术变化因子相同；不同的是，此处 TCI 的估计是用可变规模报酬下的非径向—非定向 ERM 模型。

技术效率变化体现了组织短期的创新潜力，而技术进步体现了组织长期的创新能力。正如 Nishimizu and Page（1982）所认为的那样，技术效率和技术进步具有显著不同的政策涵义。一方面，技术效率的"追赶效应"导致了实际产出的增长（即向生产边界移动）；另一方面，技术进步所引起的增长效应不仅意味着短期产出水平的提高，而且带来了经济增长的可持续性。这两者的根本差别是，追赶效应会随着时间的流逝而消失；增长效应不但不会消失，反而会维持或增大。

5.4.3.3 高校的规模效应变化指数（SECI）

$D_c^a(x_o^b, y_o^b)$ 是在假设固定规模报酬下的效率估计，包含了规模无效因素，若有效，也是满足规模有效下的"全局性（global）"技术效率有效；而 $D_v^a(x_o^b, y_o^b)$ 是在假设可变规模报酬下的效率估计，剔除了规模无效因素，若有效，仅是"局部性（Local）"纯技术效率有效，因此 $D_c^a(x_o^b, y_o^b) \leqslant D_v^a(x_o^b, y_o^b)$。既然规模无效引起二者之间估计结果的差异，不难理解，两种效率的比 $D_c^a(x_o^b, y_o^b)/D_v^a(x_o^b, y_o^b)$ 可用来衡量被测评高校的规模有效程度（Byrnes 等，1984）。比值小于 1 时，说明被测评高校的规模尺寸不当，即处于规模无效状态；当比值为"1"，则表明被测评高校处于最优生产规模状态，即 Banker 命名的 MPSS 状态（Banker，1984）。

本章研究用指数 $\mathrm{ASECI} = \dfrac{D_c^{t+1}(x_o^{t+1}, y_o^{t+1})/D_v^{t+1}(x_o^{t+1}, y_o^{t+1})}{D_c^t(x_o^t, y_o^t)/D_v^t(x_o^t, y_o^t)}$ 来测度从 t 期到 $t+1$ 期被测评高校的规模效率变化。由于该指数是相对不同的比较生产前沿技术，因此称为"绝对规模效应变化指数"。若分别以前后两期（t 期和 $t+1$ 期）的生产前沿技术为基期前沿技术，又可获得两个相对规模效应变化指数 $\mathrm{RSECI}^t = \dfrac{D_c^t(x_o^{t+1}, y_o^{t+1})/D_v^t(x_o^{t+1}, y_o^{t+1})}{D_c^t(x_o^t, y_o^t)/D_v^t(x_o^t, y_o^t)}$

和 $\mathrm{RSECI}^{t+1} = \dfrac{D_c^{t+1}(x_o^{t+1}, y_o^{t+1})/D_v^{t+1}(x_o^{t+1}, y_o^{t+1})}{D_c^{t+1}(x_o^t, y_o^t)/D_v^{t+1}(x_o^t, y_o^t)}$。则，综合体现规模效应变化指数测度公式为

$$\mathrm{SECI} = [\mathrm{ASECI} \cdot \mathrm{RSECI}^t \cdot \mathrm{RSECI}^{t+1}]^{1/3}。 \tag{5.20}$$

该规模效率变化指数体现了被测评高校 $t+1$ 期相对于 t 期的规模效应的综合变化程度，分 =1、>1 和 <1 三种情况。若 =1，则表示规模报酬状态没变；若 <1，表示规模报酬状态恶化，即若原来规模报酬递增，目前递增速度减缓了；若 >1，表示规模报酬状态改良，即若原来规模报酬递增，目前递增速度增加了。此外，需要说明的是，Ray and Desli（1997）的 RD 模型的规模效率指数仅用 RSECI^t 和 RSECI^{t+1} 的几何平均数去度量规模效应变化，而 Färe et al.（1994）的 FGNZ 模型仅用体现相对变化的 ASECI 度量规模效应变化。

5.4.3.4 高校的组织管理绩效变化指数（OMPCI）

随着高校规模的不断扩大，高校科技创新行为的运作过程愈加复杂。资源和技术的充足并不意味着可取得较好的成果，其效益还要受组织管理（包括非制度和政策性的软性管理手段和措施，以及制度性和政策性的硬性管理措施和手段）绩效的影响。前述的技术效率变化指数是用来体现制度性和政策性的硬性管理措施和手段的改善或创新，本节用组织管理绩效变化指数来体现测评高校非制度和政策性的软性管理手段

和措施的改善或创新。

组织管理原本就是软资源的投入，是整个生产过程中的连续投入，目前还没有非常有效的方法去测度它的绩效，而软性的非制度和政策性的管理手段及措施的绩效更加难以衡量。Ggifell-tatjé and Lovell（1997）曾给出仅基于 t 期前沿的 Malmquist 指数，分解成技术效率变化（TEC）、技术变化（TC）以及技术变化的背离率［又称为技术适应度（TA）］。他们用 TEC 衡量跨期管理绩效水平，用 TA 来判断管理绩效是否适应技术改变的方向。他们认为，引起 TC 是外因和内因的复杂作用，因此 TC 不能参与管理绩效的评估。Chen and Ali（2004）基于 FGNZ 分解因子（Färe et al.，1994）进行了深层分析，揭示了获得判断战略管理方向以及优劣的途径。随后 Liu and Wang（2007）也进行了类似的工作，但仍没有给出定量地衡量组织管理创新绩效变化程度的指标，都是定性的判断。

由于组织管理创新绩效是隐含在生产过程中的，因此不可能直接度量，只能间接度量。考虑到组织管理创新绩效最为直接的体现是资源配置效率和要素的拥挤程度，而又根据松弛和拥挤的关系（Cooper et al.，2001），非零松弛越大，要素拥挤程度就越大，资源的配置效率就越低，被评价的高校的管理效率就越低，因此可以从松弛的条件入手考虑组织管理创新指数的构成。可以用

$$\mathrm{IS} = \left(\sum_{i=1}^{m} (s_{io}^{-})^{b} / (x_{io})^{b} \right)^{a} \Big/ m \ \text{和}\ \mathrm{OS} = \left(\sum_{r=1}^{s} (s_{ro}^{+})^{b} / (y_{ro})^{b} \right)^{a} \Big/ s$$

（s_{io}^{-} 和 s_{ro}^{+} 分别表示被测评高校在第 i 个投入过程和第 s_{ro}^{+} 个产出不足）分别从投入和产出两个角度综合表示在 a 期生产前沿技术下，被测评高校在组织管理绩效的有效程度。当然，松弛的产生还和系统的技术有着直接的关系。可以说，一个系统的松弛状况是由系统技术和组织管理有效程度同时决定的（其中包括组织管理对市场变化适应度），而资源配置率（包括人力资源和科研教学设备）引起的松弛状态状况与组织管理的有效程度有直接的关系。IS 和 OS 越小，表示组织管理状态越有效，同时它们都不大于 1，因此可以用（1 − IS）/（1 + OS）表示被测评高校内组织管理效率的有效程度。根据 ERM 模型，它与 $D_v^a(x_o^b, y_o^b)$ 等价（Pastor et al.，1999），因此，可直接基于模型（5.16）和（5.17）来估计组织管理效率的有效程度。由于不同前沿技术体现了同的生产技术，为了避开技术的影响，这里只用基于同期的效率比即 $D_v^{t+1}(x_o^{t+1}, y_o^{t+1})/D_v^{t+1}(x_o^t, y_o^t)$ 和 $D_v^t(x_o^{t+1}, y_o^{t+1})/D_v^t(x_o^t, y_o^t)$ 来反映被测评高校的组织管理绩效变化。这样，可以用

$$\mathrm{OMPCI} = \left[\frac{D_v^t(x_o^{t+1}, y_o^{t+1})}{D_v^t(x_o^t, y_o^t)} \cdot \frac{D_v^{t+1}(x_o^{t+1}, y_o^{t+1})}{D_v^{t+1}(x_o^t, y_o^t)} \right]^{1/2} \tag{5.21}$$

来综合体现被测评高校组织从 t 期到 $t+1$ 期间组织管理绩效变化（OMPCI）水平。

5.4.3.5 高校的综合效率改变指数（CECI）

不难发现，在计算式的构成上，PTECI 和 OMPCI 有着密切的联系 PTECI 是 APTECI、$RPTECI^{t+1}$ 和 $RPTECI^t$ 三者的几何平均数，而 OMPCI 是 $RPTECI^{t+1}$ 和 $RPTECI^t$ 两者的几何平均数，因此 PTECI 和 OMPCI 测量存在严重的信息重叠[①]。即使在实践管理中，二者所体现的现实决策中制度与政策性的硬性管理和非制度与政策性的软性管理也很难区分，更难独立执行。已有的研究中，Nishimizu and Page（1982）把管理实践归结到技术效率的变化因素，而 Ggifell-tatjé and Lovell（1997）用技术效率变化衡量跨期管理绩效水平也有其合理之处，因为在复杂组织中，制度性和政策性管理才是管理手段的主体，是技术创新和充分发挥其作用的基本保障。基于此，本章研究用几何平均数方法综合纯技术效率变化、技术（水平）变化以及规模效应变化等三个动态绩效指数来考查被测评高校的综合动态效率变化（CECI）[②]，即

$$CECI = [PTECI \cdot TCI \cdot SECI]^{1/3}。 \tag{5.22}$$

上述构建的五个指数的基本性质：值越大表示绩效趋向改善的速度越来越大；值若小于1，则表示当前该指数绩效相对前期恶化（退步）；若等于1表示该指数绩效没改善，处于停滞状态；若大于1表示该指数绩效改善（增长）；针对某指数测量多个测评对象的平均变化或者测量单个测评对象的多期平均时，要用几何平均法（见 Färe et al.，1994，Guan and Chen，2010b）。

5.4.4 实证分析

高校的创新生产活动并不是简单的线性生产，如何使学校服务部门（如，后勤集团和图书馆）、行政管理机构（如，人事处、教务处、财务处、组织部和宣传部）以及各院系和科研机构等协调运作，服务于学校的科技创新生产是一个较为复杂的系统工程。限于数据的可得性，本章研究选择中国 12 所"985"工程重点建设的理工科高校为样本进行测度分析。其中包括中国科学技术大学（USTC）、北京航空航天大学（BUAA）、同济大学（STJU）、哈尔滨工业大学（HIT）、天津大学（TJU）、大连理工大学（DUT）、北京理工大学（BIT）、西北工业大学（NWPT）、华南理工大学（SCUT）、东北大学（NEU）、中国海洋大学（OUC）和电子科技大学（UESTC）。而像

---

① 本章实证研究分析的结果（表5-7）表明二者之间的相关系数在 0.01 水平下双尾显著，数值达到了 0.9 以上。

② 由本章实证分析结果（表5-7）表明，三个绩效指数（PTECI、SECI 与 TCI）之间的相关性多数不显著，即相互独立，这表明本章研究集结三者的测量信息度量综合动态效率变化（CECI）的科学性。模型 FNGZ 和 RD 也基于此三个指数分解 Malmquist 指数（Lovell，2003）。

清华大学、浙江大学、上海交通大学以及西安交通大学等重点理工大学因医科或者农科等并入，属于综合性大学，为保持测评单元同质性，故未列入本例。

在科学创新投入上，指标因素较多。为了全面考虑各投入要素，本章研究从以下三个综合方面来度量参与测评理工科高校的科学创新投入。

学术资源：由硕博点数、国家重点学科数、国家重点实验室与国家工程（技术）研究中心数等三个可测量（或可统计）指标的得分按其权重加权而成。

教师资源：由专任教师中具有的博士学位的比例以及具有副高职称人数的比例、两院院士数、长江学者特聘教授人数以及师生比等五个可测量指标的得分按其权重加权而成。

物质资源：由科研经费总量、专任教师和科研结构人员人均科研经费、图书资源水平、生均图书量、数据库资源水平等五个可测量指标的得分按其权重加权而成。

在创新产出上，由于面向高校的科学创新活动，产出只包括学术成果。同时考虑到测评对象是理工科高校，因此最终只考虑各高校发表的 SCI（Science Citation Index）和 CSCD（Chinese Science Citation Database）等两类自然科学为主的科技学术论文数量得分，并按其权重加权集结成科学创新产出的测量值。

其中，每个可测指标的得分 $= \dfrac{\text{该指标的实际观测值或统计值}}{\text{MAX（12 个高校在该指标的实际观测值或统计值）}} \times 100$；面向投入的可测指标的权重采用等权重，即通过平均方法来获得三个科学创新投入指标的得分；测量产出的两类文章权重本章研究遵循周静等（2005）的做法确定，其中 SCI 权重取 0.8，CSCD 权重取 0.2[①]。

数据来源于《中国高等学校科技统计资料汇编》、各高校网站以及中国科学引文数据库（Chinese Sciences Citation Database）与美国科学信息研究所（ISI）的科学引文指数（Science Citation Index）数据库，并经过整理得到。此处考虑到 2001 年高校合并的影响，从 2002 年起选择两个样本期，即 2002~2003 年与 2004~2005 年作为考查期，以作比较分析。根据模型（5.16）~模型（5.17）与公式（5.18）~公式（5.22），计算得到的纯技术效率变化指数、规模变化指数、组织管理绩效变化指数、技术（水平）变化指数以及综合效率变化指数的值如表 5-6 所示。基于这五个变化指数值，12 所理工高校的科学创新绩效在两个考查期的变化和比较如图 5-9~图 5-14 所示。

---

① 经多次计算证明（前者分别取 0.6，0.7，0.9，后者对应取 0.4，0.3，0.1），两类文章之间相对权重的大小对最终效率估计结果影响甚微，其中一个关键的原因是两类文章的发表数量存在显著的相关性（基于本章研究的统计数据集合）。

表5-6 被考查高校的纯技术效率变化指数（PTECI）、规模报酬变化指数（SECI）、组织管理绩效变化指数（OMPCI）、技术变化指数（TCI）以及综合效率变化指数（CECI）等五个指标的测度值

大学	2002～2003					2004～2005				
	PTECI	SECI	OMPCI	TCI	CECI	PTECI	SECI	OMPCI	TCI	CECI
中国科学技术大学（USTC）	0.800	0.824	0.716	0.716		0.750	1.018	0.994	1.028	1.028	1.016
北京航空航天大学（BUAA）	0.782	1.073	0.552	0.351		0.593	1.104	1.205	1.269	1.518	1.324
同济大学（STJU）	1.420	0.731	0.847	0.213		0.509	0.857	1.093	0.983	1.508	1.175
哈尔滨工业大学（HIT）	0.944	0.711	0.641	0.313		0.522	1.453	1.169	1.569	1.258	1.322
天津大学（TJU）	0.832	0.929	0.613	0.400		0.611	1.182	1.025	1.237	1.145	1.132
大连理工大学（DUT）	0.920	0.750	0.688	0.418		0.600	1.207	0.998	1.265	1.151	1.132
北京理工大学（BIT）	1.095	0.948	0.740	0.309		0.601	1.254	1.087	1.442	1.519	1.335
西北工业大学（NWPT）	0.688	0.904	0.478	0.336		0.526	1.021	1.285	1.209	1.664	1.373
华南理工大学（SCUT）	0.645	1.528	0.465	0.374		0.643	0.657	1.543	0.798	1.791	1.302
东北大学（NEU）	0.755	0.893	0.508	0.305		0.517	0.613	0.849	0.686	1.398	0.934
中国海洋大学（OUC）	0.540	0.958	0.397	0.397		0.532	1.151	1.133	1.235	1.235	1.200
电子科技大学（UESTC）	0.436	0.864	0.288	0.288		0.415	1.257	1.083	1.409	1.409	1.291
均值（几何平均数）	0.786	0.907	0.556	0.353		0.563	1.034	1.110	1.148	1.368	1.204

从各高校平均（几何平均数）绩效（表5-6）来看，中国理工科高校的整体创新绩效取得了显著的改善，在2002～2003年间，所有创新指数的值都小于1，而在2004～2005年间，所有指标的值都大于1，图5-9直观描述了这种变化。若比较每一个高校的五个绩效指数的计算结果（表5-6），不难发现，在2002～2003年间，仅有同济大学与北京理工大学的纯技术效率变化指数（PTECI）和北京航空航天大学与华南理工大学的规模效应变化指数（SECI）等4个（仅占6.7%）计算值大于1，其余所有指数计算值都小于1，这意味着被测评高校的科学创新活动在2002～2003年间几乎都处于绩效恶化和后退状态。由于所有高校的三个关键子指数（纯技术效率变化指数（PTECI）、规模效应变化指数（SECI）、技术变化指数（TCI））的最多的只有一个大于1，因此，它们集结成的各高校的综合效率变化指数（CECI）的计算值都小于1也不难理解。而在2004～2005年间，各创新绩效指数绩效变现良好（图5-10～图5-14直观对比了五个指数在两个考查期变化），大多数（占83%）的指数计算值大于1，即处于改善和进步的状态。在综合效率变化指数（CECI）的计算值上，仅东北大学小于1，其他参评高校的综合效率绩效是增长的。直接比较而言，相对于前一个考查期(2002～2003)，所有高校的技术效率变化指数（TCI）、组织管理绩效变化指数（OMPCI）以及

综合效率变化指数（CECI）在后一个考查期（2004～2005）都有所改善（图 5-10，图 5-14 给出了直观描述）。其中，技术效率变化指数（TCI）变化最为明显（图 5-14 中两个曲线间的纵向距离可明显反映这一点），这与近年的国家创新发展政策是分不开

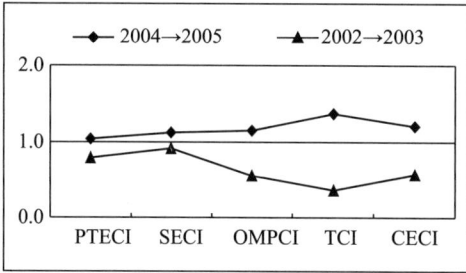

图 5-9　各创新指数平均绩效变化和比较

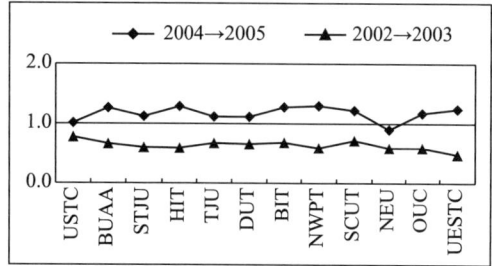

图 5-10　各学校基于综合效率指数（CECI）值变化和比较

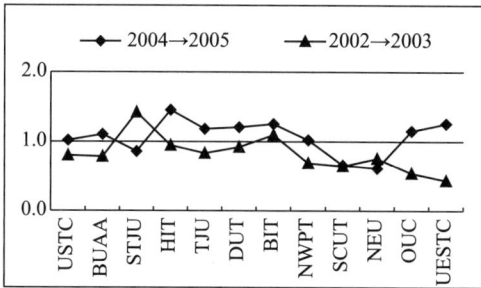

图 5-11　各学校基于纯技术效率变化指数（PTECI）值变化和比较

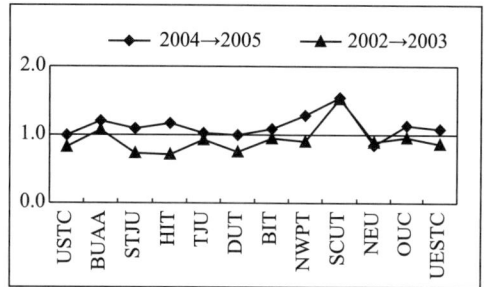

图 5-12　各学校基于规模效应变化指数（SECI）值变化和比较

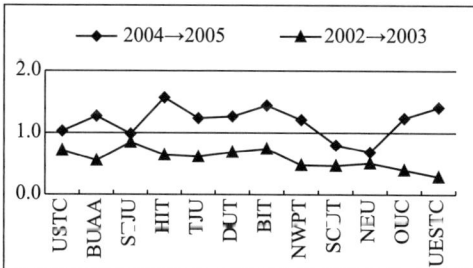

图 5-13　各学校基于组织管理绩效变化指数（OMPI）值变化和比较

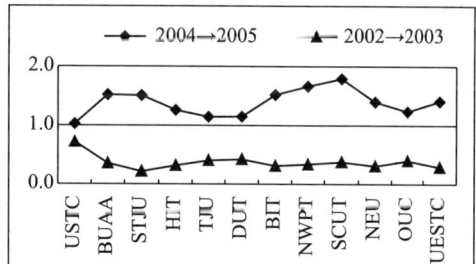

图 5-14　各学校基于技术变化指数值（TCI）变化和比较

的。由于高校在推进国家创新系统发展中扮演着特殊角色，随着中国创新型国家战略的推进，国家加大对高等教育的创新投资，用来引进新设备和新技术以及海外高科技人才，使高校的科研和教学设备有了很大的改善，促进技术变化指数的改善也是必然的。

此外，在高校合并以及招生规模扩大的初期，即 2002～2003 年，本章研究并没有发现软性的绩效指标"纯技术效率变化指数（PTECI）、规模效应变化指数（SECI）和组织管理绩效变化指数（OMPCI）"与高校的综合效率变化指数（CECI）之间存在统计意义上的显著相关关系（表 5-7 所示）。这意味着，中国高校在制度、资源配置以及管理等软性因素对科学创新效率改善贡献较小。相对来说，综合效率变化指数（CECI）和技术变化指数（TCI）之间的显著性相关关系表明该考查期中国理工科高校的科学创新效率的改善主要基于技术的进步。这也和上述分析，即中国政府加大各高校，尤其是重点高校，在科研条件（如，试验设备和技术）的资助是分不开的。

表 5-7　各创新指数之间的 Pearson 相关系数

指数	2002～2003				2004～2005			
	PTECI	SECI	OMPCI	TCI	PTECI	SECI	OMPCI	TCI
SECI	-0.395				-0.135			
OMPCI	0.928 **	-0.397			0.976 **	-0.008		
TCI	-0.247	0.022	0.116		-0.449	0.699 *	-0.248	
CECI	0.132	0.288	0.448	0.803 **	0.429	0.722 **	0.595 *	0.583 *

注：* 0.05 水平上显著；** 0.01 水平上显著（双尾）。

值得注意的是，上述三个软性因素与综合效率变化指数（CECI）之间在 2004～2005 年的相关系数相对 2002～2003 年都变大了，其中规模效应变化指数（SECI）和组织管理绩效变化指数（OMPCI）与综合效率变化指数（CECI）之间相关系数从不显著变为显著；而综合效率变化指数（CECI）和技术变化指数（TCI）之间相关程度减弱，从 1% 水平显著变化为仅在 5% 水平上显著。这一结论直观说明了技术变化目前并不是综合效率变化最为重要的影响因子，而像规模效应变化和组织管理绩效变化都表现出积极的促进作用。这一结论表明，中国理工科高校在软性条件上的积极努力已取得了显著的成效。这也是中国理工科高校在科学创新活动管理技术上趋于成熟的表现。

由于五个变化绩效指数是建立在"相对"测量技术上，因此，从指数值的排序而不是具体计算结果比较各指数之间关系更加科学。表 5-8 提供了利用秩（排序）相关系数 Spearman's rho 的分析结果，得出的结果与上述分析相同，因此进一步可确定上述的结论和分析的有效性和稳健性。

表 5-8　各创新指数之间的 Spearman´s rho 秩相关系数

指数	2002~2003				2004~2005			
	PTECI	SECI	OMPCI	TCI	PTECI	SECI	OMPCI	TCI
SECI	-0.490				0.000			
OMPCI	0.951**	-0.476			0.951**	0.112		
TCI	-0.091	0.210	0.021		-0.224	0.706*	-0.077	
CECI	0.105	0.427	0.231	0.804**	0.347	0.809**	0.494	0.732**

注：* 0.05 水平上显著；** 0.01 水平上显著（双尾）。

5.4.5　结论与政策建议

与现有的文献相比，本章研究的贡献主要可从测度模型的构建以及实证研究上体现。在测度模型的构建上，本章研究并不是机械地基于传统的曼奎斯特指数（Malmqusit index）的原理，而是在现有的关于曼奎斯特指数的分解研究（Färe et al.，1994；Lovell，2003）的基础上，从多个角度构建基于面板数据的组织生产动态绩效的测度指数；此外，考虑了基于传统定向且径向 DEA 模型在效率估计的不足，本章研究首次引入基于非径向—非定向的"改良的 Russell 测量模型（Enhanced Russell Measure，ERM）"（Pastor et al.，1999）来估计上述构建的各绩效变化指数，以全面考虑非有效。在实证研究上，本章研究利用上述构建的测度框架，首次基于面板数据对中国理工科高校科学创新活动的动态绩效进行了测量和分析，而不是基于现有横截面静态绩效分析框架的简单扩展。通过基于 12 个具代表性的理工科高校在两个可比较的考查期（2002~2003 年与 2004~2005 年）上统计资料的实证研究，得到如下结论和建议：

（1）中国理工科高校科学创新的技术水平变化与综合效率变化之间在两个考查期表现出稳定的显著相关关系。可见，硬性的创新技术水平的进步对中国埋工科高校科学创新效率的作用突出，因此加强完善科研队伍以及改善科研条件仍是中国理工科高校快速发展科学创新的有效的硬性措施。

（2）一些软性绩效指标，纯技术效率变化、规模效应变化以及组织管理绩效变化，与综合效率变化之间的相关关系在统计上表现出显著的改善趋势。因此，在改善高校硬性条件的同时，加强制度和管理创新，合理配置资源，减少资源浪费和闲置，以改善硬性资源在高校综合动态创新中的贡献，是今后中国理工科高校改善科学创新效率的重要任务。

（3）规模效应变化与综合效率变化之间的相关关系从统计意义上的不显著转变为

在1%水平上非常显著。该结果表明中国理工科高校的规模扩大对其科学创新效率的改善逐步起到积极的促进作用。其中一个可能的原因是由于创新规模扩大,有利于交叉学科的发展和创新,促进了知识交流。

由于本章研究的测度框架并不受限于被测评对象的生产结构(如,投入产出关系)和指标属性(如,价格信息),因此在将来的实证扩展性研究中,本章研究的测度框架可以尝试推广到其他领域,如国家、区域或产业等层次上科技创新活动的动态绩效的测度。但是,本章研究中的效率是在假设确定性背景下估计的,因此,如果欲在本章研究测度框架基础上考虑统计噪音和随机因素的影响,引入 Simar and Wilson(1998)的解靴带法(bootstrap,又叫自产生法)进行效率的稳定性(Robust)估计也是一个将来值得深入的研究。

第6章 考虑创新过程内部转化的创新绩效测度（I）：基于现有的网络 DEA 模型

6.1 测度背景与建模选择

前文通过引进改善的非径向—非定向的数据包络分析模型完善了现有基于传统数据包络分析的创新绩效测度体系，并构建了创新活动动态绩效测试模型，但仍忽略创新过程的内部运作。这些改善模型与传统的径向数据包络分析模型都为一阶段（One-stage）测度模型，它们适用于生产单元内部转化结构无知的效率测度。如果内部转化结构已知，这些一阶段模型无法全面考虑生产单元的有效生产信息，即不能有效地描述整体创新过程的生产技术，自然也就不能提供有效的效率测度。

随着统计信息的细化以及对创新过程的深入认识，同时伴随着创新管理决策和政策建议的具体化需求，迫切需要引进或构建更加有效的测度模型来全面考虑创新生产单元的内部运作。本章与下一章将基于现有创新转化过程的研究，分别通过引进和构建网络数据包络分析（Network DEA，NET-DEA）模型全面解决这一测量问题，以为深层探索创新过程的具体无效来源提供有效的测量与分析模型。本章首先试图通过引进已有的网络 DEA 模型，来改善现有黑箱状态下的创新绩效的片面分析框架。

6.2 Kao 式关联网络 DEA 的引入及在中国高技术产业技术创新多阶段效率估计中的应用

6.2.1 研究总结

定量分析创新过程是创新活动的管理者和政策制定者所需要的，有助于了解创新活动的历史绩效行为，以便为今后创新活动有效管理和政策发展提供依据。然而，现有研究很少从定量角度探讨这一问题。本章研究借助关联网络 DEA，构建了一个新颖的、可有效全面描述创新生产分阶段特征的系统性测度框架。该分析框架为创新整体生产过程以及内部两个子过程（上游的研发过程和下游的商业化过程）的效率测度提供了一个系统性的同步计算。本章研究应用该分析框架测度分析了中国高技术产业在区（省）域层次上的创新过程绩效。该实证研究为探索中国高技术产业的创新无效性以及政策发展提供了一些深层证据。

6.2.2 研究背景

创新生产是一系列具有一定职能且分段执行的创新事件的运作之和，它可以用包含多个分开但关联的子过程的连续过程来描述（见 Kline and Rosenberg，1986；Rothwell，1994a，b；Bernstein and Singh，2006；Roper et al.，2008）。创新生产多阶段的性质引导我们去细化测量每个子过程的转化质量，以改善创新过程的整体质量。该测度基于一个潜在的事实，即虽然创新资源对创新生产至关重要，但并不能由此断定越多的创新投入将会获得越好的创新生产绩效（Zabala-Iturriagagoitia et al.，2007）。这一面向创新过程转化效率的测度有利于挖掘无效的具体来源，同时有利于改善创新过程中资源配置，以减少宝贵创新资源的闲置和浪费。

创新绩效测度的重要性可以这样描述，"测度是控制绩效最后获得改善的第一步。如果你不能测度它，你将不能明白它；如果你不能明白它，你就不能控制它；如你不能控制它，你就不能改善它"（Oxman，1992）。这意味着，基于"白箱（考虑其内部运作）"背景下的创新活动的定量分析有利于创新过程的管理和创新政策的发展。创新生产过程是由多个交互作用且相互依赖的阶段组成（Bernstein and Singh，2006），反映了一个知识获取与转化的过程（Roper et al.，2008）。这意味着，创新生产并不单单指创意的产生（Hansen and Birkinshaw，2007），它提醒我们应对创新过程中的每一个阶段的运作质量给予重视，这从创新的细化管理角度分析更为现实。例如，许多创新活动的失败都归咎于对创新链的不充分认识。它既然是一个关联的链，它的成效需要强化对每一个阶段的管理（Hansen and Birkinshaw，2007）。这就意味着，如果一个创新过程的内部子过程的绩效不能在白箱背景下公开全面考虑，对其整体运行质量的测度分析是浅层的和片面的。就像 Rejeb et al.（2008）强调，创新作为一个竞争性的经济因素，需要一个连续的、不断进化的管理。

基于创新过程的相关研究逐渐被现有的文献所青睐（如 Rothwell，1994a，b；Rogers，1995；Geisler，1995；Brown and Sveson，1998；Bernstein and Singh，2006；Galanakis，2006；Cantisani，2006）。然而，现有的这些研究主要精力集中于理论的探索，很少从实证的角度定量关注创新过程的运营质量。在本章研究中，我们试图通过简化和概化创新过程，从实证的角度测度创新过程的转化效率（包括整体效率和子效率），这对改善创新过程的控制和管理具有较好的实践参考价值。创新效率可以这样理解：如果与其他单元或者历史相比，消耗同样的创新输入获得更多的创新产出，或者消耗较少的创新投入获得同样的产出，创新效率就获得了改善。简单地讲，创新效率可被简单地定义为创新投入和产出的比值（Hollanders and Celikel-Esser, 2007）。

与 Roper et al.（2008）通过知识生产函数方法（Love and Roper, 1999）分析创新过程中的创新价值的传递路径不同，本章研究是从效率角度关注创新过程中创新活动的转化质量。虽然创新效率仅能简单描述创新过程的运作，但它或许是引导创新政策发展的一个有效的分析工具（Hollanders and Celikel-Esser, 2007）。该测度特别对那些低效率的创新过程控制尤为重要，这些过程增加的创新投入常常不能获得中间产品或最终产出同样比例的增加。本章研究中，我们引入 Kao（2009a）的关联网络数据包络分析（本研究称其为 Kao 式关联网络 DEA）模型来构建创新过程的效率测度分析框架，这对有效考查包含多阶段的创新过程是非常适合的。与传统一阶段数据包络方法（Charnes et al., 1978；Banker et al., 1984）相比，基于网络 DEA 的整体效率的测度更好地描述了各子过程的整体性和关联性，提供了更加合理的实践效率测度。

6.2.3　生产框架

Schumpeter 把创新活动描述为"生产要素的新组合"（Rossi and Emilia, 2002）。这一著名定义首次在他的论著"经济发展"（Schumpeter, 1934）中给出，是现代创新研究的基础，仍指引和影响着现代创新的研究发展。其中，该定义首要的影响便是引导研究者从生产角度考查创新过程。Romer 的创意生产函数（Romer, 1990）和 Griliches 的知识生产函数（Griliches, 1990）也都遵循了这一定义，他们把创新描述成一个投入产出的生产过程，也就是投入要素的生产联合带来创新的产出。可见，生产函数框架提供了一个探索创新投入对创新产出影响的分析途径。当然该框架可被进一步扩展，包含一些外部环境因素，在系统框架下进行整体性分析（如，Furman et al., 2002；Li, 2009）。同时，从生产角度，Rousseau and Rousseau（1997, 1998）构建了一个生产前沿框架，作为综合比较国家之间的科技创新生产能力的科学衡量指标。现有文献表明，该框架近期受到日益的关注和青睐（如，Lee and Park, 2005；Wang and Hang, 2007；Zabala-Iturriagagoitia et al., 2007；Guan and Chen, 2010a, b）。这些研究为从生产角度定量分析创新活动提供了实证基础，然而他们的分析忽略了创新活动的多阶段性质，也就无法考虑潜在创新活动内部的无效性。因此，为了全面了解创新过程的无效根源以改善其绩效，仅面向初始投入和最终产出的"黑箱"测度应该被扩展到面向过程的"白箱"测度。

创新过程是一个充满反馈和交互作用的复杂系统过程（Van de Ven et al., 1999）。

从这种意义上讲，创新过程的系统方法模式描述了创新过程的非线性，它考虑了影响创新过程绩效的非线性作用。如，应用者和生产者之间的反馈与交互作用，以及制度和组织之间的相互依赖（Edquist，1997）。然而，创新过程的线性角度对从实证角度考查创新活动具有重要的实践意义，因为过多地强调非线性作用可能导致实践创新测量的失败（Brown and Sveson，1998）。也就是说，线性角度的分析框架为撇开创新过程复杂运作机制的影响，从实践角度获得其绩效测度分析提供了可行的途径。现有研究中，Geisler（1995）的研发工程流程图（Flow diagram of R&D project）、Brown and Sveson（1998）的研发过程图（R&D process diagram）以及 Griliches（1990）的知识生产函数路径图（Knowledge production function diagram）都很好地展现了这一分析角度的可行性。就像 Dvir and Pasher（2004）定义，创新是一个把创新知识和思想转换成收益价值的过程。

　　基于现有对创新过程的研究（见 Griliches，1990；Brown and Sveson，1998；Bernstein and Singh，2006；Roper et al.，2008），本节构建如图 6-1 所示的创新过程，用它来描述创新过程中物质要素参与与转化过程以及反馈信息的作用途径的一个简化的概念图。

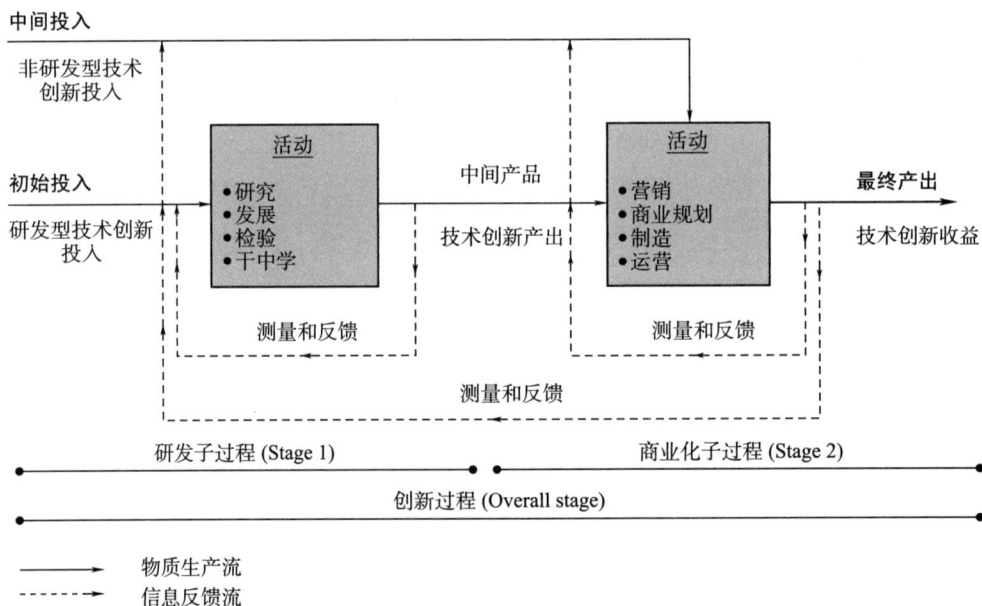

图 6-1　创新过程中活动转化的概念模型

来源：Guan and Chen（2010a）

图6-1表明，从生产角度讲，一个典型的创新过程包括一个上游的研发过程和一个下游的商业化过程（Pakes and Griliches，1984；Furman et al.，2002；Moon and Lee，2005）。在测量中，我们仅仅考虑了创新过程中前向的物质流动（如，图6-1中的实线所示），忽略了反向的信息流动（如，图6-1中的虚线所示）。现有实证性研究（如，Geisler，1995；Rousseau and Rousseau，1997，1998；Acs et al.，2002；Moon and Lee，2005；Hollanders and Celikel-Esser，2007；Wang and Hang，2007；Zabala-Iturriagagoitia et al.，2007；Sharma and Thomas，2008；Guan and Chen，2010a）也为我们选择的可行性提供了充分的证据。此外，为了从实证角度匹配该理论框架，我们在此仅关注技术创新，科学创新的经济价值因难以衡量也需要这样的考虑。

总的来说，尽管技术创新过程具有复杂性，但我们基于现有研究，仅关注创新过程中实体创新要素的转化过程。即我们简化了整个技术创新过程，重点考虑其经济行为。我们把技术创新活动视为一个从技术创新投入开始，到中间的技术创新产出，再到最后的技术创新经济收益的连续过程。具体来讲，从初始的技术研发投入到中间的技术创新产出的上游技术研发过程是技术创新过程的第一个子过程。该子过程的运作显然与研究、开发、检验以及学习等活动相关联。与它相连是下游的技术商业化过程，该过程描绘了从中间的技术创新产出到最终的技术创新经济收益的转化。它的实现需要营销、规划以及制造等经济活动的多方面支持。上下游两个过程是关联的，不是独立的，它们由技术创新的中间产出链接起来。这意味着，中间的技术创新产出在整个技术创新过程的测量中具有"双重"身份，既是第一子过程的产出，又是第二过程的投入。

此外，图6-1也表明，创新过程的执行必然离不开外部非研发型技术创新投入的参与。这些非研发型创新投入和源于第一阶段内部研发的技术创新产出一起参与下游的技术创新商业化过程。也就是说，从生产角度讲，创新过程最终的经济收益是内部研发获得的技术创新产出与外部非研发型创新投入共同参与和作用的结果。从测量角度讲，考虑非研发型创新投入是为了有效避免研发创新和非研发创新对最终技术创新经济收益的贡献混淆。从这种意义上讲，图6-1所示的创新路径图是个具有内阶段的网络生产框架。该框架不但引导我们重视上游内生性的技术研发绩效，而且提醒我们对现有的技术研发绩效给予特别的重视。这个网络框架为创新过程的整体创新绩效与上下游局部绩效的全面测度提供了分析平台，也为有效控制创新过程提供了更加详细的生产信息。如前提及，在此我们试图忽略创新过程中潜在的外部环境驱动因素，仅仅从测量角度关注创新过程内部的运作特征。

事实上，创新过程可被视为一个包含在分离的创新事件中的创新价值流通途径的价值链（Hansen and Birkinshaw，2007；Roper et al.，2008）。考虑到创新过程中的多阶段，当创意一产生，一个新的创新价值链便开始了。创新价值伴随着创新活动的转化在创新过程中流动，因此创新过程也是个创新附加值的过程。既然高的创新过程的运作质量意味着低的资源浪费，因此，这个创新增加值过程的绩效水平由创新过程的运作质量决定。在我们的测度框架下，运作质量体现了分离的创新活动之间的转换效率，它反映了创新过程的创新价值的增加水平。

6.2.4 模型设定

Hollanders and Celikel-Esser（2007）强调，虽然创新并不是创新投入自动转化为产出的线性过程，但通过设定效率为创新产出与投入的比值来检验创新过程的效率差异对引导创新政策的发展是非常具有实践价值的。对于图6-1中的第一阶段，我们从测量角度关注创新过程上游活动的研发效率。该阶段主要关注一个技术创新过程的初始技术研发创新投入到中间技术创新产出的转化效率。由于研发过程仅仅是创新过程的一个上游子过程，因此好的研发效率并不意味着一个好的整体效率。只有各子过程都运行良好，创新过程才可以获得好的整体效率绩效。下游的商业化子过程专注发生在创新过程下游活动的转化效率，即商业化效率。这个子效率关注中间非研发型技术创新投入和技术研发创新产出到最终技术创新经济收益的转化质量。这样，由上下游两个阶段构成的整个创新过程关注用于技术研发与非研发的各种投入到最终技术创新经济收益的整体转化质量。在这种测度背景下，迫切需要有效模型来恰当描述子过程和整体过程之间的决定关系以及两个子过程之间的关联关系。

效率有多种理解，我们这里关注的技术创新过程的转化效率与Farrell（1957）定义的技术效率相对应。虽然随机前沿方法（SFA）（Aigner et al.，1977）能有效克服统计噪音和随机环境因素的在效率估计时影响（Li，2009），但是数据包络分析在面对多产出的创新系统时是一个更加适合的测量工具。更为重要的是，与随机前沿方法相比，数据包络分析无需事先设定潜在的生产技术的函数形式，也无需对无效项进行分布假设（Sharma et al.，1997；Wang and Huang，2007）。数据包络分析这种弱假设的灵活性质非常适合描述具有典型不确定性的创新生产过程的生产技术。Rousseau and Rousseau（1997，1998）突破性的工作已显然表明了基于数据包络分析的科学测度分析在研发活动测量中的潜力。一些随后的扩展性研究（Guan et al.，2006；Wang and Hang，2007；Zabala-Iturriagagoitia et al.，2007；Guan and Chen，2010a，b）提供了更加充足的证据。由于图6-1所示的创新过程没有一个确定的函数形式，因此本章研究选择非参数型的数据包络分析作为创新过程效率的测度模型。然而，传统的标准数据包络分析模型把参考技术视为黑箱，无法在一个整体测度框架中包含控制两个描述不同功能的子过程的生产技术。此外，传统数据包络分析下的独立过程效率测度又破坏了子效率之间的整体性和链接机制（Kao，2009a）。

由Färe and Grosskopf（1996a，b）最初发展的"活动分析（Activity analysis）"模

型显性地考虑了中间产品，因此从结构性上比较适合本章研究的网络两阶段分析框架的测量。遗憾的是，该模型没有考虑子过程之间的相互作用关系，随后由 Cook et al.（2000）构建的多组分效率测度模型（Multi-component efficiency measurement，MCEM）也没有考虑该相互关系。事实上，为了体现子过程之间的相互依赖关系，数据包络分析模型的构建需要一个条件，即中间测量的强度变量（对包络形式）或成数（对比率形式）在分析两个子过程效率时相同。此外，这些研究并不关心每个子过程的局部效率（Amirteimoori and Shafiei，2006）。为获得完善的且全面的测量，本章研究引入 Kao（2009a）的关联网络数据包络分析作为测度模型。它是 Färe and Grosskopf（1996a，b）活动分析的一个扩展模型，可在一个整体性的分析框架下同时测量整个创新过程和两个子过程的效率，并充分考虑了两个子过程之间的关联性。

若对 n 个创新生产单元（本章研究是省域）的创新过程的效率绩效进行分析与比较。对第 j（$j = 1, 2, \cdots, n$）个创新生产单元创新过程的，有 m^1 个初始投入 x_{ij}^1（$i^1 = 1, 2, \cdots, m^1$），m^2 个中间投入 x_{ij}^2（$i^2 = 1, 2, \cdots, m^2$），q 个中间产出 z_{dj}（$p = 1, 2, \cdots, q$），s 个最终的经济产出 y_{rj}（$r = 1, 2, \cdots, s$）。基于 Kao（2009a）的关联网络数据包络方法，待评的第 k 个创新生产单元的创新过程的整体效率测度模型为

$$E_k = \max \sum_{r=1}^{s} u_r y_{rk}$$

$$s.t. \ \sum_{i^1=1}^{m^1} v_{i^1} x_{i^1 k} + \sum_{i^2=1}^{m^2} v_{i^2} x_{i^2 k} = 1,$$

$$\sum_{r=1}^{s} u_r y_{rj} - \sum_{i^1=1}^{m^1} v_{i^1} x_{i^1 j} - \sum_{i^2=1}^{m^2} v_{i^2} x_{i^2 j} \leqslant 0, \quad j = 1, 2, \cdots, n,$$

$$\sum_{p=1}^{q} w_p z_{pj} - \sum_{i^1=1}^{m^1} v_{i^1} x_{i^1 j} \leqslant 0, \quad j = 1, 2, \cdots, n,$$

$$\sum_{r=1}^{s} u_r y_{rj} - \left(\sum_{p=1}^{q} w_p z_{pj} + \sum_{i^2=1}^{m^2} v_{i^2} x_{i^2 j} \right) \leqslant 0, \quad j = 1, 2, \cdots, n, \quad (6.1)$$

$$u_r, \ v_{i^1}, \ v_{i^2}, \ w_p \geqslant \varepsilon.$$

这里权重（体现了生产价格）变量 u_r，v_{i^1}，v_{i^2} 和 w_p 都是未知的非负权重，$\varepsilon > 0$ 是个非阿基米德无穷小量（Charnes et al.，1979）。

相对传统的一阶段 CCR 数据包络分析模型（Charnes et al.，1978），上述模型由于包括更多约束条件，因此提供了更加具有区分能力的效率测度。第一不等式约束簇用来约束整个创新过程，第二和第三不等式约束簇分别用来约束上游的研发子过程和下游的商业化子过程。这里需要强调的是，整体不等式约束簇可从两个局部不等式约束簇推导出，因此它在计算时是多余的约束。这也侧面反映了我们引入的网络数据包络分析能描述和体现整体创新过程与两个子过程之间的生产包含关系。用来约束中间产品（也就是中间的技术创新产出）的权重 w_p 起到了中介作用，用来体现两个子过程之间的交互的链接作用。中间产品无论用作研发过程的产出还是商业化过程的投入时，

用来约束它们的权重是被设定不变的。也就是说，虽然中间产出在两个子过程中展现出不同的角色，但展现出了相同的效用结构。

借助整体效率测度模型获得权重的最优解组合 $(u_r^*, v_{i1}^*, v_{i2}^*, w_p^*)$ 后，便可通过公式（6.2）和公式（6.3）求得整体效率最优的条件下两个子过程的局部效率绩效。

$$E_k^1 = \frac{\sum_{p=1}^{q} w_p^* z_{pk}}{\sum_{i1=1}^{m1} v_{i1}^* x_{i1k}} \tag{6.2}$$

$$E_k^2 = \frac{\sum_{r=1}^{s} u_r^* y_{rk}}{\sum_{i2=1}^{m2} v_{i2}^* x_{i2k} + \sum_{p=1}^{q} w_p^* z_{pk}} \tag{6.3}$$

与传统的数据包络分析模型相比，关联网络数据包络分析不但适合描述创新整体过程与子过程之间的物质关系，同时可产生更加可靠的效率测度结果（Kao，2009a）。一些最新的研究（如，Chen et al.，2009；Avkiran，2009；Tone and Tsutsui，2009；Hsieh and Lin，2010；Yu and Fan，2009）已经为之提供了充分的证据。首先传统数据包络分析面对这种多阶段的生产框架仅仅能提供独立的效率计算（见 Seiford and Zhu，1999），而网络数据包络分析能在一个整体的测度框架下提供创新整体过程和子过程的系统性的同步效率计算。第二，网络数据包络分析模型约束条件中同时包含了约束创新整体过程和子过程的约束组合，也就是它考虑创新过程各阶段的无效，因此获得的效率测度值不小于在传统数据包络分析下获得的效率测度值，提供了更加具有区分能力的效率计算（见 Kao，2009a；Yu and Fan，2009）。此外，在网络数据包络分析下获得的可满足协作性与系统性的创新过程效率测度，能避免传统数据包络下可能出现的整体效率和子效率之间相悖的生产关系。在网络数据包络分析下，仅仅当所有子过程有效时，整体的过程效率才呈现出有效，更加符合系统的观点。由于考虑更多的无效性，以及子过程同时有效的可能性减少，因此在实践测量中，网络数据包络分析测量下，所有测量的生产过程整体无效是可能的（见 Kao，2009a；Chen et al.，2009；Avkiran，2009；Tone and Tsutsui，2009；Hsieh and Lin，2010）。这说明，在网络数据包络分析下，参加比较的所有的创新过程的整体效率绩效更有可能获得全排序，无需经过超效率扩展（Andersen and Petersen，1993）。

6.2.5 实证分析

6.2.5.1 数据

我们的实证研究基于中国 26 个省域的高技术产业技术创新过程的统计数据。虽然我们的主要目的是阐明我们的测度框架在创新过程中的实证应用，但我们仍选择两个连续的横截面数据进行分别测量。一是为了比较创新效率绩效的变化，二是为实证结论以及政策发展获得稳定的检验（见 Zabala-Iturriagagoitia et al.，2007）。需要注意的是，当我们应用数据包络分析时，投入和产出变量被设定为是可自由支配的实体性指标，常常用可直接观测的统计值来度量。这些指标可被看成生产过程中的一部分，即可被用来定义生产可能集（Production possible sets，PPS）。

为了有效刻画图 6-1 中的两阶段网络生产框架，一个多投入和产出指标系统是必要的（见 Brown and Sveson，1998；Furman et al.，2002；Moon and Lee，2005；Guan and Liu，2005；Hollanders and Celikel-Esser，2007；Guan and Chen，2010a）。然而，对由异质、多学科等复杂要素参与的创新生产与应用过程（Dangelico et al.，2010）是很难量化的。此外，既然创新过程的效率由多个交互作用的投入产出共同决定，因此从整体上而非单个关键指标去测量（如，Yam et al.，2004；Jolly，2008），这更加适合描述创新过程的系统性效率绩效。

中国高技术产业在省域水平上的技术研发创新投入从 3 个方面度量：一是每个省域的研发支持的内部经费；二是科学家和技术人员在研发活动上的全时当量；三是积聚下来的专利存量。积聚的专利存量被用来度量知识资本存量（Furman et al.，2002；Hu and Mathews，2008），它们被视为创意投入，这样可以考虑技术创新的路径依赖效应。如，Romer 知识生产函数（Romer，1990）潜在的假设是创思并不是天上掉下的馅饼，而是源于历史积累的知识存量。

考虑到研发子过程的产出，也就是创新过程中间技术创新产出的度量，专利是最合适的代理变量（Fritsch and Slavtchev，2006，2007；Acs et al.，2002；Guan and Liu，2005；Guan and Chen，2010a；Li，2009）。虽然 Griliches（1990）指出，"并不是所有的发明都可以专利化，并不是所有发明都被授权专利，且授权的发明专利在质量上也存在较大的差异，但专利确实是目前衡量创新产出理想的指标"。现有的实证研究表明专利对创新活动提供了一个稳定的度量（Acs et al.，2002）。本章研究中，我们用申请的专利作为衡量中间技术创新产出。最后，对最后经济收益的度量，我们用 4 个与新产品相关的经济指标：税收和效益值、增加值、出口量以及销售收入（Griliches，1990；Geisler，1995；Brown and Sveson，1998；Moon and Lee，2005；Hollanders and Celikel-Esser，2007）。

为使投入和产出之间的生产转化关系满足测度模型，这里设想所有的专利都可以被商业化（Moon and Lee，2005；Faber and Hesen，2004）。这样，我们假设所有的投入和产出都是自由支配的，能被管理者和应用者所控制。在这种背景下，数据包络分析的分析才有效（Charnes et al.，1978）。那些因各种原因不能被商业化的专利在数据包络分析测度框架下被视为投入过剩，它也是致使创新过程实践中下游的商业化子过程无效性的一个重要根源。

数据的有效性对满足测度的有效性，即测度模型和理论模型之间的匹配度，是非常重要的。在参数回归分析中，测度的有效性可以通过决定系数的大小来反映（Faber and Hesen，2004），而非参数数据包络分析并没有提供一个类似的检验系数。为了满足测度的有效性，研究者能做的是依据创新过程的现实运作与数据的可能性，尽可能科学地选择与度量投入产出变量（如，Rousseau and Rousseau，1997，1998；Wang and Huang，2007；Zabala-Iturriagagoitia et al.，2007；Guan and Chen，2010a，b）。本章研究中，我们考虑了协助下游的商业化过程的运作的中间非研发型技术创新投入，这里用技术进口费和技术吸收费来度量它。需要注意的是，基于数据包络分析的效率测度是关注创新过程的即时生产绩效，因此并不考虑资本存量对创新过程的积累性影响。这样做的另一个原因是迫于中国高技术产业创新数据序列的有限性，破坏了资本存量估计有效性。并且，各高技术产业资本投入折旧率差异（Wang and Szirmai，2003）也影响了资本存量的有效估计。

此外，本章研究认可新过程中从投入到产出的时间延迟效用对测度的影响。现有研究表明，目前对从研发投入到产出并没有一个统一的时间延迟长度（Wang and Huang，2007）。Hollanders and Celikel-Esser（2007）也实证表明了时间延迟对创新效率的估计影响甚小。一系列通过相关和回归的先验分析表明，研发过程上设定 2 年的时间延迟，商业化过程上设定 1 年的时间延迟在本章研究中最合适的。本章研究中，技术研发创新投入的观测数据采用 2002 和 2003 年的统计资料。考虑到在上述时间延迟结构，技术创新产出和中间的非研发型技术创新投入的观测数据采用 2004 和 2005 年的对应统计资料，最终的技术创新经济收益的观测数据采用 2005 和 2006 年的对应统计资料。这样，本章研究构造了省域水平上中国高技术产业的技术创新过程行为在 2002～2005 年和 2003～2006 年两个连续观测期的横截面数据。本章研究选择两个连续横截面作为研究面目的是为了通过纵向比较为实证结论提供一个稳健性检验（Zabala-Iturriagagoitia et al.，2007）。既然我们已经设定了时间延迟结构，测度结果对不同的延迟结构的稳健性检验（如，Hollanders and Celikel-Esser，2007）在本章研究不再考虑。

所有的观察数据源于由中国国家统计局编纂的中国高技术产业统计年鉴（2003～2007）。其中，经济指标观测值都基于 2002 年的可比价格进行了调整，目的是消除通货膨胀的影响。一个先验的相关分析表明，投入和产出数据组合之间存在显著相关，这表明本章研究选自的投入产出指标体系基本满足生产结构的需要。

6.2.5.2 实证结果与发现

表 6-1 和表 6-2 提供了中国 26 个省域高技术产业在 2002～2005 年和 2003～2006 年两个连续考察期的各创新效率及其排序结果。综合分析表明，中国大多数省份在两个观测期间的整体创新效率和两个子效率上存在较大的差异。

表 6-1 中国 26 个省域高技术产业在第一个观测期

（2002～2005 年）的创新绩效及排序

省份 （直辖市）	整体效率 （Overall fficiency）	排序 （Rank）	研发效率 （R&D efficiency）	排序 （Rank）	商业化效率 （Commercial efficiency）	排序 （Rank）
安徽	0.559	13	0.260	17	0.559	14
重庆	0.954	3	0.825	3	0.955	6
北京	0.552	14	0.164	23	0.554	15
福建	0.500	19	0.179	22	1.000	1
甘肃	0.324	26	0.147	25	0.329	24
广东	1.000	1	1.000	1	1.000	1
广西	0.424	21	0.383	14	0.444	19
贵州	0.427	20	0.332	15	0.428	20
河北	0.368	23	0.472	10	0.368	22
河南	0.419	22	0.458	12	0.401	21
黑龙江	0.599	10	0.146	26	0.599	11
湖北	0.700	8	0.212	21	0.798	8
湖南	0.549	15	0.224	19	0.550	17
江苏	0.847	5	0.625	5	0.847	7
江西	0.634	9	0.558	8	0.672	10
吉林	0.590	11	0.460	11	0.594	12
辽宁	0.534	16	0.318	16	0.534	18
宁夏	0.330	25	0.159	24	0.331	23
山东	0.750	7	0.536	9	0.779	9
上海	0.987	2	0.986	2	1.000	1
陕西	0.339	24	0.621	6	0.278	26
山西	0.507	18	0.222	20	0.570	13
四川	0.584	12	0.584	7	0.286	25
天津	0.789	6	0.438	13	1.000	1
云南	0.523	17	0.255	18	0.552	16
浙江	0.884	4	0.663	4	0.962	5
均值	0.611		0.432		0.630	
标准差	0.216		0.250		0.247	

表 6-2 中国 26 个省域高技术产业在第二个观测期
(2003~2006 年) 的创新绩效及排序

省份 (直辖市)	整体效率 (Overall fficiency)	排序 (Rank)	研发效率 (R&D efficiency)	排序 (Rank)	商业化效率 (Commercial efficiency)	排序 (Rank)
安徽	0.606	11	0.285	17	0.720	11
重庆	0.988	3	0.869	3	1.000	1
北京	0.618	10	0.184	23	0.619	13
福建	0.499	18	0.176	25	1.000	1
甘肃	0.399	23	0.187	22	0.399	22
广东	0.998	2	1.000	1	0.992	5
广西	0.442	22	0.369	14	0.442	21
贵州	0.482	20	0.343	15	0.482	19
河北	0.374	25	0.451	13	0.301	23
河南	0.561	15	0.489	11	0.579	15
黑龙江	0.477	21	0.180	24	0.478	20
湖北	0.794	8	0.263	19	0.794	10
湖南	0.527	17	0.278	18	0.527	18
江苏	0.805	5	0.688	4	0.815	7
江西	0.556	16	0.542	9	0.567	16
吉林	0.799	7	0.487	12	0.799	9
辽宁	0.592	13	0.342	16	0.592	14
宁夏	0.253	26	0.156	26	0.253	26
山东	0.788	9	0.571	8	0.814	8
上海	1.000	1	1.000	1	1.000	1
陕西	0.391	24	0.645	6	0.298	24
山西	0.563	14	0.231	21	0.620	12
四川	0.602	12	0.623	7	0.280	25
天津	0.799	6	0.496	10	1.000	1
云南	0.489	19	0.261	20	0.553	17
浙江	0.897	4	0.679	5	0.977	6
均值	0.635		0.453		0.650	
标准差	0.217		0.250		0.250	

由表 6-1 和表 6-2 的效率结果表明，各省域在 2002~2005 年和 2003~2006 年的

整体创新绩效平均值分别为 0.611 和 0.635，可见省域的平均创新效率绩效在连续的两个观测期是改善的。但相对有效的效率值 1 来讲，还存在较大的改善潜力。换句话说，实证研究表明，中国高技术产业的整体创新绩效潜力仍未得到开发。表 6-1 和表 6-2 的效率结果也表明，从平均意义上讲，两个子效率从考察期 2002～2005 年至考察期 2003～2006 年也获得了一些改善。其中，相对下游的技术创新商业化效率，上游的研发效率绩效展现了更大的尚未开发的潜力，大约 50% 的潜力没有获得挖掘。研发效率相对落后的原因很多，其中与中国集权式的经济模式分不开的。如 Qian and Xu（1998）和 Huang and Xu（1998）强调，相对分权式市场经济模式，集权式的经济模式在研发活动上表现出更加无效。

既然整个网络生产技术由两个关联的子技术共同组成，因此仅仅当两个子过程有效时整个创新过程才有效。实践上讲，多数省域的创新过程是被期望有效的，然而表 6-1 和表 6-2 中的计算结果表明，仅仅有很少比例省域的高技术产业创新过程有效。具体来说，第一个考察期 2002～2005 年仅仅广州在整个创新过程有效，紧跟的第二个考察期 2003～2006 年仅仅上海在整个创新过程有效，没有省域在这两个连续的考察期同时有效。图 6-2 描述了参评省域间在 2002～2005 年和 2003～2006 年两个观测期每个阶段的效率水平的比较。显然各省份在每个阶段的效率水平上都存在较大的差异。表 6-1 中所示的省份效率值集合较大的标准差（>0.2）已经肯定了该发现。然而从观测期 2002～2005 年至观测期 2003～2006 年，整体效率和子效率值集合的标准差的增加说明

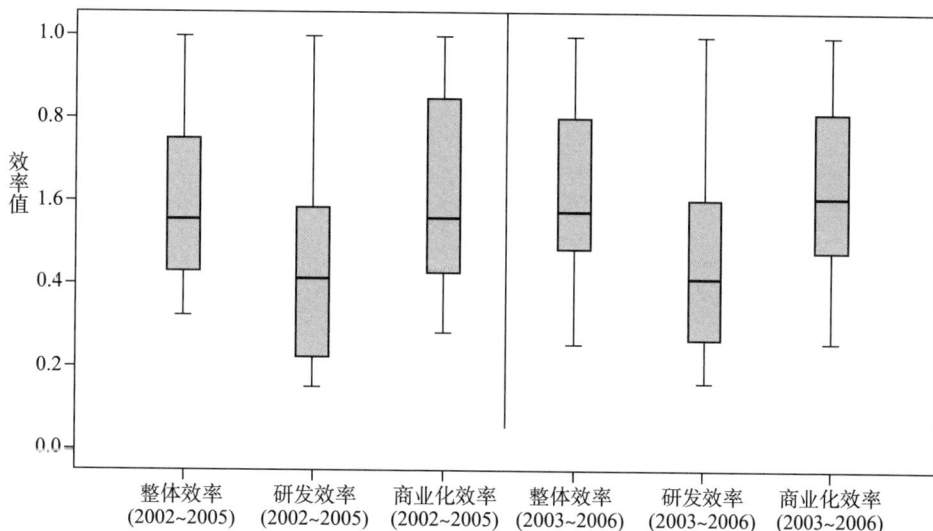

图 6-2 所有省域分别在 2002～2005 年和 2003～2006 年两个观测期的效率值集合的差异比较

各省域之间的创新效率水平差异逐渐扩大。此外，3个效率值集合的 ANOVA 结果（$F_{2002\sim2005}=5.498$ 和 $F_{2003\sim2006}=5.450$）表明，3个效率之间的差异在1%水平显著（临界值为3.112）。图6-2各箱图在数据集合的宽度和中线高度进一步反映了该显著差异的存在。这些差异也侧面说明任何独立的效率集合都无法全面反映创新过程的运作绩效。

图6-2同时表明，无论是在观测期2002~2005年还是观测期2003~2006年，在平均值上，商业化效率几乎与整体效率绩效相同，然而研发效率相对整体效率表现出较差的绩效水平。此外，一系列的 Pearson 相关系数检验表明，在两个考察期内，两个子效率和整体效率在1%水平上都显著相关。这表明创新过程的整体效率由两个子效率同时决定的。不过，Pearson 相关系数的大小表明，创新过程的整体绩效与商业效率比与研发效率具有更加紧密的关系。表6-3中 Spearman 秩相关分析检验结果进一步证实了上述结论。最后需要注意的是，在两个考察期内，两个子效率之间相关系数的弱相关（在5%水平上）意味着创新过程上下游子过程之间并不存在期望中的紧密相关关系。表6-3中 Spearman 秩相关分析检验结果也进一步证实了这一结论。

最后，两个观测期内3种效率相关系数表现出非常强的相关系数，2002~2005年和2003~2006年整体效率、研发效率和商业化效率 Pearson 相关系数分别为 0.950**、0.992** 和 0.952**，Spearman 秩相关系数分别为 0.892**、0.979** 和 0.971** [这里 "**" 表示在1%的检验水平上显著（双尾）]。这为上述发现提供了稳定性检验，说明上述基于两个横截面观测发现具有稳健性。

表6-3　效率相关分析

效率	2002~2005			2003~2006		
	整体效率（Overall efficiency）	研发效率（R&D efficiency）	商业化效率（Commercial efficiency）	整体效率（Overall efficiency）	研发效率（R&D efficiency）	商业化效率（Commercial efficiency）
研发效率（R&D efficiency）	0.670** (0.530**)		0.461* (0.301)	0.707** (0.593**)		0.472* (0.383)
商业化效率（Commercial efficiency）	0.875** (0.825**)			0.866** (0.894**)		
产业资助%（Industry funding）	0.402** (0.384)	0.287 (0.249)	0.430* (0.627**)	0.532** (0.431*)	0.404* (0.362)	0.563** (0.516**)
政府资助%（Government funding）	-0.523** (-0.546**)	-0.270 (-0.378)	-0.568** (-0.640**)	-0.528** (-0.626**)	-0.407* (-0.484*)	-0.560** (-0.637**)

注：（1）* 0.05水平上显著；** 0.01水平上显著（双尾）。

　　（2）括弧内的数值为 Spearman 秩相关系数统计值。

6.2.5.3　政策涵义和建议

上述实证结果表明，不同的省份在研发效率和商业化效率各有强弱。基于每个省份在研发效率和商业化效率值，我们把 26 个参与分析的省份分成四类：一是，高研发、高商业化效率省份；二是，高研发、低商业化效率省份；三是，低研发、高商业化效率省份；四是，低研发、低商业化效率省份。基于此构建一个两维图（图 6-3 所示），横坐标表示研发效率，纵坐标表示商业化效率，来直观分析各省份分布。左子图呈现了观测期 2002～2005 年各省域创新效率水平分布格局，右子图呈现了观测期 2003～2006 年各省域创新效率分布格局。首先，相对前一观测期 2002～2005 年，2003～2006 年的各省域分布格局几乎没有变化，这也说明本章研究效率测度结果的稳定性。

对于创新的领导者，即高研发、高商业化效率绩效的省域，如上海、广东、北京、浙江和江苏，由于已具有高的效率绩效，因此如果不增加创新投入，很难改善这些省域的创新产出和最终经济收益。相反，对那些具有低研发、低商业化效率追赶型省份，如甘肃、宁夏、广西和黑龙江，重点是改善两个子效率的提高。对这些省份而言，如果仅仅增加投入而不通过政策改善效率，对增加产出的作用是微乎其微的。通过改善这些省份的效率（下文将具体讨论每个子过程效率的改善途径），产出绩效无需增加投入便会得到改善。

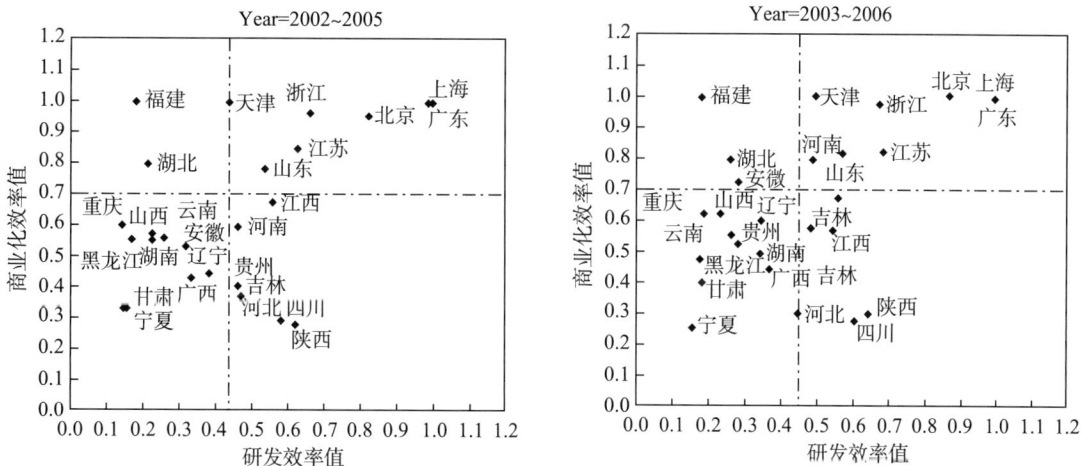

图 6-3　各省份高技术产业分别在 2002～2005 和 2003～2006
两个观测期内研发效率和商业化效率比较

注：图中的虚线代表了平均水平

对于高研发、低商业化效率绩效的省份（如，陕西和四川），需要发展一些特定的创新政策。如面向市场需求开发专利技术，构建有效的风险资本系统，搭建高效的专利交换信息的平台。相反，对那些低研发、高商业化效率的省份（如，福建、湖北和天津），创新政策应该重点放在改善知识产权保护以求刺激创新以及提高高技术产业企业独立或内生创新的意识。

此外，为了从系统角度改善中国区域整体创新效率，应特别关注落后的研发效率绩效。在中国这样一个中央集权的国家，国有企业在获得更多的研发工程和资助有更多的优势（OECD and MOST, 2007），然而，相对非国有企业，它们有显著低的研发效率绩效（Zhang et al., 2003）。因此，中国高技术产业研发活动首要改善研发工程筛选机制和资助方法，把历史研发效率指标纳入考查体系中。

除发展具体省份的政策建议，我们对基于整体性的发现发展系统性的创新政策非常感兴趣。本章研究中，一个重要的系统性发现是，上游研发效率和下游的商业化效率存在不存在期望的协调关系。该发现对创新实践者和政策制定者一个直接的警告是，中国高技术产业的创新政策需要对上下游创新效率协调发展给予足够的重视，即不能顾此失彼，这样才能改进整体创新效率。结合目前中国创新系统的发展现状，加强产学研合作，面向市场开发专利，提升产业的自主创新意识，树立起创新主体地位，完善风险投资系统，是五条有效的途径。然而，需要注意的是，通过政策工具改善创新过程的整体效率绩效是一个系统性的过程（见 Edquist, 1997；Furman et al., 2002），我们在此仅仅根据本章研究的发现提供了一些必要的政策发展讨论。

为了深层探索改善中国高技术产业研发绩效和商业化绩效不和谐关系的政策建议，我们进行了一系列 Pearson 和 Spearman 秩相关分析（见表6-2所示结果）。检验结果表明，越多的企业资助将会改善创新效率，越多的政府资助将会阻碍它。这种资助来源效用的差异并不偶然。被企业资助的创新活动更贴近市场需求，它们的创新产出更容易被转化为市场效益；被政府资助的创新活动更远离市场需求，它们的创新产出很难被转化为市场效益。这显然阐释了中国近期一直竭尽全力促进从计划导向、公共研发为中心的创新模式到市场需求导向、企业研发为中心的创新模式转变（OECD and MOST, 2007）的潜在原因。

更加具体来说，为了促进每个区域科技创新活动和企业活动（或市场）的关联，政策发展至少从以下三方面考虑。首要的一点应是从系统角度平衡关注研发绩效和商业化绩效发展，仅仅关注一方将会有损于创新过程整体系统效率的改善。经验表明，忽略内生研发绩效将会逐渐失去在国际市场上的核心竞争力，而忽略商业化绩效通常导致创新偏离市场需求。第二点，应促进企业在创新过程中的核心地位。像 Freeman and Soete（1997）对创新的定义，完整的创新过程仅仅当其市场价值实现后才算完成。这意味着，商业化价值的实现是创新的最终目标。企业内的创新更贴近市场需求，更容易被商业化，因此企业的创新主体地位在促进创新过程的整体创新绩效有显著的优势。最后一点，改善产学研合作对处于过渡期的中国是非常必要的（Kroll and Liefner，2008）。可见，政策的发展不应该忽略公共研发组织在中国研发能力的优势，应该促进公共研发能力优势向市场的商业价值转化。因此促进公共研发组织的研发能力和企业的商业化能力之间的最优组合是中国高技术产业将来创新政策一个重要的发展方向。实际上，目前被公共研发组织提供的创新产出和企业市场需求的不匹配（Kroll and Schiller，2010）也表明对中国高技术产业发展产学研合作非常紧迫。然而，需要指出的是，从实践管理出发，构建一个面向市场的创新过程不存在最优的方法，它的形成首先应基于外部动态环境（Kok and Biemans，2009）。

6.2.5.4　估计局限性

本章研究效率估计也不可避免具有一定局限性。这个话题与两个子过程中不可控制的产出绩效的准确测量有关。例如第一阶段（研发过程）产出测量用专利作为技术创新产出的代理变量常常面临着一些实践挑战，虽然它在现有研究中（见 Griliches，1990；Furman et al.，2002；Acs et al.，2002）已被广泛接受。一些企业为了抢占商机满足顾客的需求，他们创新活动的成果不被授权便被商业化。此外，无形（也就是较难测量的）的产出也困扰着创新投入的贡献。面对这些棘手的测量问题，可行的方法是对无法直接观测的创新产出的比例进行调查（见 Arundel and Kabla，1998），然后修正获得的产出测量。由于调查常常伴随不确定的估计，因此修正后的产出测量可考虑用不确定的数据表示（例如区间数）。在这种情况下，一个有效的方法是引入不确定的数据包络分析模型（Cooper et al.，1999）来改善本章研究测度。

需要注意的是，如果假设所有参与评估的生产单元（省域）不被考虑的创新产出比例相同，由于数据包络分析满足测量单元不变性（unit invariance）（Cooper et al.，2007a），这些遗漏并不影响本章研究的效率测度结果。实际上，在面对一系列同质生产单元相比较时，该假设是合理的。可见，本章研究基于数据包络分析的效率测度在一定程度上减少了没有考虑创新产出的负面影响。

不过需要注意的是，数据包络分析模型内在局限性困扰着本章研究的测度。这种局限性源于数据包络分析的非参数性。数据包络分析的测度结果对数据的质量以及异常值非常灵敏（Herrera and Pang，2005）。现有的研究（Simar and Wilson，2000，2008）已经对揭露了统计推断与非参数方法之间的不协调关系。对此局限性，一些方法已被发展，对单投入或者单产出，可用最大似然估计（Banker，1993；Goskpoff，1996）来估计效率绩效的可信区间；而对更加复杂的多投入多产出情况，可以用解靴带法（Simar and Wilson，1998，2000）来估计。

本章研究另一个局限性是对创新投入和产出之间的动态跨期依赖没有充分考虑，

虽然考虑了一定的时间延迟。在这种情况下，静态的数据包络分析已无法有效估计创新过程的效率。这一潜在的研究是投入产出生产绩效测度常面临的一个复杂问题，本章研究建议后续研究可借鉴 Emrouznejad and Thanassoulis（2005）构建的投入产出路径方法来考虑投入对多期产出的跨期影响。

6.2.6　结论与政策建议

本章研究的主要贡献是在考虑创新过程内部分阶段运作的条件下，联合网络数据包络分析构建了创新过程的整体性的效率测度框架，并应用该分析框架测度与分析了中国高技术产业在省域水平上的创新活动绩效。现有的理论性研究帮助我们揭示了创新过程的内部运作，然而，它们很少在考虑内部过程运作条件下定量分析创新过程的绩效行为。与现有基于传统数据包络分析的科学测度评估相比，我们基于网络数据包络的测度与分析考虑了中间产出品在关联子过程中的双重角色，这对获得可靠的效率测度、深层探索无效根源和有目的控制创新绩效非常重要。

我们的实证研究并不是纯粹的测度练习，我们试图获得有价值的实证发现，来服务于中国高技术产业创新绩效的管理与政策发展。首先，我们的实证研究结果帮助决策者把参评的省域按照研发和商业化效率绩效的强弱分成四类。我们的分类引导我们发展每个省份的具体创新政策。其次，我们的实证研究表明中国高技术产业的创新过程中，上游的研发效率和下游商业化效率之间不协调，因此发展可协调改善上下游绩效的创新政策至关重要。

另一个重要发现是，下游的商业化效率绩效与整体创新绩效更加密切。该发现首先肯定了 Freeman and Soete（1997）在其创新定义中强调的商业化绩效在创新过程中的重要性。它也提醒我们，系统性的创新政策制定应该面向创新活动最终目的，即通过创新的商业化获得市场经济效益的改善。面向市场需求的创新政策能改善源于上游研发过程的创新产出因缺乏市场价值而没有成功转化为经济效益的局面。该发现也意味着，拉动式的创新模式比推动式的创新模式更加适合目前面向顾客的需求。最后，相关分析表明，企业资助越多将促进创新效率，政府资助越多将会阻碍创新效率。这点提醒我们，在中国这种以公共研发组织为创新主体的创新系统背景下，将来的创新政策应该促进产学研合作。通过这种合作，不但可以充分利用公共研发组织的研发能力，而且可以促进创新产出在市场上的商业化转化。这样，每个省份的高技术产业的研发能力和商业化能力便可充分整合，以促进整体创新效率。

在几个将来可选择的发展方向中，我们对四个方向特别感兴趣。第一是基于本章研究效率测度对样本变化和异常值的灵敏性。对本章研究多投入多产出效率测度，借助解靴带法（Simar and Wilson，1998，2000）获得稳定的效率估计是其中一个发展方向。几个最新的研究，如 Bonaccorsi and Daraio（2003）、Wilson（2004）和 Broekel and

Brenner（2007）提供了有效的借鉴。第二是为有效考虑投入和产出之间的跨期影响。Emrouznejad and Thanassoulis（2005）的投入产出路径方法可用来考虑这一多期的动态影响。虽然这两个方向在本章研究的网络数据包络分析下面临着巨大的挑战，但它们有利于我们获得更加准确的效率测度。第三，考虑到创新过程外部宏观的经济社会环境的影响（见 Furman et al.，2002；Fritsch and Slavtchev，2007；Brem and Voigt，2009；Kaasa，2009），以及内部微观的组织能力（如，技术吸收能力以及资源配置能力）影响（见 Yam et al.，2004；Murovec and Prodan，2009），另一个有趣的探索性研究分析是检验这些非直接的影响因素对创新效率的影响，以探索创新生产单元效率差异的部分关键因素。最后，由于本章研究的测度框架是可被扩展，具有普适性，因此将来的一个有价值的扩展研究方向是应用本章研究的分析框架测度不同层次上的创新生产单元。

第7章 考虑创新过程内部转化的创新绩效测度（Ⅱ）：基于新建的网络 DEA 模型

7.1 测度背景与建模选择

从测度模型角度出发，现有的网络数据包络分析模型（Network DEA）主要关注固定规模报酬（CRS）经济假设下的技术效率测度，没有充分考虑规模报酬的影响，因此急需构建适合可变规模报酬（VRS）经济假设下的纯技术效率的测度模型来测度创新过程的纯技术效率。这为管理者或政策制定者把握被测度创新生产单元纯粹因为技术无效引起的效率差异提供了有效的途径。此外，从系统角度整合创新过程与创新环境的综合分析框架是创新系统测度研究系列中待以解决的重要建模问题，这有利于支撑从系统角度的创新管理与政策发展。

本章构建了适应内部生产结构为并行与链式两类生产单元的技术效率和纯技术效率测度的网络数据包络分析模型，并通过两个具体实例来展示本章新建网络模型的有效性以及在创新管理实践中的价值。本章的第一部分展示并行式网络 DEA 模型的构建，实现可变规模报酬下的扩展，并用来分析中国高技术产业技术创新整体效率；第二部分展示链式网络 DEA 模型，并用来分析中国区域创新系统的阶段性效率。值得提及的是，第二部分中，在网络数据包络分析基础上引入偏最小二乘回归模型构建了一个更加灵活的两步骤（two-step）混合分析程序，以从创新系统的角度在阶段效率估计的基础上从创新环境角度检验决定因素。

7.2　并行式网络 DEA 模型的构建及在中国高技术产业技术创新整体效率估计中的应用

7.2.1　研究总结

本章研究分别在可变规模报酬和固定规模报酬假设下，构建了包含非同质并行子系统的一类复杂生产系统的 DEA 效率测度模型，并对整体效率进行了满足凸线性组合的分解。与现有的研究相比，本章研究的建模方法更具有一般性，允许子系统具有不同的生产要素组合以及不同的生产要素权重结构；且易被扩展，用来测度包含更加复杂生产结构的多种生产系统的效率。本章研究用新建模型对中国高技术产业创新投资行为的有效性进行了测度和比较。

7.2.2　问题提出

数据包络分析（DEA）是数学、运筹学、数量经济学和管理科学的一个新的交叉领域，它是使用数学规划模型进行评价具有多输入多输出的生产决策单元（Decision Making Unit，DMU）。由于 DEA 具有"天然"的经济背景，因此，依赖 DEA 方法、模型和理论，可以直接利用输入和输出数据建立非参数的 DEA 模型，进行经济分析，获得有助于绩效改善的管理信息。但经典 DEA 模型［CCR（Charnes et al.，1978）和 BCC（Banker et al.，1984）］中，每个 DMU 都被看作是一个"黑箱"，不考虑它的内部生产结构，这样粗略测度的直接后果是无法全面考虑 DMU 的内生产信息。这个问题已经引起众多学者的关注，其代表性的结果是在 Beasley（1995）与 Färe and Grosskopf（1996a）的创新性工作的基础上考虑内部生产的"结构性 DEA 模型"诞生（Castelli et al.，2010 提供了研究综述），且在较短的时间内已经取得了较大发展，成为近期 DEA 研究的热点。

本章研究目的是构建包含非同质并行子系统的一类复杂生产系统更具有一般意义的 DEA 效率测度模型。现有文献表明，该类型生产系统效率的测度思想最初源于 Färe and Primont（1984）测度包含多个工厂的企业的生产绩效。Yang et al.（2000）近期在固定规模报酬（Constant Returns to Scales，CRS）经济假设下正式构建了该类生产系统的 DEA 效率测度模型；段永瑞等（2005）随后提出了 Yang 等人的模型在可变规模报酬（Variable Returns to Scales，VRS）经济假设下的形式；Kao（2009a，b）最近又从无效角度构建该类生产系统的 DEA 效率测度模型。然而，现有的研究都假设 DMU 内子生产系统同质性，即假设 DMU 内子生产系统具有相同的投入产出组合，且在效率测度时假设同类型的生产要素具有相同的权重（代表了生产价格）结构，这样强性假设使现有的模型在应用上具有较大的局限性。此外，现有研究对该类生产系统的整体效率的分解（构建整体效率和子效率之间的组合关系）探索涉及不足，不利于决策者把握各子效率在整体效率中的地位和绩效改善。基于此，本章研究提出该类生产系统的具有一般性的 DEA 效率测度和分解模型。新的模型允许子系统具有不同的生产要素组合以及不同的生产要素权重（生产价格）结构，且易被扩展，用来测度包含更加复杂生产结构的生产系统的效率。

7.2.3 模型构建

7.2.3.1 固定规模报酬下技术效率测度模型

并行结构（Parallel structure）是复杂 DMU 内部常见的一个基本结构（如，图 7-1 所示）。假设有 n 个 DMU，每一个 DMU_j（$j = 1, 2, \cdots, n$）生产过程由 h 个异质的并行子生产系统共同完成。这里设第 t（$t = 1, 2, \cdots, h$）个子生产系统有 $m^{(t)}$ 个投入 $X_{ij}^{(t)}$（$i = 1, 2, \cdots, m^{(t)}$）和 $s^{(t)}$ 个产出 $Y_{rj}^{(t)}$（$r = 1, 2, \cdots, s^{(t)}$）。这样，DMU 的系统投入和系统产出由其内部各子生产系统的整体投入和整体产出度量，其生产技术由内部子生产系统的各异质分生产技术（Sub-technologies）共同决定。

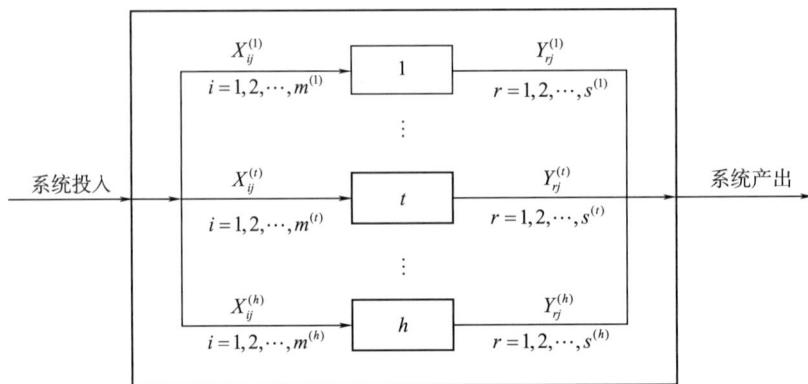

图 7-1 具有 h 个非同质并行子系统的生产系统的概念模型

如果非负决策变量 $v_i^{(t)}$、$u_r^{(t)}$（$t = 1, 2, \cdots, h$）分别是限制（或体现）观测值 $X_{ij}^{(t)}$、$Y_{rj}^{(t)}$ 生产效用（或生产价格），那么，整个生产系统的整体投入和产出可分别用 $\sum_{t=1}^{h} \sum_{i=1}^{m^{(t)}} v_i^{(t)} X_{ij}^{(t)}$ 和 $\sum_{t=1}^{h} \sum_{r=1}^{s^{(t)}} u_r^{(t)} Y_{rj}^{(t)}$ 来度量。这样，被测生产单元 DMU_k 的整体效率 E_k 可由分式规划（7.1）计算。

$$E_k = \max \frac{\sum_{t=1}^{h} \sum_{r=1}^{s^{(t)}} u_r^{(t)} Y_{rk}^{(t)}}{\sum_{t=1}^{h} \sum_{i=1}^{m^{(t)}} v_i^{(t)} X_{ik}^{(t)}}$$

$$s.\,t. \quad \frac{\sum_{t=1}^{h} \sum_{r=1}^{s^{(t)}} u_r^{(t)} Y_{rj}^{(t)}}{\sum_{t=1}^{h} \sum_{i=1}^{m^{(t)}} v_i^{(t)} X_{ij}^{(t)}} \leqslant 1, \ j = 1, \ 2, \ \cdots, \ n,$$

$$\frac{\sum_{r=1}^{s^{(t)}} u_r^{(t)} Y_{rj}^{(t)}}{\sum_{i=1}^{m^{(t)}} v_i^{(t)} X_{ij}^{(t)}} \leqslant 1, \ t = 1, \ 2, \ \cdots, \ h, \ j = 1, \ 2, \ \cdots, \ n,$$

$$u_r^{(t)}, \ v_i^{(t)} \geqslant 0, \ t = 1, \ 2, \ \cdots, \ h. \tag{7.1}$$

规划（7.1）中，第一簇不等式组用来约束整个生产系统，第二簇不等式组用来约束各子生产系统。由于整体约束组可由子约束组推导出，因此在求解决策变量最优化解时，整体约束组是多余的。这体现了每个 DMU 的整体生产技术是由其内部所有子系统的分生产技术共同作用的结果。若令 $\lambda = 1 / \sum_{t=1}^{h} \sum_{i=1}^{m^{(t)}} v_i^{(t)} X_{ik}^{(t)}$，借助 Charnes-Cooper（Charnes and Cooper，1962）转换，分式规划（7.1）可简化成等价的线性规划（7.2）求解。

$$E_k = \max \sum_{t=1}^{h} \sum_{r=1}^{s^{(t)}} U_r^{(t)} Y_{rk}^{(t)}$$

$$s.\,t. \quad \sum_{t=1}^{h} \sum_{i=1}^{m^{(t)}} V_i^{(t)} X_{ik}^{(t)} = 1,$$

$$\sum_{r=1}^{s^{(t)}} U_r^{(t)} Y_{rj}^{(t)} - \sum_{i=1}^{m^{(t)}} V_i^{(t)} X_{ij}^{(t)} \leqslant 0, \quad t = 1, \ 2, \ \cdots, \ h, \ j = 1, \ 2, \ \cdots, \ n,$$

$$U_r^{(t)}, \ V_i^{(t)} \geqslant \varepsilon, \quad t = 1, \ 2, \ \cdots, \ h.$$

$$\tag{7.2}$$

规划（7.2）中，新决策变量 $V_i^{(t)} = \lambda v_i^{(t)}$ 和 $U_r^{(t)} = \lambda u_r^{(t)}$（$t = 1, \ 2, \ \cdots, \ h$）。在求解其最优解时，为防止决策变量 $V_i^{(t)}$ 和 $U_r^{(t)}$ 最优值为零，它们的下界被限定为 ε，即非阿基米德无穷小。需要注意的是，为使规划（7.2）存在可行的有效解，ε 的值需依据投入或产出的总体规模限制（Ali and Seiford，1993；Jahanshahloo and Khodabakhshi，2004），而非随意选定。

通过规划（7.2）获得新决策变量 $V_i^{(t)}$ 和 $U_r^{(t)}$（$t = 1, \ 2, \ \cdots, \ h$）在 CRS 假设条件下的最优解后，可借助公式（7.3）获得被测生产单元 DMU_k 内部各子系统在其整体技术效率最优条件下的局部技术效率 $\bar{E}_k^{(t)}$（$t = 1, \ 2, \ \cdots, \ h$）。

$$E_k^{(t)} = \frac{\sum_{r=1}^{s^{(t)}} u_r^{(t)} Y_{rj}^{(t)}}{\sum_{i=1}^{m^{(t)}} v_i^{(t)} X_{ij}^{(t)}} = \frac{\sum_{r=1}^{s^{(t)}} U_r^{(t)} Y_{rj}^{(t)}}{\sum_{i=1}^{m^{(t)}} V_i^{(t)} X_{ij}^{(t)}}, \ t = 1, \ 2, \ \cdots, \ h \tag{7.3}$$

定理 1 生产单元 DMU_k 整体技术效率是内部子系统的局部技术效率的凸线性组合。

证明：由于

$$E_k = \frac{\sum_{t=1}^{h} \sum_{r=1}^{s^{(t)}} u_r^{(t)} Y_{rk}^{(t)}}{\sum_{t=1}^{h} \sum_{i=1}^{m^{(t)}} v_i^{(t)} X_{ik}^{(t)}} = \frac{\sum_{i=1}^{m^{(1)}} v_i^{(1)} X_{ik}^{(1)}}{\sum_{t=1}^{h} \sum_{i=1}^{m^{(t)}} v_i^{(t)} X_{ik}^{(t)}} \cdot \frac{\sum_{r=1}^{s^{(1)}} u_r^{(1)} Y_{rk}^{(1)}}{\sum_{i=1}^{m^{(1)}} v_i^{(1)} X_{ik}^{(1)}} + \cdots$$

$$+ \frac{\sum_{i=1}^{m^{(t)}} v_i^{(t)} X_{ik}^{(t)}}{\sum_{t=1}^{h} \sum_{i=1}^{m^{(t)}} v_i^{(t)} X_{ik}^{(t)}} \cdot \frac{\sum_{r=1}^{s^{(t)}} u_r^{(t)} Y_{rk}^{(t)}}{\sum_{i=1}^{m^{(t)}} v_i^{(t)} X_{ik}^{(t)}} + \cdots + \frac{\sum_{i=1}^{m^{(h)}} v_i^{(h)} X_{ik}^{(h)}}{\sum_{t=1}^{h} \sum_{i=1}^{m^{(t)}} v_i^{(t)} X_{ik}^{(t)}} \cdot \frac{\sum_{r=1}^{s^{(h)}} u_r^{(h)} Y_{rk}^{(h)}}{\sum_{i=1}^{m^{(h)}} v_i^{(h)} X_{ik}^{(h)}}$$

$$= \sum_{t=1}^{h} \omega^{(t)} \cdot E_k^{(t)}. \tag{7.4}$$

这里的组合系数

$$\omega^{(t)} = \frac{\sum_{i=1}^{m^{(t)}} v_i^{(t)} X_{ik}^{(t)}}{\sum_{t=1}^{h} \sum_{i=1}^{m^{(t)}} v_i^{(t)} X_{ik}^{(t)}} = \frac{\sum_{i=1}^{m^{(t)}} V_i^{(t)} X_{ik}^{(t)}}{\sum_{t=1}^{h} \sum_{i=1}^{m^{(t)}} V_i^{(t)} X_{ik}^{(t)}}, \quad t = 1, 2, \cdots, h, \tag{7.5}$$

表示第 t 个子系统的技术效率在被测生产系统整体技术效率值 E_k 最优时的权重，反映了各子系统的地位和重要性。由于存在 $\sum_{t=1}^{h} \omega^{(t)} = 1$，显然定理 1 成立。

推论 1 生产单元 DMU_k 整体技术有效，当且仅当内部所有子系统都局部技术有效。

证明：当所有子系统有效，即 $E_k^{(t)} = 1$（$t = 1, 2, \cdots, h$）时，由定理 1 和公式（7.5）可得 $E_k = \sum_{t=1}^{h} \omega^{(t)} \cdot E_k^{(t)} = \sum_{t=1}^{h} \omega^{(t)} = 1$。当生产单元整体有效，即 $E_k = 1$ 时，必然存在 $E_k^{(t)} = 1$（$t = 1, 2, \cdots, h$）。否则，假设存在一个子系统无效，即 $E_k^{(t)} < 1$，由定理 1，必然存在 $E_k < 1$，与假设相矛盾。推论 1 得证。

推论 2 生产单元 DMU_k 整体技术效率值一定分布在各子系统技术效率值的取值区间内。

证明：设定 $E_k^{(a)}$ 和 $E_k^{(b)}$ 分别是 $E_k^{(t)} = 1$（$t = 1, 2, \cdots, h$）的最小值和最大值。则存在 $E_k = \sum_{t=1}^{h} \omega^{(t)} \cdot E_k^{(t)} \leqslant E_k^{(b)} \sum_{t=1}^{h} \omega^{(t)} \leqslant E_k^{(b)}$ 和 $E_k = \sum_{t=1}^{h} \omega^{(t)} \cdot E_k^{(t)} \geqslant E_k^{(a)} \sum_{t=1}^{h} \omega^{(t)} \geqslant E_k^{(a)}$。推论 2 得证。

如果考察技术无效性，显然可分别用 $\text{INE}_k = 1 - E_k$ 和 $\text{INE}_k^{(t)} = 1 - E_k^{(t)}$（$t = 1, 2, \cdots, h$）来度量生产单元 DMU_k 整体以及各子系统的技术无效水平。

推论 3 生产单元 DMU_k 整体技术无效水平是内部子系统的局部技术无效水平的凸线性组合。

证明：由于 $E_k = \sum_{t=1}^{h} \omega^{(t)} \cdot E_k^{(t)}$，则 $1 - E_k = 1 - \sum_{t=1}^{h} \omega^{(t)} \cdot E_k^{(t)} = \sum_{t=1}^{h} \omega^{(t)} \cdot (1 - $

$E_k^{(t)}$）成立，因此可得 $\mathrm{INE}_k = \sum_{t=1}^{h} \omega^{(t)} \cdot \mathrm{INE}_k^{(t)}$。推论 3 得证。

7.2.3.2　可变规模报酬下技术效率测度模型

在用模型（7.2）来计算 DMU 技术效率时，是在假设规模有效的条件下进行的。没有考虑各子系统规模无效以及规模报酬之间的差异，即模型（7.2）估计的效率是一个复合效率，综合了纯技术效率和规模无效。由于不同的子系统具有不同的生产技术，因此假设不同子系统具有不同的规模报酬是合理的，也是必要的。

Banker et al.（1984）在 VRS 假设下构建的纯技术效率测度的 BCC 模型思路是引入一个分离变量（μ）来反映规模无效，把其从被测生产系统的整体产出中剔除。在本例中，对于 DMU_k 中第 t（$t = 1, 2, \cdots, h$）子系统，也就是把规模无效项 $\mu_k^{(t)}$ 其从产出项 $\sum_{r=1}^{s^{(t)}} u_r^{(t)} Y_{rk}^{(t)}$ 中剔除（注，这是面向投入导向的建模，如果产出导向，应该在投入项中添加规模无效项）。可见，差项 $\sum_{r=1}^{s^{(t)}} u_r^{(t)} Y_{rk}^{(t)} - \mu_k^{(t)}$ 反映了在 VRS 假设下剔除规模无效后生产单元 DMU_k 第 t（$t = 1, 2, \cdots, h$）子系统的整体产出。这样，可用 $\sum_{t=1}^{h} \sum_{r=1}^{s^{(t)}} u_r^{(t)} Y_{rk}^{(t)} - \sum_{t=1}^{h} \mu_k^{(t)}$ 来反映生产单元 DMU_k 剔除规模无效项后的整体产出。结合整体投入 $\sum_{t=1}^{h} \sum_{i=1}^{m^{(t)}} v_i^{(t)} X_{ik}^{(t)}$，生产单元 DMU_k 在 VRS 假设下的整体纯技术效率 $\bar{E}_k$ 的测度模型可用非线性规划（7.6）表示。

$$\bar{E}_k = \max \frac{\sum_{t=1}^{h} \sum_{r=1}^{s^{(t)}} u_r^{(t)} Y_{rk}^{(t)} - \sum_{t=1}^{h} \mu_k^{(t)}}{\sum_{t=1}^{h} \sum_{i=1}^{m^{(t)}} v_i^{(t)} X_{ik}^{(t)}}$$

$$s.t. \quad \frac{\sum_{t=1}^{h} \sum_{r=1}^{s^{(t)}} u_r^{(t)} Y_{rj}^{(t)} - \sum_{t=1}^{h} \mu_k^{(t)}}{\sum_{t=1}^{h} \sum_{i=1}^{m^{(t)}} v_i^{(t)} X_{ij}^{(t)}} \leqslant 1, \quad j = 1, 2, \cdots, n,$$

$$\frac{\sum_{r=1}^{s^{(t)}} u_r^{(t)} Y_{rj}^{(t)} - \mu_k^{(t)}}{\sum_{i=1}^{m^{(t)}} v_i^{(t)} X_{ij}^{(t)}} \leqslant 1, \quad t = 1, 2, \cdots, h, \quad j = 1, 2, \cdots, n,$$

$$u_r^{(t)}, \ v_i^{(t)} \geqslant 0.$$

(7.6)

与规划（7.1）一样，规划（7.6）中由于整体约束组可由子约束组导出，因此在求解最优化解时，约束整个生产系统的不等式组是多余的。这也充分体现了，无论是在 CRS 还是 VRS 假设下，本章研究的建模方法都满足系统性。若令 $\bar{\lambda} = 1 / \sum_{t=1}^{h} \sum_{i=1}^{m^{(t)}} v_i^{(t)} X_{ik}^{(t)}$，借助 Charnes-Cooper 转换，分式规划（7.7）可简化成只包含子约束的等价的线性规划（7.7）。

$$\bar{E}_k = \max \sum_{t=1}^{h} \sum_{r=1}^{s^{(t)}} U_r^{(t)} Y_{rk}^{(t)} - \sum_{t=1}^{h} \bar{\mu}_k^{(t)}$$

$$s.\,t.\ \sum_{t=1}^{h}\sum_{i=1}^{m^{(t)}}V_i^{(t)}X_{ik}^{(t)}=1$$

$$\sum_{r=1}^{s^{(t)}}U_r^{(t)}Y_{rj}^{(t)}-\sum_{i=1}^{m^{(t)}}V_i^{(t)}X_{ij}^{(t)}-\overline{\mu}_k^{(t)}\leqslant 0,\quad t=1,\ 2,\ \cdots,\ h,\ j=1,\ 2,\ \cdots,\ n,$$

$$U_r^{(t)},\ V_i^{(t)}\geqslant\varepsilon,\quad t=1,\ 2,\ \cdots,\ h.$$

$$(7.7)$$

这里 $V_i^{(t)}=\overline{\lambda}v_i^{(t)}$、$U_i^{(t)}=\overline{\lambda}u_i^{(t)}$ 和 $\overline{\mu}_k^{(t)}=\overline{\lambda}\mu_k^{(t)}$。因 $\overline{\lambda}>0$，所以新规模无效指数 $\overline{\mu}_k^{(t)}$ 与原指数 $\mu_k^{(t)}(t=1,\ 2,\ \cdots,\ h)$ 一样，没有符号限制。通过规划（7.7）获得新决策变量 $V_i^{(t)}$、$U_r^{(t)}$ 和 $\overline{\mu}_k^{(t)}$（$t=1,\ 2,\ \cdots,\ h$）在 VRS 假设条件下的最优解后，可借助公式（7.8）获得生产单元 DMU_k 内部各子系统在其整体纯技术效率最优的条件下的子纯技术效率 $\overline{E}_k^{(t)}$（$t=1,\ 2,\ \cdots,\ h$）。

$$\overline{E}_k^{(t)}=\frac{\sum_{r=1}^{s^{(t)}}u_r^{(t)}Y_{rk}^{(t)}-\mu_k^{(t)}}{\sum_{i=1}^{m^{(t)}}v_i^{(t)}X_{ik}^{(t)}}=\frac{\sum_{r=1}^{s^{(t)}}U_r^{(t)}Y_{rk}^{(t)}-\overline{\mu}_k^{(t)}}{\sum_{i=1}^{m^{(t)}}V_i^{(t)}X_{ik}^{(t)}},\quad t=1,\ 2,\ \cdots,\ h \quad (7.8)$$

定理2 生产单元 DMU_k 整体纯技术效率是内部子系统的局部纯技术效率的凸线性组合。

证明：

$$\overline{E}_k=\frac{\sum_{t=1}^{h}\sum_{r=1}^{s^{(t)}}u_r^{(t)}Y_{rk}^{(t)}-\sum_{t=1}^{h}\mu_k^{(t)}}{\sum_{t=1}^{h}\sum_{i=1}^{m^{(t)}}v_i^{(t)}X_{ik}^{(t)}}$$

$$=\frac{\sum_{i=1}^{m^{(1)}}v_i^{(1)}X_{ik}^{(1)}}{\sum_{t=1}^{h}\sum_{i=1}^{m^{(t)}}v_i^{(t)}X_{ik}^{(t)}}\cdot\frac{\sum_{r=1}^{s^{(1)}}u_r^{(1)}Y_{rk}^{(1)}-\mu_k^{(1)}}{\sum_{i=1}^{m^{(1)}}v_i^{(1)}X_{ik}^{(1)}}+\cdots$$

$$+\frac{\sum_{i=1}^{m^{(t)}}v_i^{(t)}X_{ik}^{(t)}}{\sum_{t=1}^{h}\sum_{i=1}^{m^{(t)}}v_i^{(t)}X_{ik}^{(t)}}\cdot\frac{\sum_{r=1}^{s^{(t)}}u_r^{(t)}Y_{rk}^{(t)}-\mu_k^{(t)}}{\sum_{i=1}^{m^{(t)}}v_i^{(t)}X_{ik}^{(t)}}+\cdots$$

$$+\frac{\sum_{i=1}^{m^{(h)}}v_i^{(h)}X_{ik}^{(h)}}{\sum_{t=1}^{h}\sum_{i=1}^{m^{(t)}}v_i^{(t)}X_{ik}^{(t)}}\cdot\frac{\sum_{r=1}^{s^{(h)}}u_r^{(h)}Y_{rk}^{(h)}-\mu_k^{(h)}}{\sum_{i=1}^{m^{(h)}}v_i^{(h)}X_{ik}^{(h)}}$$

$$=\sum_{t=1}^{h}\overline{\omega}^{(t)}\cdot\overline{E}_k^{(t)}.$$

$$(7.9)$$

这里的组合系数

$$\overline{\omega}^{(t)}=\frac{\sum_{i=1}^{m^{(t)}}v_i^{(t)}X_{ik}^{(t)}}{\sum_{t=1}^{h}\sum_{i=1}^{m^{(t)}}v_i^{(t)}X_{ik}^{(t)}}=\frac{\sum_{i=1}^{m^{(t)}}V_i^{(t)}X_{ik}^{(t)}}{\sum_{t=1}^{h}\sum_{i=1}^{m^{(t)}}V_i^{(t)}X_{ik}^{(t)}},\quad t=1,\ 2,\ \cdots,\ h, \quad (7.10)$$

表示第 t 个子系统的纯技术效率在被测生产系统整体纯技术效率值 E_k 最优时的权重，

反映了各子系统的地位和重要性。由于存在 $\sum_{t=1}^{h} \overline{\omega}^{(t)} = 1$，显然定理 1 成立。

由定理 2 得，

推论 4　生产单元 DMU_k 整体纯技术有效，当且仅当内部所有子系统都纯技术有效。

证明过程与推论 1 相同。

推论 5　生产单元 DMU_k 整体纯技术效率值一定分布在子系统纯技术效率值的取值区间内。

证明过程与推论 2 相同。

如果考察纯技术无效性，同样可分别用 $\text{IN}\,\overline{E}_k = 1 - \overline{E}_k$ 和 $\text{IN}\,\overline{E}_k^{(t)} = 1 - \overline{E}_k^{(t)}$（$t = 1$，$2$，$\cdots$，$h$）度量生产单元 DMU_k 整体以及子系统的纯技术无效水平。这样存在推论 6。

推论 6　生产单元 DMU_k 整体纯技术无效水平是内部子系统的局部技术无效水平的凸线性组合。

证明过程与推论 3 相同。

定理 1 和 2 以及推论 3 和 6 表明，无论是固定规模报酬假设下的技术效率（或无效）测度，还是可变规模报酬假设下的纯技术效率（或无效）测度，生产系统的整体效率（或无效）与子系统的效率（或无效）之间存在凸线性组合关系，组合系数体现了各生产系统在整个生产系统中地位和重要性。推论 1、推论 2、推论 4 与推论 5 表明，本章研究的建模方法更加直观地描述了整体效率和局部效率之间有效性以及数量大小关系。

7.2.4　实证分析

高技术产业的发展无疑成为中国中长期规划顺利实现的重头戏，而其典型的特点是依赖密集的创新活动获得竞争力，因此对其创新投资效率的测度意义尤为重要。本例以 2005 年 24 个省域的电子通信和医药制造两个代表性产业的观测数据为样本进行测度分析。依据朱有为和徐康宁（2006），投入指标包括研发经费和研发人员（当量），产出指标用新产品销售。表 7-1 和表 7-2 是基于本章研究的新模型的计算结果。

计算结果表明，无论在 CRS 还是 VRS 假设下，没有一个省域效率有效。在 CRS 下，天津、辽宁、安徽、山东、重庆效率值接近于 1；在 VRS 下，由于剔除了规模无效因素，因此所有省域的整体 VRS 效率值不小了整体 CRS 效率值，且新增广西和云南两省的效率值接近于 1。既然没有一个省域整体有效，也不存在电子通讯和医药制造两个产业共同有效的省域，由公式（7.3）和公式（7.8）的计算结果可以证明这一点，这也是系统性测度的必然的逻辑结果。

由于 DEA 评估是从最有利于被测度生产单元的角度测算其生产效率的，因此，权重分配最优结果常存在与实践不符。如表7-1所示的计算结果表明，无论在CRS还是VRS假设下的效率测算，有些生产单元的子效率绩效分配权重似乎偏离现实（如，北京，在CRS效率测度时，电子通信产业的权重0.00930，而医药制造产业的权重是0.99070）。针对这种情况，将来的研究中可以通过对它们的取值界限进行限定。然而，既然DEA评估是在最优角度下获得被测度决策单元的效率值，因此列于表7-1中关于两个子过程之间显著的权重分配的大小差异可引导每个决策单元从更有效的角度改善其整体效率水平。如对决策单元1来说，医药制药效率权重的绝对优势意味着改善该产业的效率比改善电子效率对省域高技术产业整体技术效率具有更大的收益；对决策单元2来说，恰好相反。

如果计算各效率之间的Pearson相关系数（见表7-3所示），不难发现，电子通信和医药制造两个子产业的效率与其整体效率都表现出显著相关性，但是后者更为强烈。Kendall's tau_ b秩相关结果也证实这一发现。需要注意的是，这一发现并不能表明医药制造业更大程度上决定了区域高技术产业的整体效率，但在效率计算上，医药制造业在区域高技术产业的整体效率上表现出更重要的作用，从计算中获得的相对优势权重（见表7-1和表7-2的最后一行）已证明了这一点。

然而，两种相关系数计算结果都表明，电子通信和医药制造两个子产业的效率之间相关性不显著。在VRS假设背景下计算，二者的相关系数还是负值。这说明在平均水平上，两种产业的创新活动不存在关联性。造成这种结果的可能原因之一是两种产业依赖不同的生产技术。不过这一结果从系统角度提醒科技政策制定者，需要促进二者之间的合作以改善二者的整体效率。

表7-1　CRS假设下测度结果

省域（直辖市）	整体效率	电子通信产业效率	医药制造产业效率	电子通信产业权重	医药制造产业权重
北京	0.78722	0.09012	0.79377	0.00930	0.99070
天津	0.99985	1.00000	0.53833	0.99967	0.00033
河北	0.34142	0.34154	0.20397	0.99916	0.00084
辽宁	0.99775	0.14952	1.00000	0.00265	0.99735
吉林	0.28081	0.06618	0.28085	0.00019	0.99981
黑龙江	0.59851	0.11851	0.59859	0.00017	0.99983
上海	0.74270	0.31016	0.74902	0.01439	0.98561
江苏	0.98663	0.21746	1.00000	0.01709	0.98291
浙江	0.56224	0.08810	0.57006	0.01622	0.98378
安徽	0.99991	1.00000	0.32999	0.99987	0.00013

续表

省域（直辖市）	整体效率	电子通信产业效率	医药制造产业效率	电子通信产业权重	医药制造产业权重
福建	0.49918	0.48680	0.49925	0.00567	0.99433
江西	0.42089	0.32539	0.42092	0.00030	0.99970
山东	0.99571	0.36849	1.00000	0.00680	0.99320
河南	0.68448	0.07788	0.68617	0.00278	0.99722
湖北	0.17412	0.02114	0.17462	0.00325	0.99675
湖南	0.46133	0.01287	0.46244	0.00248	0.99752
广东	0.35368	0.12449	0.37779	0.09520	0.90480
广西	0.55688	0.16571	0.55689	0.00004	0.99996
重庆	0.99991	0.58893	1.00000	0.00023	0.99977
四川	0.39577	0.14153	0.39859	0.01098	0.98902
贵州	0.22713	0.22650	0.22713	0.00021	0.99979
云南	0.32325	0.04437	0.32326	0.00004	0.99996
陕西	0.45570	0.03777	0.45734	0.00392	0.99608
甘肃	0.48390	0.13979	0.48394	0.00013	0.99987
平均	0.59704	0.25597	0.54720	0.13295	0.86705

表 7-2　VRS 假设下测度结果

省域（直辖市）	整体效率	电子通信产业效率	医药制造产业效率	电子通信产业权重	医药制造产业权重
北京	0.83144	0.09722	0.83840	0.00939	0.99061
天津	0.99986	1.00000	0.57919	0.99967	0.00033
河北	0.61855	0.61889	0.20082	0.99918	0.00082
辽宁	0.99775	0.14910	1.00000	0.00264	0.99736
吉林	0.34610	0.25500	0.34612	0.00023	0.99977
黑龙江	0.60374	0.29252	0.60380	0.00019	0.99981
上海	0.78885	0.31011	0.79584	0.01439	0.98561
江苏	0.98674	0.21878	1.00000	0.01698	0.98302
浙江	0.56417	0.08837	0.57198	0.01615	0.98385
安徽	0.99992	1.00000	0.37722	0.99986	0.00014
福建	0.53629	0.48987	0.53655	0.00563	0.99437
江西	0.44026	0.38504	0.44028	0.00035	0.99965

续表

省域（直辖市）	整体效率	电子通信产业效率	医药制造产业效率	电子通信产业权重	医药制造产业权重
山东	0.99572	0.37593	1.00000	0.00686	0.99314
河南	0.69879	0.07781	0.70051	0.00276	0.99724
湖北	0.20901	0.02070	0.20962	0.00323	0.99677
湖南	0.73736	0.03163	0.73915	0.00254	0.99746
广东	0.36509	0.12450	0.39039	0.09518	0.90482
广西	0.99994	1.00000	0.62263	0.99984	0.00016
重庆	0.99991	0.58583	1.00000	0.00023	0.99977
四川	0.40196	0.14246	0.40481	0.01089	0.98911
贵州	0.43645	0.34922	0.43647	0.00024	0.99976
云南	0.99995	1.00000	0.40304	0.99992	0.00008
陕西	0.57721	0.05626	0.57928	0.00395	0.99605
甘肃	0.99990	0.36069	1.00000	0.00015	0.99985
平均	0.71396	0.37625	0.61567	0.21627	0.78373

表7-3 效率相关分析

效率	CRS 假设下测度			VRS 假设下测度		
	整体效率	电子通信产业效率	医药制造产业效率	整体效率	电子通信产业效率	医药制造产业效率
电子通信产业效率	0.570** (0.371*)		0.082 (0.158)	0.532** (0.425**)		−0.161 (−0.037)
医药制造产业效率	0.815** (0.774**)			0.678** (0.509**)		

注：（1）* 0.05 水平上显著；** 0.01 水平上显著（双尾）。

（2）括弧内的数值为 Kendall´s tau_ b 秩相关系数统计值。

7.2.5 结论与讨论

现有关于包含并行子系统的一类生产系统的 DEA 效率测度模型因没有考虑子系统之间的异质性，测度结果无法有效反映生产系统的真实绩效。本章研究在考虑子系统之间的异质性条件下，构建了该类型生产系统在固定规模效益和可变规模效益假设下更加一般的 DEA 效率测度模型，且进一步分析了整体效率最优的条件下整体效率（或无效）和子系统效率（或无效）之间的组合关系。本章研究新建的模型不但考虑了内部各异质子生产系统的更加细化的生产信息，而且提供了确立子系统效率在整体最优条件下的地位的相对重要性，为效率改善确立了更加具体的目标。

实例结果表明，电子通信产业相对医药制造产业在创新效率的省域平均水平上显著处于劣势，这表明全国将来政策的总体发展都要侧重电子通信产业的创新效率。此外，各省、直辖市在整体效率和两个高技术产业的效率无论是技术效率还是纯技术效率都存在较大差异，这意味着各省份需要差异化的政策和管理。如在 CRS 测度背景下，北京和江苏等省、直辖市的电子通信产业的效率相对医药产业的效率明显处于弱势，因此这些省份将来的政策需要重视电子通信的产业创新效率改善；而安徽、天津则相反，需要重视医药制造业的创新效率改善。

考虑到将来的扩展性研究，首先可考虑搜集更多高技术产业的数据，完善实证研究。此外，本章研究模型的构建方法因灵活，具有普适性，易被扩展到子系统存在共享投入和中间产出等更加复杂的生产系统之中。

7.3　链式网络 DEA 模型联合 PLS 回归的两步骤分析程序的构建及在区域创新系统的阶段性效率估计与决定因素检验中的应用

7.3.1　研究总结

（区域）创新系统的有效分析有益于提升公共认识，帮助政策制定者标定创新绩效，最终实现从系统视角改善创新政策制定与战略。本研究构建一个新的两步骤估计程序分析区域技术创新系统的阶段效率与决定要素。第一步引入网络数据包络分析估计由上游技术创造（研发）过程（TCrP）和下游技术转化（商业化）过程（TCoP）构成的关联两阶段技术创新过程（TIP）的效率，实现了在一个系统框架下对整体过程与两个子过程效率的同步估计。第二步引入偏最小二乘回归技术检验政策导向环境变量对三个过程效率影响的检验。本研究应用这一新的两步骤估计程序分析中国省域层次上的技术创新系统。实证结果表明：中国的技术创新系统在省域平均水平上技术研发效率与商业化效率都偏低，而这要归因于众多环境因素的不匹配。这也意味着，中国背景下，政策导向的创新环境与技术创新过程不匹配。

7.3.2　问题提出

随着区域创新系统的理论框架逐渐成熟，具体环境下创新过程的运作效率与决定因素的定量分析理应成为政策制定与学术研究关注的焦点之一，以此了解具体系统的运作绩效与影响因素。然而，如何实现定量的有效分析却面临着诸多挑战。首先，一个可测度的分析框架与一个匹配的估计程序是需要的，也是迫切需要解决的。现有相关文献肯定了这一论断（见，Fritsch and Slavtchev，2007，2011；Wang and Huang，2007；Li，2009；Guan and Chen，2010a；Brenner and Broekel，2011），它们都试图构建一个更加可信的分析框架与估计模型来改善创新系统绩效的估计，为全面了解创新系统的运作绩效提供了分析工具。本研究通过构建一个面向过程并考虑创新环境要素的嵌入效应的（区域）技术创新系统分析框架以及一个新的两步骤分析程序实现对（区域）技术创新系统分阶段效率与决定因素的估计与检验。

总体来讲，一个区域创新系统由两部分构成：一个生产框架（技术经济框架）和一个制度环境框架（政治制度框架）（Asheim and Isaksen，1997）。生产框架与技术创新过程对应，制度框架与创新环境对应。创新系统就是创新过程嵌入创新环境中交互作用的结构。既然创新系统的主要功能是保障创新过程，即创新的创造、扩散与应用的运作（Edquist，2005），因此创新过程理应成为这一系统框架的核心。这也意味着，构建一个面向创新过程的分析框架式合适的，它保障了创新系统分析的关键。

既然整个创新过程的无效源于各个子阶段的无效和，因此为了充分了解创新过程的无效，创新过程的分阶段绩效的估计是必要。更具体来说，本研究聚焦于一个典型技术创新过程（TIP）的连续转化链：一个追求新技术知识产生的上游技术创造过程（TCrP）紧连着一个追求市场效益的下游技术商业化过程（TCoP）。面向过程的创新研究逐渐被现有文献青睐（如，Rothwell，1994；Rogers，1995；Bernstein and Singh，2006；Galanakis，2006）。然而，现有研究还主要是从理论视角关注创新过程的要素与结构，从定量的视角关注创新过程运作质量的相关研究也正刚起步。本研究引入一个网络数据包络分析（DEA）模型在一个整体的关联框架下估计技术创新过程的整体效率和两个子过程的局部效率，该分析框架考虑了两个子过程的生产关联关系。

既然创新过程"根植于"创新环境中，创新环境要素的影响和参与效应不应忽略，从创新环境要素中识别创新绩效的决定要素有助于创新政策发展方向与重点的确定。这也意味着，仅仅基于创新过程形成（forming）要素进行的创新效率估计对充分了解创新系统的运作效果是不够的，效率差异的潜在外生原因是什么？一个重要的问题：外部创新政策环境是如何影响创新系统效率的以及在每一个过程上影响模式有何差异？为了获得这一有意义的探索，本研究在效率估计后，引入灵活的偏最小二乘（PLS）回归检验创新环境要素对创新过程绩效的影响。PLS回归可以适应创新活动分析中常存在弱假设、小样本、测量误差以及多重共线性干扰的数据资料。

这样，本研究用网络数据包络分析效率测度模型（确定性的）与偏最小二乘回归检验模型（不确定性的）联合发展了一个新的两步骤分析程序来构建区域技术创新系统的分阶段效率与决定因素分析框架。具体来说，这个两步骤程序由两个连续的分析过程构成：一是技术创新整体过程和两个子过程的效率估计；二是创新环境要素对三个过程效率水平影响检验。

　　本研究用这两步骤程序实证分析中国区域技术创新系统。响应创新型国家战略，中国各省域水平区域都积极加大创新投入。为掌握创新投资的绩效以及影响因素，研究区域创新绩效差异以及原因是个有价值的探索。此外，在中国这样一个大经济体下区域创新系统更有意义，它可以考虑各区域在创新导向的结构条件以及制度环境之间的差异。再者，中国经济一个突出特征是省域水平的区域间经济水平的差距逐渐加大（Li，2009）。在此背景下，一个面向省域水平的实证分析对探索中国这样一个巨大的国家创新系统似乎更加合适。

　　本研究其余部分如下安排：首先发展面向创新过程的创新系统分析框架；随后讨论研究方法，包括创新过程分阶段的投入产出以及环境指标的定义与测量；然后构建一个新的两步骤效率估计与检验程序；接着基于 30 个省域的技术创新活动进行实证分析；最后在讨论的基础上对整个研究进行总结。

7.3.3　分析框架

　　熊彼特认为创新关键特征在于生产要素的新结合［“ new combinations ”（Schumpeter，1939）］。这个被广泛认可的创新定义最初是熊彼特在《经济发展理论》中给出（Schumpeter，1934），至今仍是创新研究的基本参考。该定义的一个导向作用是引导研究者从生产角度探索创新过程。Romer（1990）的创意（idea）生产函数和Griliches（1990）知识生产函数都潜在遵循了这一定义，他们把创新描述成一个投入产出的生产过程，也就是创新投入要素的生产联合引起了创新产出。

　　创新模型经过多次演化，基本上遵循了从线性模式到非线性模式的发展路线。现有出现的非线性模型：一是链式模式（Kline and Rosenberg，1986）；二是系统模式（Nelson，1993；Cooke et al.，1997；Edquist，1997）。非线性创新模式突出优点是改善对创新过程运作机制与动力的认识。不过无论哪种创新模式下，在创新投资转化视角下，或者从资源转化角度看，都需要经历从创新投资到科技知识产生，再到最终市场收益这一链式转化过程。非线性模式只不过为创新资源转化（创新过程运作）的动力（动因）与机制提供非线性视角的解释。可以说，创新线性模式在量化创新过程，特别是创新投资的转化绩效时是需要的。如同 Brown and Sveson（1998）和 Guan and Chen（2010a）强调，从实践分析角度，线性视角更加实际，因为过多强调非线性因素可能导致创新测量的失败。这一视角已被较多文献认可，用来发展各种创新分析框架。例如，Geisler（1995）的研发工程图（R&D project diagram），Brown and Sveson（1998）的研发过程图（R&D process diagram）以及 Pakes and Griliches（1980）知识生产路径函数图。

　　从生产视角（创新投资转化）分析创新过程，两个连续的转化过程在现有研究中备受关注（见，Pakes and Grileches，1980；Griliches，1990；Brown and Sveson，1998；

Furman et al.，2002；Moon and Lee，2005；Guan and Chen，2010a）：一个是技术创新过程上游的技术创造过程（TCrP）；另一个是下游的技术商业化过程（TCoP）。此外，创新过程不能独立于创新环境运作，而是嵌入创新环境，创新环境的要素参与或影响创新过程的运作，这种思考也符合创新系统的视角。本研究绘制图 7-2 来描述从初始创新投资到最终市场价值实现的分阶段的连续技术知识创新过程。这里设想第一阶段没有自己的产出，第二阶段没有自己的投入。既然本研究分析框架聚焦于技术创新过程中创新投资的转化，这种设想是可行的（如，Pakes and Grileches，1980；Griliches，1990；Brown and Sveson，1998；Furman et al.，2002；Moon and Lee，2005）。这里需要注意的是，两个子过程之间新增技术知识在整个技术创新过程链中充当了"双重身份"，既是上游技术创造过程的产出，又是下游技术商业化过程的投入。可见，技术创新过程是个关联的两阶段过程。

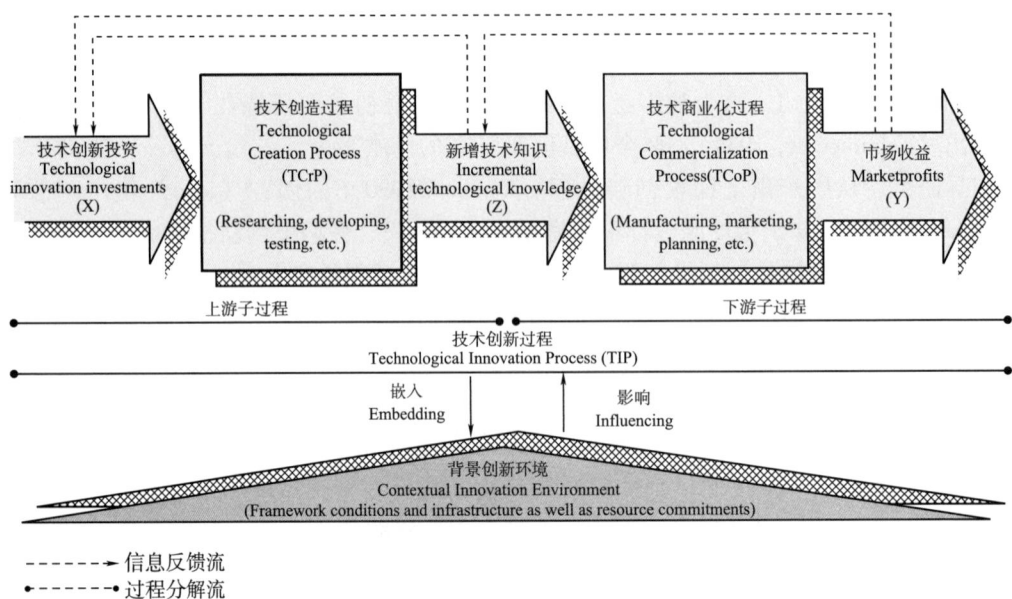

图 7-2　技术创新系统过程导向的概念框架

　　在该概念框架中，上游依赖研究、发展与检验等活动实现初始技术创新投资到新增技术知识转化的技术创造过程与下游依赖制造、营销与规划等活动实现新增技术知识到市场收益转化的技术商业化过程通过新增技术知识串联起来。当然，这仅仅是个简化的框架。不过这一过程导向的分析框架可以引导我们尤为关注创新投资的商业化价值，很好地展现熊皮特强调的发明与创新之间的区别，也符合 Freeman and Soete（1997）对创新从经济角度的理解："经济视角的创新只有经过首次商业交易才算完成"。Galanakis（2006）也指出："创新与发明的区别在于前者考虑了商业化因素"。

创新过程不是孤立运作的，而是植入创新系统的创新环境内（Furman et al.，2002；Doloreux，2002）。图 7-2 所示的概念框架中，本研究从创新系统的视角整合了创新环境要素对创新过程的影响。创新过程与创新环境之间的交互关系启示我们从系统的视角关注创新过程运作绩效差异的原因。可见，本研究构建的概念框架从创新系统角度描述了创新过程的运作（当然它是简化的），这也符合现有研究的思考，如，Furman et al.（2002），Faber and Hesen（2004），OECD and EUROSTAT（2005），Fritsch and Slavtchev（2007）和 Li（2009）。

本研究构建的这一面向阶段效率与决定因素的综合分析框架也有助于探索创新能力绩效的检验。Furman et al.（2002）对空间系统创新能力的定义："一个空间生产单元（一个国家或者区域）创新能力是它生产和商业化创新型技术的能力"。显然，创新效率与创新能力有不同的含义与关注焦点。创新效率聚焦于创新过程的转化绩效，创新能力聚焦于创新环境的作用（与创新效率的决定因素相对应）。就如 Furman et al.（2002）暗示，（国家）创新能力不是（国家）自身创新产出的水平，而是更多关注（国家）创新过程的基本决定因素。

总之，本研究这一混合概念框架不但有利于引导创新过程的分阶段考虑，而且有利于从创新过程动力视角考虑创新过程与外部环境之间的交互作用。这也符合系统视角下的一个共识：空间创新系统的产出与收益起因于创新系统内活动和要素的交互作用。

不过，如图 7-2 虚线所示，该概念框架中存在基于产出分析的反馈。本研究的目的无需担心这些反馈作用，因为它们仅是创新过程的观察者、管理者或控制者基于产出反馈的生产信息，并不关系到实体要素的转移（Brown and Svenson，1998）。本研究基于创新过程中实体要素转化的创新效率估计，无需考虑这些无实体生产反馈信息，虽然它们影响创新投入，但不在本研究讨论范围。

需要注意的是，如同现在研究（如，Furman et al.，2002；Faber and Hesen，2004；Fritsch and Slavtchev，2007；Li，2009；Chen and Guan，2011），虽然本研究关注对于创新能力相关的背景因素在创新效率的结果性影响，但并没有详细发展假设，这样也有助于不分散本研究聚焦于创新效率的分析。

7.3.4 研究方法

7.3.4.1 投入与产出的定义

效率本质是描述产出与使用资源的关系，这一特征就决定了投入产出指标是实体指标，即通常是可以统计或者观测的合计值，创新效率的估计也不例外（如，Rousseau and Rousseau，1997，1998；Wang and Huang，2007；Hollanders and Celikel-Esser，2007；Zabala-Iturriagagoitia et al.，2007；Guan and Chen，2010a）。创新投入产出在技术创新生产过程起到"形成（forming）"角色，因此也决定了创新生产可能前沿面的构成与结构。在测量指标体系构建时，基本要求是投入与产出之间尽可能对应，这也是获得有意义效率估计的前提。然而，在实践中，达到完全的对应是困难的，甚至常常是不可能的，因为创新过程无法脱离外部经济社会环境的而独立运行。基于这一客观事实，本研究认为不存在实践最优的测量指标体系，只有尽可能构建实践最佳的测量指标体系。就创新效率估计来讲，再加之研究起步较晚，目前没有一个统一的指标框架，这也是适应不同的研究对象以及目的所需的。既然如此，本研究坚持代表性（不宜过多①）原则，构建投入产出指标如下：

（1）初始投入：技术创新投资

研发（R&D）人员作为上游 TCrP 的智力投入（Fritsch and Slavtchev，2007），它是知识创造者的一个近似测量（Brenner and Broekel，2011），是 TCrP 实现最基本的要素。本研究用每一个省份内各部门科学家与工程师的全时当量（FTE_S&E）的投入作为它的观测值的代理。作为支撑性要素投入，用来支付研发人员薪酬以及购买研发装置等的研发经费是需要的（Brown and Svenson，1998）。本研究用每个省份内各部门用于应用研究与试验发展的研发经费（RDE_AR&ED）作为它的观测值的代理。RDE_AR&ED 用来支撑每个省份内技术创新和新产品开发，为上游研发人员的活动提供了财政支持。

（2）中间产品：新增技术知识

用每个省份内各部门国内授权专利（PATENT）② 作为技术创新过程中间新增技术知识的代理变量（Chen and Guan，2011）。专利是衡量区域知识创新/发明目前最为合适的可测量指标（如，Fritsch and Slavtchev，2007；Li，2009），虽然 Griliches（1990）指出："并不是所有发明都可专利化，也并不是所有发明都被专利化，即使在被专利化的专利在质量上存在较大的差异"。实证分析中，USPTO 专利常常用来衡量相对世界新颖的（new-to-the-world）研究成果（Furman et al.，2002）。然而，中国获得 USPTO 授权的专利不到国内授权专利的 1%（Chen and Guan，2011）。再者，中国作为一个技

---

① 太多产出指标会带来需要问题：使效率值更偏向"1"，增加效率估计方差同时降低想真实效率收敛的速度（Simar and Wilson，2000；Groskopff，1996）。

② 基于多种原因，一些产生于上游知识生产的专利没有商业化，这对中国这样一个发展中国家更是客观事实。然而，在 DEA 估计背景下不被商业化的专利是允许存在的，被视为下游知识商业化过程的投入过剩。显然，不被商业化的专利越多，下游商业化效率越低，也符合实践的认识。

术落后与追赶的国家，它的主要研究成果是相对国家新颖的（new-to-the-country），不能被 USPTO 专利充分代理。这种背景下，选择国内授权专利作为中国省域技术创新产出的度量是合适的（见，Li，2009）。

（3）最终产出：市场效益实现

基于高技术产业从事技术密集型生产活动，本研究首先选用每个省份内高技术产业的附加值（AV_HTI）作为新增技术知识的市场收益（Moon and Lee，2005）。此外，新产品销售收入（SR_NP）作为另一个度量新增技术知识对外部经济收益贡献指标（见，Faber and Hesen，2004）。本研究用每个省份内大中型工业企业的新产品销售收入作为代理测量，因为多数创新都是在大中型工业企业内进行的。

7.3.4.2　环境因素的定义

创新环境因素是影响创新过程运作的背景因素，不参与创新过程的形成，当然也不参与创新生产前沿的构成。创新环境因素相对创新过程的实践者通常是不可控的，也常是不能直接测量的。创新环境要素虽然不参与创新生产前沿的形成，但它们已被证实确实可能促进或者阻碍技术创新过程（创新投资转化），从而影响技术创新过程的生产质量与效率（见，Furman et al.，2002；Fritsch and Slavtchev，2007；Li，2009）。在数值的度量上，环境变量不同于投入产出用可观测的合计值度量，它们一般不能直接观测，因此常常源于调查数据或者统计数据间综合的二手数据（见，Furman et al.，2002；Fritsch and Slavtchev，2007，2010；Chen and Guan，2011），是程度或水平的度量。

影响创新过程的创新环境要素源于各个方面，包括与省域的框架条件（如产业结构）、基础设施、资源禀赋等广泛影响创新生产与执行的要素。本研究基于 Furman et al.（2002）空间单元创新能力框架选择 14 个环境变量（见表 7-4 示定义与测量）从现有知识获取、创新数量度、公共创新环境、产业聚类环境与创新链接等 5 个方面探索环境对创新过程的影响。这一环境指标体系[①]已被现有文献（如，Hu and Mathews，2008；Chen and Guan，2011）接受与应用。

在一个开放式创新模式中，各种渠道的现有知识获取必然影响区域的创新绩效。本研究选择每一个省域内科技合作水平（ST_CO）、技术转移水平（TECH_TRAN）和外商直接投资水平（FDI_LE）三个变量来反映该省域对现有知识获取水平。这里的技术转移水平是技术交易、技术进口和技术购买三者组合测量。技术创新过程的运作需要依赖人的各种活动，包括研发、制造、规划以及销售等活动。这也意味着，创新过程执行人在这些活动上熟练程度（技术水平与经验）影响技术创新投资的实现水

---

　　①　多数指标的详细解释也可见第八章。不过需要注意的是，由于分析目的差别，有些指标的测量方法有所改变。

平。本研究用每个省域内由教育投资决定的劳动者素质（EM_ QUA）、由生产设备质量与技术改造决定的制造与生产能力（MANU_ CA）以及与产品模型相关的设计能力（DE_ CA）三个变量一起来反映创新熟练的水平。

表7-4　背景变量与定义

环境因素		变量定义与测量	数据来源
外部知识获取	科技合作水平（ST_ CO）	观测年每个省域在论文合作发表、专利合作申请以及产学合作的总体水平	ARRICC
	技术转移水平（TECH_ TRAN）	观测年每个省域在技术市场交易和国内外技术购买的总体水平	ARRICC
	外商直接投资（FDI_ LE）	观测年每个省域在外商投资额、增长率和人均投资额的总体水平	ARRICC
创新熟练度	技术设计能力（DE_ CA）	观测年每个省域实用新型专利申请受理和外观设计专利申请受理总体水平	ARRICC
	制造和生产能力（MANU_ CA）	观测年每个省域生产经营设备和技术改造投入的总体水平	ARRICC
	劳动者素质（EM_ QUA）	观测年每个省域教育投资、人均图书消费、人均受教育年限等总体水平	ARRICC
公共创新环境	通信环境（COM_ EN）	观测年每个省域百人拥有电话数、城镇居民拥有手机数和百人拥有计算机数的总体水平	ARRICC
	市场环境（MAR_ EN）	观测年每个省域固定资产投资及其增长率和进出口差额的综合水平	ARRICC
	金融环境（FIN_ EN）	观测年每个省域技术创新基金和企业开发贷款的总体水平	ARRICC
产业聚集环境	高技术制造业研发绩效（HTI_ RD_ PER）	观测年每个省域高技术制造业执行的研发经费占总研发经费的比例	CSYST
	传统制造业研发绩效（TMI_ RD_ PER）	观测年每个省域传统制造业执行的研发经费占总研发经费的比例	CSYST
创新链接	公共研究机构研发绩效（PRI_ RD_ PER）	观测年每个省域公共研发机构承担的研发经费占总研发经费的比例	CSYST
	大学研发绩效（UNI_ RD_ PER）	观测年每个省域由高校承担的研发经费占总研发经费的比例	CSYST
	风险资本水平（VEN_ LE）	观测年每个省域私营科技企业和高技术企业增长率的总体水平	ARRICC

续表

环境因素		变量定义与测量	数据来源
控制 变量	创新规模（INNO_ SCALE）［ln］	观测年每个省域的研发经费内部支出	CSYST
	经济规模（ECO_ SCALE）［ln］	观测年每个省域的国民生产总值（GDP）	CSY
	地理位置（LOCATION）	如果位于中国西部值为"1"，否则为"0"。	CSY

注：［ln］表示该测量指标的测量值取常用对数。
ARRICC：中国区域创新能力报告；CSYST：中国科技统计年鉴；CSY：中国统计年鉴。

　　在基础设施与产业环境方面，本研究考虑了公共创新环境与产业聚类环境。前者水平本研究选择通信环境质量（COM_ EN）、市场环境质量（MAR_ EN）、金融环境质量（FIN_ EN）来度量；后者用高技术产业执行研发经费的百分比（HTI_ RD_ PER）和传统制造业执行研发经费的百分比（TMI_ RD_ PER）度量。HTI_ RD_ PER和 TMI_ RD_ PER 在本研究检验框架中有更多的涵义，它们反映每个省域的产业结构，可以考虑产业间在专利授权与商业化上存在较大差异。

　　最后本研究用公共研发机构执行的研发经费份额（PRI_ RD_ PER）、高校执行的研发经费份额（UNI_ RD_ PER）以及风险资本水平（VEN_ LE）来量化特定聚类环境与公共创新基础设施之间的关联。中国以中国科学院、社科研、农科院为代表的公共研发机构有中国最大的研究生院，不但为企业培养了人才，同时也为企业提供了科学技术知识。更多创新关联的量化讨论可参考 Furman et al. （2002）、Hu and Mathews（2005，2008）以及 Chen and Guan（2011a）。

　　为考虑省域特征变量，如表 7-4 所示，本研究选择每个省域的创新规模（INNO_ SCALE）和经济规模（ECO_ SCALE）作为控制变量以考虑各省域规模差异对创新效率的影响。此外，本研究引入一个虚拟变量——位置（LOCATION）来捕捉因地理位置差异而没有观察到的影响。当位于西部时，省份的 LOCATION 值为"1"，其他为"0"。由于西部省域在社会、自然以及经济条件处于劣势，因此本研究假设认为省域的 LOCATION 系数统计值为负。

7.3.4.3　数据与测量

　　本研究搜集了 30[①] 个中国省域创新系统的横截面[②]数据。由于劳动力的流动以及技术创新过程的运作多数发生在省域之内而不是省域之间，同时中国的省域在经济与行政管理上都是独立的，因此选择省域作为分析单元是合适的。更多以区域为单元分析

[①]　由于数据可得性限制，本研究样本不包括西藏、台湾、香港、澳门等省域。
[②]　本研究重点在于展示两步骤分析程序的实证应用，因此并没有构建面板数据。将来的研究可以搜集面板数据以获得时间序列上的分析。

的证据可见 Fritsch and Slavtchev（2007，2011）、Li（2009）、Guan and Chen（2010a）或 Brenner and Broekel（2011）。

既然技术创新过程中的专利授权与商业化过程都需要消耗一定的时间，因此两个子过程 TCrP 和 TCoP 都需要考虑时间延迟结构。为了满足在分析技术创新过程时从消耗的初始投入到中间产品的产出以及到最终获得的市场收益之间对应关系，本研究在两个子过程上都考虑了适合的时间延迟结构[①]。本研究在上游技术创造（研发）过程上考虑了两年的时间延迟（Fritsch and Slavtchev，2007；Chen and Guan，2011），在下游技术商业化（转化）过程上考虑了一年的时间延迟（见，中国区域创新能力报告）。既然本研究已经固定时间延迟结构，因此没有再通过改变时间延迟结构进行稳健性检验（见，Hollanders and Celikel-Esser，2007）。具体来说，基于可得数据，初始创新投入统计年份为 2002 年，中间产品——专利授权数统计年份为 2004 年，最终产出——市场收益统计年份为 2005。这也意味着，本研究分析的技术创新过程执行时间区间是 2002 ~ 2005。

由于背景变量没有直接统计的观测值对应，本研究通过多个渠道才获得 14 个环境变量与 3 个控制变量的值（见表 7-4）。有些是本研究基于可获得的统计值组合构造而成，有些是源于现有已经整理好的二手资料。数据来源都源于权威资料，包括中国统计年鉴（CSY）、中国科技统计年鉴（CSYST）以及中国区域创新能力报告（ARRICC）。基于技术创新过程的执行时间，本研究分别用 2002 ~ 2005、2002 ~ 2004 和 2004 ~ 2005 年间背景变量的平均值作为本样本背景变量的值。财务度量的产出指标 AV_ HTI 和 SR_ NP 的观测值都基于观测初年——2002 年可比价格进行了转化消除通货膨胀，这样可以与创新过程的初始投入指标 RDE_ AR&ED 的观测值具有可比性。两个财务度量的控制变量 INNO_ SCALE 和 ECO_ SCALE 也同样处理，并且取对数，目的是减少异方差性以及对异常值的敏感。

7.3.5 估计程序

本研究绘制图 7-3 已清晰展示技术创新系统效率分析的两阶段程序[②]。第一步通过加型网络数据包络分析（DEA）建模技术在一个整体框架下估计技术创新过程以及两个子过程的效率；随后的第二步通过偏最小二乘回归分别检验创新环境因素对创新过

[①] 现有研究表明，目前并没有一个统一的时间延迟结构（Wang and Huang，2007）。此外，Griliches（1990）实证表明，时间延迟对检验结果并不显著。最近的研究中，Hollanders and Celikel-Esser（2007）发现是否考虑时间延迟对效率绩效估计几乎没有影响。

[②] Liu（2012）最新研究表明，检验背景因素对过程效率影响的两步骤分析框架是目前 DEA 研究领域最为活跃的方向。

程各阶段效率的作用模式。

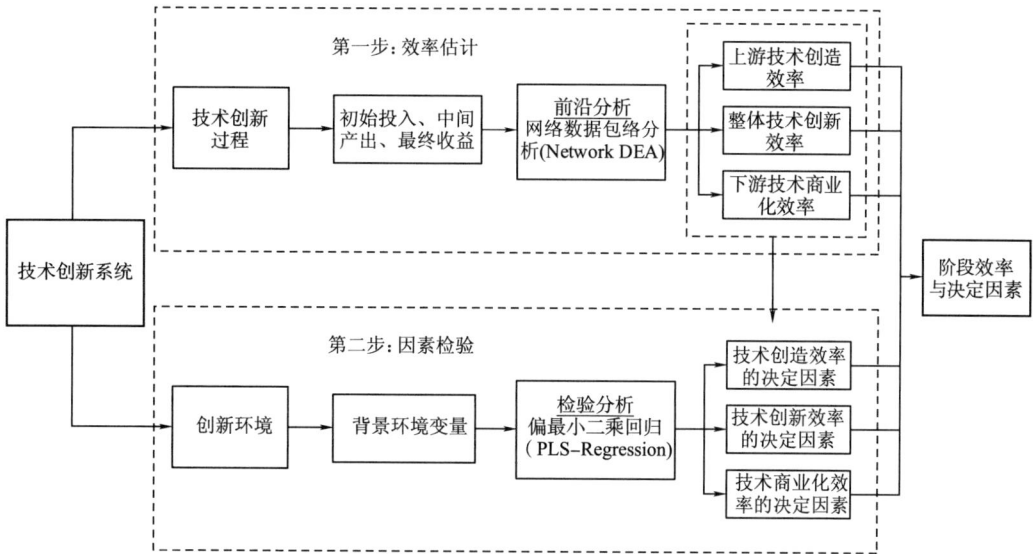

图 7-3　技术创新系统面向过程的分阶段效率与决定因素的两步骤分析程序框架

7.3.5.1　网络 DEA 模型——创新效率估计

虽然创新效率是创新过程的简单化描述，但它对引导政策决策或许是个有益的分析（Hollanders and Celikel-Esser，2007）。相对创新产出与收益，在衡量创新系统把一定创新投资转化成最大创新产出与收益的实现水平上，创新效率应该是个更加合适的指标。本研究用加型网络 DEA 建模技术估计技术创新过程整体以及两个子过程的效率。

作为非参数性分析工具，DEA 估计比较适合本研究不确定的创新投入与产出之间的具体生产关系。在这一建模背景下，无需事先假设或者确定投入产出生产关系以及效率绩效分布，而相对作为一个可选择的估计技术——随机前沿分析来讲，是必需的（Hoff，2007）。

作为 DEA 可选择的方法，随机前沿分析最大的优点是不但考虑了技术无效，而且考虑了可能影响产出但生产者无法控制的随机事件冲击的影响。现有研究中，随机前沿分析方法已被应用分析区域或国家水平上创新活动（见，Fritsch and Slavtchev，2007；Li，2009；Wang，2007）。然而，该方法通常不便处理多产出，更为重要的是，它的模型不能在一个整体建模框架下考虑创新过程中两阶段的关联生产关系以实现技术创新过程的效率估计。

为了适应本研究构建的多投入、多产出、关联两阶段的技术创新过程的转化结构，一个巧妙的建模技术——网络 DEA 被引入。传统 DEA 模型，如，CCR-DEA（Charnes et al.，1978）和 BCC-DEA（Banker et al.，1984），在此已不再适用。具体说，本研究选择一个加型网络 DEA 建模技术来估计分阶段效率（模型构建的细节请见本章尾注）。该加型网络 DEA 模型的突出优点充分考虑了中间产品的双重角色，可以在一个整体框架下对技术创新过程以及两个子过程效率进行同步估计，很好地匹配现实整体过程和子过程之间的关联的生产关系。正是基于此，通过网络 DEA 计算的效率本研究称之为协作效率（Cooperative efficiency），而通过传统 DEA 分别估计得到的各阶段的效率称之为独立效率（Independent efficiency）。也就是说，网络 DEA 模型为本研究两阶段技术创新过程提供了一个更加可信的效率估计。为了获得更具区分能力的效率结果，以改善第二步骤的回归检验，本研究的效率估计是在可变规模报酬假设下进行的（见，Banker et al.，1984）。

7.3.5.2 偏最小二乘回归——决定因素检验

系统视角下评价创新过程并不是简单通过效率构建一个比较创新系统的指标，作为政策制定者，他们更关心政策导向背景变量对创新效率的影响。这也意味着，效率估计后紧随其后的影响探索更为需要。这一步骤如何执行与实现呢？国际著名的效率分析专家 Grosskopf（1996）如下强调：

"即使在准确数据资料获取条件下实现效率绩效精确估计，并获得与最佳实践前沿绩效的差距，然而如何解释各生产单元在差距上的变异/不同呢？这一探索问题在运筹学领域是不能应对的，然而经济学家很自然会选择回归分析以达到分析的目的。"

该论断不但强调了一个两步骤分析程序的实践价值，而且暗示第二步骤可以借助回归分析实现建模。这个组合的两步骤分析程序核心思想是把效率估值视为过程绩效指标的值，然后用线性回归解释被分析生产单元在效率值上的变异。Banker and Natarajan（2008）最新模拟结果表明，基于 DEA 构建的两步骤程序在背景要素对效率影响估计上完全可以获得与参数方法一样好的执行结果。

在现有实证研究中，第二步的检验技术选择上，Tobit 回归现有文献最为常用（可见，Hoff，2007；Nahra et al.，2009），这主要是基于第一步由 DEA 估计的效率值分布在区间（0，1]，被认为是删失数据。不过 Hoff（2007）表明，普通最小二乘（OLS）估计在多数情况下也完全可以代替 Tobit 估计，同时，Nahra et al.（2009）验证，但当有效单元（效率值为 1）的比例较大时，Tobit 回归估计结果将严重不准确。McDonald（2009）指出，由于 DEA 效率的产生并不是删失过程（censoring process），而是实际投入（产出）与前沿投入（产出）相比的过程，因此 Tobit 估计是不合适的，此时普通最小二乘（OLS）提供了一个一致性估计。Nahra et al.（2009）也强调，即使在效率绩效值弱假设下，OLS 将为环境变量的系数提供最优的线性无偏估计。然而，面对多个自变量的实践条件，OLS 估计常受多重共线性、样本容量[①]、正态假设以及遗漏值等问题的干扰（Nash and Chaloud, 2002）。

本研究引入一个非常灵活并且有效的回归工具——偏最小二乘（PLS）回归模型作为第二步统计检验的分析工具，有效地克服了上述干扰 OLS 估计的统计问题。在衡量估计有效性以及判断环境变量的效用上，PLS 回归不同于 OLS 回归，PLS 回归有效需要满足合适的 R^2 以及交叉有效 Q^2。如果 $R^2 > 0.7$ 和 $Q^2 > 0.5$，即超过各自临界值，对应 PLS 回归被视为有效（Lundstedt et al., 1998）。环境变量（自变量）的重要性从回归系数和 VIP（variable influence on projections）两个角度判断。回归系数可以判断自变量对因变量影响/作用的方向，VIP 值反映了自变量在解释因变量值得变异以及体现交互自变量信息的重要性（见，Wold et al., 2001）。PLS 估计是基于正交的主成分实现的，计算过程不提供如 OLS 估计时判断自变量作用显著的 t 统计值（也可见，Tenenhaus, 1998；Nash and Chaloud, 2002）。具体来说，如果 VIP 值大于 1，被认为该环境变量作用"高"，如果小于 0.8，作用是为"弱"，如果位于 0.8 ~ 1 之间，作用为"适当"（见，Eriksson et al., 1999；Umetrics, 2002；Nash and Chaloud, 2002）。

7.3.6　估计结果

7.3.6.1　效率比较

为了可比性，表 7-5 同时给出了被选的 30 个省域通过网络 DEA 模型估计的协作效率以及通过 CCR-DEA 模型（Charnes et al., 1978）估计的独立效率，并对各省份在每个阶段效率上排序。比较表明，在省域效率区分与排名逻辑上，网络 DEA 模型相对 CCR-DEA 模型估计结果更加理想。本例中，网络 DEA 模型估计的效率可以满足所有省份效率水平在三个过程上的完全区分。然而，CCR-DEA 模型估计结果不具有此优点，此时有四个省份的效率值为"1"，水平无法被区分。更为重要的是，在网络 DEA 模型下，整体技术过程效率与两个子过程（技术研发过程和技术商业化过程）效率估计值之间满足系统性的逻辑关系：由于整体技术过程效率由两个子过程效率联合决定，因此它的效率值应不应超过两个子过程效率决定的区间。CCR-DEA 模型估计结果是不满足的。这也意味着，在 CCR-DEA 模型估计框架下，整体效率与子效率之间的估计值

---

① 用 PLS 估计时，本研究并不担心基于 30 个样本估计 17 个背景变量的效应估计的可靠性。首先，虽然样本小，但有足够的自由度来估计系数。更为重要的是，本研究将引入一个灵活的回归技术——偏最小二乘（PLS）回归作为估计技术。相对一般最小二乘（OLS）估计，PLS 估计适应小样本，此时仍能给出稳健的估计（Wold et al., 2001）。

不存在可比性，而在网络 DEA 模型估计框架下，它们之间可以比较。既然如此，本研究基于网络 DEA 模型估计，主要发现如下：

（1）没有省份在整个技术创新过程有效。在下游的技术商业化过程，仅仅天津有效，在上游的技术创造过程，仅仅浙江有效。换句话说，没有省域在两个子过程都有效，既然如此，没有省份在整个技术创新过程有效是必然的。

（2）各省份在三个过程（TIP、TCrP 和 TCoP）上的平均效率水平都不理想，平均值都低于 0.5。具体来说，TIP、TCrP 和 TCoP 的各省份效率平均值分别为 0.326、0.359 和 0.318，都仅仅达到最高优效率值"1"的 1/3 左右。如果从分散效率值分布来看，TIP、TCrP 和 TCoP 上效率值高过效率中间值 0.5 的省份的个数分别为 1、3 和 5，仅仅分别占样本的 3%、10% 和 17%。可见，在本研究观测期，中国省域技术创新投资平均（全国）水平显然无效。换句话说，中国的技术创新投资转化过程资源浪费整体较为严重或者转化水平较低。

表 7-5　30 个省份技术创新过程的各阶段效率（括号内数字为排序）

省份 （直辖市）	基于网络 DEA 的协作效率						基于 CCR-DEA 的独立效率					
	TIP		TCrP		TCoP		TIP		TCrP		TCoP	
北京	0.172	(27)	0.173	(27)	0.164	(24)	0.197	(27)	0.177	(28)	0.295	(20)
天津	0.356	(11)	0.217	(22)	1.000	(1)	1.000	(1-4)	0.218	(24)	1.000	(1)
河北	0.263	(20)	0.288	(18)	0.180	(22)	0.275	(23)	0.29	(18)	0.214	(26)
山西	0.156	(28)	0.157	(28)	0.151	(26)	0.404	(15)	0.238	(23)	0.399	(11)
内蒙古	0.490	(4)	0.554	(5)	0.375	(11)	0.903	(7)	0.556	(5)	0.375	(13)
辽宁	0.280	(18)	0.284	(20)	0.266	(19)	0.333	(19)	0.289	(19)	0.266	(23)
吉林	0.384	(7)	0.398	(9)	0.348	(14)	0.598	(11)	0.404	(9)	0.348	(15)
黑龙江	0.316	(17)	0.367	(10)	0.176	(23)	0.299	(22)	0.372	(11)	0.176	(27)
上海	0.361	(10)	0.318	(14)	0.494	(2)	0.739	(9)	0.322	(15)	0.494	(3)
江苏	0.342	(12)	0.324	(13)	0.397	(9)	1.000	(1-4)	0.327	(14)	0.846	(2)
浙江	0.617	(1)	1.000	(1)	0.235	(20)	1.000	(1-4)	1.000	(1)	0.235	(24)
安徽	0.227	(23)	0.190	(25)	0.423	(8)	0.344	(18)	0.191	(26)	0.423	(10)
福建	0.483	(5)	0.507	(6)	0.437	(6)	0.979	(5)	0.507	(6)	0.438	(7)
江西	0.316	(16)	0.285	(19)	0.426	(7)	0.514	(13)	0.287	(20)	0.426	(8)

续表

省份（直辖市）	基于网络 DEA 的协作效率						基于 CCR-DEA 的独立效率					
	TIP		TCrP		TCoP		TIP		TCrP		TCoP	
山东	0.336	(14)	0.327	(11)	0.361	(12)	0.622	(10)	0.330	(12)	0.425	(9)
河南	0.193	(26)	0.191	(24)	0.205	(21)	0.353	(17)	0.277	(21)	0.299	(19)
湖北	0.226	(24)	0.205	(23)	0.331	(15)	0.305	(21)	0.208	(25)	0.331	(16)
湖南	0.257	(22)	0.288	(17)	0.150	(27)	0.384	(16)	0.388	(10)	0.233	(25)
广东	0.586	(2)	0.654	(4)	0.482	(3)	1.000	(1-4)	0.654	(4)	0.491	(4)
广西	0.318	(15)	0.308	(16)	0.350	(13)	0.462	(14)	0.310	(17)	0.35	(14)
海南	0.564	(3)	0.755	(3)	0.312	(16)	0.830	(8)	0.756	(3)	0.312	(17)
重庆	0.469	(6)	0.760	(2)	0.085	(29)	0.904	(6)	0.765	(2)	0.278	(21)
四川	0.263	(21)	0.254	(21)	0.301	(17)	0.314	(20)	0.258	(22)	0.302	(18)
贵州	0.364	(9)	0.327	(12)	0.476	(4)	0.553	(12)	0.328	(13)	0.476	(5)
云南	0.368	(8)	0.484	(7)	0.127	(28)	0.242	(24)	0.486	(7)	0.127	(29)
陕西	0.121	(30)	0.092	(30)	0.444	(5)	0.155	(29)	0.094	(30)	0.447	(6)
甘肃	0.194	(25)	0.180	(26)	0.273	(18)	0.222	(25)	0.181	(27)	0.273	(22)
青海	0.134	(29)	0.108	(29)	0.378	(10)	0.178	(28)	0.108	(29)	0.378	(12)
宁夏	0.273	(19)	0.311	(15)	0.153	(25)	0.208	(26)	0.311	(16)	0.153	(28)
新疆	0.336	(13)	0.473	(8)	0.046	(30)	0.094	(30)	0.474	(8)	0.046	(30)
均值	0.326		0.359		0.318		0.514		0.370		0.362	
标准差	0.131		0.211		0.181		0.306		0.206		0.190	
范围	0.496		0.908		0.954		0.906		0.906		0.954	

（3）两个子过程效率之间不存在匹配关系。表 7-6 中 Spearman rank-order 相关检验（系数统计值=-0.085）和 Kendall′s tau_ b 相关检验（系数统计值=-0.062）表明，省域平均水平上两个子过程效率间的相关系数都是负的，虽然不显著。这不符合二者在生产关系上的关联性，而这正是导致整个技术创新构成效率水平较低的系统原因。两类相关检验结果也表明，各省份在技术研发效率与技术商业化效率各有优劣。这种阶段绩效不匹配关系应引导创新政策更加具体化以及阶段政策之间的协调。

表7-6 三类效率间的相关系数

方法		基于协作效率		基于独立效率	
		TCoP	TIP	TCoP	TIP
Kendall's tau_b	TCrP	−0.062	0.809**	0.149	0.442**
	TCoP	1.000	0.134	1.000	0.414**
Spearman's rho	TCrP	−0.085	0.930**	0.192	0.560**
	TCoP	1.000	0.194	1.000	0.542**

注：符号"**"表示在1%水平显著（双尾）。

（4）东西部省份间效率水平存在显著差别，东部省份的效率水平平均值显著高于西部省份的效率水平平均值。11个西部省份的 TIP，TCrP 和 TCoP 的平均效率值分别为0.303，0.350和0.274，然而19个东部省份在相应过程上的平均效率值为0.498，0.549和0.488，分别是西部省份的1.64倍、1.57倍和1.78倍。

（5）技术创新过程（TIP）的整体效率与上游技术创造过程（TCrP）的阶段效率在统计上表现出更紧密的联系。表7-6提供的 Spearman rank-order 和 Kendall's tau _b 相关系数的显著程度支持这一结论。就以 Spearman rank-order 相关检验为例，TIP 与 TCrP 效率值的相关系数为0.930，而与 TCoP 效率值的相关系数仅为0.194。表7-6提供的基于 CCR-DEA 模型的估计结果的分析也支持这一结论，不过区分度有所降低。

为了获得效率更加直接的应用，本研究基于两个子过程效率构建了各省份技术创新效率位势比较的二维图（见图7-4）。这里以技术创造（研发）效率为横轴，技术创新商业化效率为纵轴。这样所有省份都基于两个子过程效率水平形成的坐标被标注在图7-4中，省份坐标上注的是该省份技术创新过程整体效率。

基于图7-4技术创新效率省域比较图，可以定位参评省域在技术创新过程各阶段效率相对水平地位。在效率值0.5处纵向和横向添加分界虚线，把图7-4分成四个区：Ⅰ，Ⅱ，Ⅲ和Ⅳ。高研发效率与高商业化效率的省份位于Ⅰ区域，也称为"技术创新领先"区域，本样本没有省份位于这一理想区域；低研发效率与高商业化效率的省域位于Ⅱ区域，也称为"技术商业化领先者"，本样本中只有天津位于该区域；高研发效率与低商业化效率的省份位于Ⅲ区域，也称之为"技术创造领先者"，本样本中广东、浙江等六个省份位于该区域；低研发效率与低商业化效率的省份位于Ⅳ区域，也称之为"技术创新的落后者"，本样本中多数省份都位于该区域。这一分布特征也肯定了中国技术创新绩效在省域平均（全国）水平上处于较差的状态。

7.3.6.2 决定因素检验

初步检验解释（背景）变量间的相关系数与方差膨胀系数检验表明，本研究选择

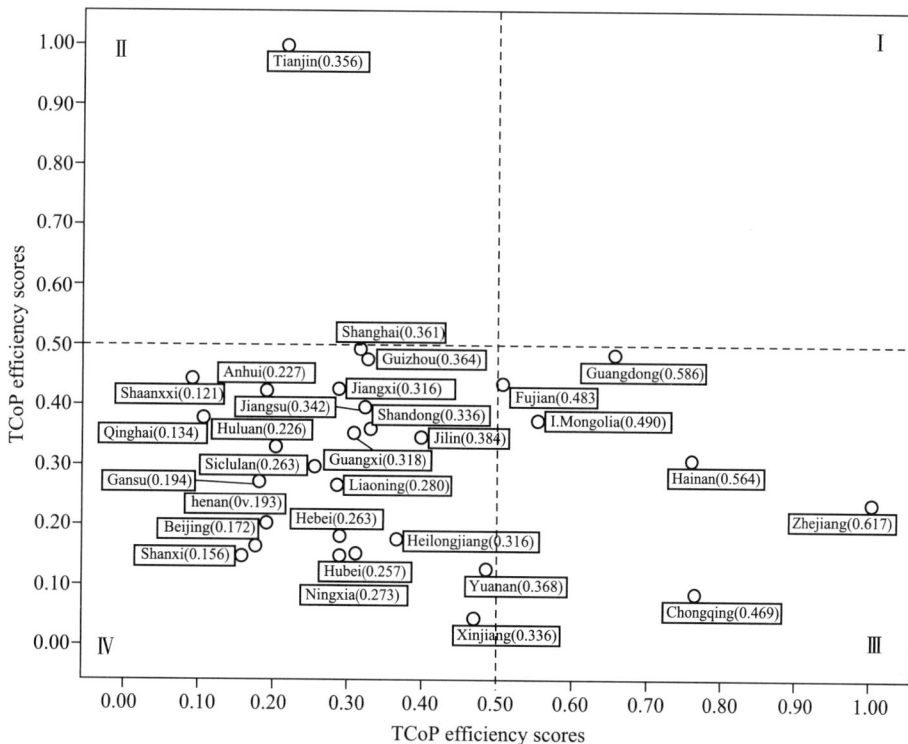

图 7-4　省域技术创新效率二维位势比较图

注：图中坐标名为对应省份的汉语拼音

的解释变量间存在严重的多重共线性。正是基于此以及本研究样本不够大，本部分选择 PLS 回归而非 OLS 回归或 Tobit 回归来检验解释变量的效用。回归估计的结果见表 7-7。通过 SIMCA-P 自动拟合估计，三个 PLS 回归满足累计 R^2（>0.7）和 Q^2（>0.5）都超过各自临界值，在统计上都是可接受的。需要注意的是，本部分目的是对背景变量影响的检验判断而非建模预测，因此并不强制需要累计 R^2 和 Q^2 的统计值最够大以接近"1"。总的来说，表 7-7 中检验结果证实了本样本中，政策导向的环境变量确实对技术创新绩效在省域平均（全国）水平上存在或大或小、或正或负的影响。不过较多环境变量的负向阻碍作用一定程度上可以解释上节技术创新绩效不佳的发现。此外，一个令人感兴趣，也是本研究期望得到的发现是：环境因素对整体技术创新过程以及两个子过程效率的影响模式存在差异。这一发现不但说明环境变量对技术创新过程不同阶段影响存在差异，并表明差异性的分阶段政策发展的需要，而且肯定了过程导向分析技术创新效率与决定因素的必要性。

表7-7　背景变量对 TIP、TCrP 和 TCoP 影响的 PLS 回归检验

	背景变量	Model 1：分析 TIP		Model 2：分析 TCrP		Model 3：分析 TCoP	
		VIP	PLS 系数	VIP	PLS 系数	VIP	PLS 系数
外部知识获取	科技合作水平（ST_ CO）	0.923	0.134	1.091	0.178	0.984	-0.051
	技术转移水平（TECH_ TRAN）	0.868	-0.007	0.960	-0.063	0.792	0.013
	外商直接投资（FDI_ LE）	1.097	0.173	0.983	0.093	1.215	0.246
创新熟练度	技术设计能力（DE_ CA）	0.962	0.109	1.005	0.123	0.906	0.048
	制造和生产能力（MANU_ CA）	1.146	-0.153	1.095	-0.159	1.323	-0.202
	劳动者素质（EM_ QUA）	1.112	-0.167	1.145	-0.203	0.535	0.053
公共创新环境	通信环境（COM_ EN）	0.874	0.108	1.163	0.199	1.497	-0.163
	市场环境（MAR_ EN）	0.975	0.119	1.054	0.140	0.917	-0.001
	金融环境（FIN_ EN）	0.996	-0.049	0.918	-0.029	1.110	-0.099
产业聚集环境	高技术制造业研发绩效（HTI_ RD_ PER）	0.893	0.167	0.650	0.021	1.920	0.395
	传统制造业研发绩效（TMI_ RD_ PER）	0.267	-0.031	0.226	-0.040	0.484	-0.077
创新链接	公共研究机构研发绩效（PRI_ RD_ PER）	1.550	-0.312	1.529	-0.300	0.498	-0.103
	大学研发绩效（UNI_ RD_ PER）	0.753	-0.150	0.580	-0.116	0.202	-0.042
	风险资本水平（VEN_ LE）	1.113	-0.141	0.887	-0.131	1.010	-0.055
控制变量	创新规模（INNO_ SCALE）[ln]	1.350	-0.153	1.379	-0.189	0.817	0.037
	经济规模（ECO_ SCALE）[ln]	0.839	-0.010	0.872	-0.029	0.720	0.016
	地理位置（LOCATION）	0.639	-0.014	0.706	0.030	0.582	-0.088
R^2（cum）		0.757		0.734		0.805	

　　表7-7 展示的检验结果表明，有三个背景变量，TMI_ RD_ PER、UNI_ RD_ PER 和 LOCATION 在三个效率集合上都没有表现出显著的重要性，它们的 VIP 值都小于 0.8。变量 TMI_ RD_ PER 在整体技术创新效率以及上游技术研发效率上影响表现最差，VIP 值分别仅为 0.267 和 0.226，在下游技术商业化效率影响上，变量 UNI_ RD_ PER 表现出最弱的作用，VIP 值仅为 0.202。

　　三个知识获取渠道，ST_ CO、TECH_ TRAN 和 FDI_ LE，在 TIP、TCrP 和 TCoP 三个过程效率上有不同的影响模式。ST_ CO 促进了 TIP 和 TCrP 效率，而它阻碍了 TCoP 效率。相反，TECH_ TRAN 促进了 TCoP 效率，而它阻碍了 TIP 和 TCoP 效率。三种知识获取渠道中，FDI_ LE 在三种过程效率上都表现出促进作用。ST_ CO 对技术创新过程上下游过程表现出截然相反的作用：ST_ CO 作用 TCrP 统计上表现出的较大的

VIP 值和正值系数表明，科研合作有效地促进了上游技术研发效率；然而，ST_ CO 作用 TCoP 统计上表现出的较大的 VIP 值但负值系数表明，一个期望的科研合作促进商业化效率并没有被发现。

本研究同样发现三个创新熟练度变量，DE_ CA、MANU_ CA 和 EM_ QUA 在三个过程效率上有不同的影响模式。DE_ CA 在整体 TIP 上的作用是而稳定的，并且对三个过程效率都表现出促进作用，相反的是，MANU_ CA 在三个过程效率上都表现出阻碍作用。这也意味着，中国的制造与生产设备和技术创新过程的发展不匹配，阻碍了它的绩效水平。相似的，EM_ QUA 在 TIP 和 TCrP 上的负值系数与大于 0.8 的 VIP 值表明，作为改善 EM_ QUA 上主要支撑的中国教育投资阻碍了上游研发过程与整体创新过程效率。这一似乎不合常理的结果可能是由教育投资在创新活动上作用存在较长的时间延迟导致的。当然，它与中国目前基于考试与消极学习的教育模式也不无关系，因为这种模式不能促进人才的思考、创造能力的培养（OECD，2008）。它在下游 TCoP 上正向但不强的（VIP = 0.535）作用也进一步肯定了这一论断。

在公共创新环境变量中，COM_ EN 在 TIP 上的正向且较大的 VIP 值（>0.8）表明，中国的通信条件促进了技术创新活动的发展，这一结果与中国不断增加通信基础设施建设以及电子通信企业的发展（如，华为、联想、中兴）有着直接的联系。然而，在两个内部子过程上，该变量作用截然相反：它促进了 TCoP 效率，而阻碍 TCrP 效率。其他两个公共创新环境变量中，MAR_ EN 对三个过程效率表现出相同的促进作用模式，FIN_ EN 作用不同，对三个过程效率都表现出阻碍作用。这也证实，中国缺少一个与创新活动匹配的财政系统（OECD，2008），中国的财政系统不能有效支持中国技术创新活动的发展。

产业环境，特别是产业聚类环境被视为技术创新重要的影响因素（Furman et al.，2002）。本研究中，反映高技术产业聚类的变量 HTI_ RD_ PER 对 TIP 表现出强的正向促进，虽然对上游的 TCrP 作用不强（VIP = 0.650），反映传统（低技术）产业聚类的变量 TMI_ RD_ PER 作用截然相反，虽然不强（<0.8）。两种不同产业聚类在技术创新绩效中呈现不同的作用并不是偶然，是由于它们的不同发挥模式决定的。

创新链接因素在本样本中表现出更多不理想的作用，三个要素（PRI_ RD_ PER、UNI_ RD_ PER 和 VEN_ LE）对所有过程都呈现出负的且较强的阻碍作用，这与 Chen and Guan（2011）发现相符合。其中风险投资系统表现出的不理想作用与中国目前严重匮乏新企业融资资本直接相关（OECD，2008）。此外，中国缺少有效运营风险资本系统的经验以及法律法规支撑体系。PRI_ RD_ PER 和 UNI_ RD_ PER 在技术创新过程效率上的不理想作用与中国高校和科研机构偏重科学研究而不是技术发展有着直接关系。

最后，在控制与虚拟变量上，两个规模变量在三个过程效率上作用方向相同（对

TIP 与 TCrP 效率作用为负，而对 TCoP 效率作用为正），而作用强度不同。INNO_SCALE 对三个过程都表现出更强的作用（VIP>1），ECO_ SCALE 对三个过程都表现出相对弱的作用（VIP<1）。LOCATION 表现出了预期中的作用方向，虽然不强。

7.3.7 讨论

7.3.7.1 政策建议

在当今技术创新推动经济背景下，区域需要不但要追求结果导向的创新产出和收益，同时要追求创新转化效率以获得竞争与可持续能力。创新效率的分析在政策制定具有更多的应用，至少可以作为区域间创新竞争力的一个综合指标。本研究更吸引的地方在通过分解技术创新投资转化过程的分阶段创新效率的协作估计为政策制定提供了更多了解技术创新过程无效因素的具体信息。

在政策发展启示上，本研究首先引导分省分阶段的创新政策发展思路。对于拥有高 TCrP 和高 TCoP 效率的技术创新绩效领先者，由于很难再改善它们的创新效率绩效，这些省份只要关注技术创新过程的创新投入水平便可改善创新产出与收益。令人失望的是，本样本下，没有一个省份位于该区域。对于低 TCrP 和低 TCoP 效率的技术创新绩效落后者，如陕西、宁夏、河北这些省份应同步关注创新过程上下游两个子过程的效率水平，只有这样才能在不浪费创新资源的条件下获得改善的创新产出与收益。如果这些省份仅仅加大创新投资而不改善创新效率那将是不明智的，因为这样是达不到改善创新产出与收益的目的。通过改善创新效率，无需加大投资便可获得改善的创新产出与收益。对于低 TCrP 和高 TCoP 效率的技术创新商业化领先者（如，浙江与广东），这些省份应把政策重点放在减少创新投入同步改善上游研发效率上，而对于高 TCrP 和低 TCoP 效率的技术创新创造领先者（如，天津），这些省份要关注提升市场收益同步改善商业化效率。图 7-5 展示了不同省份的政策组合。

7.3.7.2 局限与将来研究

虽然本研究试图通过分析程序、模型以及框架上丰富创新系统的定量分析，不过需要认识到，本研究工作的改善将面临着诸多困难与挑战的问题。第一个问题是关于效率测度用到的投入产出指标的选择。由于创新过程不脱离经济系统运行，因此投入和产出常常与其他经济活动交织在一起。这种情况下，创新指标值的高估与低估是不可不免的（更多的原因见 Kerssens-van et al.（2000）和 Faber and Hesen（2004）讨论），特别是市场收益的测量。如 Kerssens-van et al.（2000）指出，很难从企业绩效中把研发活动与其他商业活动贡献区分开，因为它们总是交织在一起最终实现市场收益。不过相比之下，在复杂创新系统框架下环境变量的选择与测量面临更多的挑战与困难。这里首先承认，本研究选择的环境变量并不全面，主要考虑了创新系统经济与

	低技术创造化效率	高技术创造化效率
高技术商业效率	**技术商业化领先者** 政策聚焦： 减少创新投入，改善技术研发效率	**技术创新领先者** 政策聚焦： 增加创新投入
低技术商业效率	**技术创新落后者** 政策聚焦： 减少创新投入，同步改善技术创造与商业化效率	**技术创造领先者** 政策聚焦： 增加市场收益，改善技术商业化效率

图 7-5　技术创新效率绩效改善路径的政策组合

结构因素，并没有考虑学习能力、社会和文化等一些难以测量但影响创新构成的因素。在系统思考框架下，创新发生依赖一个交互学习的过程，这一过程是社会化和边界化地嵌入以文化性地和制度性地情景化（Lundvall，1992）。因此，将来一个有意义的研究是量化文化与制度的指标来检验它们对技术创新过程绩效的影响。此外，基于本研究的两阶段分析程序与面向过程的分析框架，一个直接的实证扩展是搜集时间序列数据以获得更丰富的结果信息。将来理论工作的创新在于本研究效率估计的改善。为获得更加稳健的效率估计，扩展 Simar and Wilson（2000）在改善传统一阶段 DEA 模型的方法，建议引入解鞋带法来估计效率，这样可以减少非参数 DEA 模型效率估计时因样本选择变化以及异常值存在的影响（Bonaccorsi and Daraio，2003；Broekel and Brenner，2007）。

7.3.8　结论

创新管理与政策发展迫切需要创新系统的定量分析，以掌握具体实践背景下它的运作绩效以及决定因素。有效、及时的定量分析有益于改善公共理解，帮助政策制定者定位关注创新系统的绩效水平，从而改善创新政策制定与战略发展。本研究的基本目的是构建一个综合的分析框架来分析与探索创新系统的绩效状态以及影响因素。在分析框架上，本研究构建了技术创新过程导向的技术创新系统测量概念模型；在估计技术上，本研究构建了一个新的两步骤分析程序：首先估计技术创新过程的各阶段效率，然后探索各阶段效率的决定因素。具体来说，第一步本研究引入一个网络 DEA 模型以获得整体技术创新过程效率与它的两个子过程效率的关联估计。如此获得的效率值不但具有较好的区分能力，而且满足整体效率与子效率值的逻辑关系。第二步本研究为了获得创新环境因素在各创新过程上的影响模式的更加稳健的估计，引入偏最小二乘回归模型作为检验工具，以减少环境因素之间存在多重共线性以及样本并不是足够大的不足。通过把该混合分析框架应用到 30 个中国省域技术创新系统的分析，本研究获得了一些有意义的发现，并提出了政策建议。

附录：加型网络 DEA 的构建与计算

技术创新过程所在的创新系统被视为一个分析单元。本研究设第 j（$j = 1$，2，…，n）个单元在两阶段技术创新投资过程上初始有 m 个要素投入，记为 x_{ij}（$i = 1$，2，…，m），q 个中间产品（本框架称为新增技术知识）产出，记为 z_{pj}（$p = 1$，2，…，q），s 个最终市场收益，记为 y_{rj}（$r = 1$，2，…，s）。在整个技术创新过程中，中间产出 z_{pj} 具有双重"身份"与作用，既是上游技术创造过程（TCrP）的产出，又是下游技术商业化过程（TCoP）的投入。如果设 u_r，v_i 和 w_p 分别是 x_{ij}，z_{pj} 和 y_{rj} 对应的非负权重（体现了变量的生产价格），那么上游技术创造效率（记为 E_j^{TCrP}）与下游技术商业化效率 E_j^{TCoP}）分别可通过式（7.11）与式（7.12）定义：

$$E_j^{TCrP} = \frac{\sum_{p=1}^{q} w_p Z_{pj}}{\sum_{i=1}^{m} v_i X_{ij}}, \quad (j = 1, 2, \cdots, n), \qquad (7.11)$$

$$E_j^{TCoP} = \frac{\sum_{r=1}^{s} u_r Y_{rj}}{\sum_{p=1}^{q} w_p Z_{pj}}, \quad (j = 1, 2, \cdots, n). \qquad (7.12)$$

整个技术创新过程中的投入与产出分别可以通过加权（集结）项 $\sum_{i=1}^{m} v_i X_{ij} + \sum_{p=1}^{q} w_p Z_{pj}$ 和 $\sum_{p=1}^{q} w_p Z_{pj} + \sum_{r=1}^{s} u_r Y_{rj}$ 衡量。那么，第 j（$j = 1$，2，…，n）个单元技术创新过程的整体效率（记为 E_j^{TIP}）可如下定义：

$$E_j^{TIP} = \frac{\sum_{p=1}^{q} w_p Z_{pj} + \sum_{r=1}^{s} u_r Y_{rj}}{\sum_{i=1}^{m} v_i X_{ij} + \sum_{p=1}^{q} w_p Z_{pj}} \quad (j = 1, 2, \cdots, n) \qquad (7.13)$$

通过等式相等性质，不但推得整体效率与两个子效率之间存在式（7.14）凸组合关系。

$$E_j^{TIP} = \omega_j E_j^{TCrP} + (1 - \omega_j) E_j^{TCoP} \qquad (7.14)$$

同时可得到组合权重 $\omega_j = \sum_{i=1}^{m} v_i X_{ij} / \left(\sum_{i=1}^{m} v_i X_{ij} + \sum_{p=1}^{q} w_p Z_{pj} \right) \in (0, 1)$，即上游技

术创造过程投入占整个技术创新过程中总投入的比，那么 $1 - \omega_j =$ $\sum_{p=1}^{q} w_p Z_{pj} \Big/ \left(\sum_{i=1}^{m} v_i X_{ij} + \sum_{p=1}^{q} w_p Z_{pj} \right) \in (0, 1)$ 表示下游技术商业化过程投入占整个技术创新过程中总投入的比。

根据数据包络分析最乐观求解有利于效率绩效的权重组合思想（见，Charnes et al.，1978），同时满足各阶段效率值不大于 1，即限制 $E_j^{TIP} \leqslant 1$，$E_j^{TCrP} \leqslant 1$ 和 $E_j^{TCoP} \leqslant 1$，在不变规模报酬假设下，被评价单元 k 的整体技术创新效率与对应的最优权重组合通过最优规划（7.15）估计。这里，ε 是阿基米德无穷小（Charnes et al.，1979），目的保证权重大于零。

$$
\begin{aligned}
E_k^{TIP} = \max & \frac{\sum_{p=1}^{q} w_p Z_{pk} + \sum_{r=1}^{s} u_r Y_{rk}}{\sum_{i=1}^{m} v_i X_{ik} + \sum_{p=1}^{q} w_p Z_{pk}} \\
s.t. \quad & \frac{\sum_{p=1}^{q} w_p Z_{pj} + \sum_{r=1}^{s} u_r Y_{rj}}{\sum_{i=1}^{m} v_i X_{ij} + \sum_{p=1}^{q} w_p Z_{pj}} \leqslant 1, \\
& \frac{\sum_{p=1}^{q} w_p Z_{pj}}{\sum_{i=1}^{m} v_i X_{ij}} \leqslant 1, \\
& \frac{\sum_{r=1}^{s} u_r Y_{rj}}{\sum_{p=1}^{q} w_p Z_{pj}} \leqslant 1, \\
& u_r, \ w_p, \ v_i \geqslant \varepsilon, \ j = 1, 2, \cdots, n.
\end{aligned}
\tag{7.15}
$$

规划（7.15）的约束中，第一不等式是用来约束整体技术创新过程效率，第二个不等式是用来约束上游技术创造过程效率，第三个不等式是用来约束下游技术商业化过程效率。根据不等式的性质，第一个整体约束可以由两个局部约束推导出，即在规划（7.15）求解中，第一个不等约束是多余的，即无需对整体过程约束。

由于规划（7.15）是个分式规划，为了便于求解，借助 Charnes and Cooper（1962）转化，设 $t = 1 \Big/ \sum_{i=1}^{m} v_i X_{ik} + \sum_{p=1}^{q} w_p Z_{pk}$，在删除冗余的整体约束基础上，可获得等价线性规划（7.16）。

$$
\begin{aligned}
E_k^{TIP} = \max & \sum_{p=1}^{q} W_p Z_{pk} + \sum_{r=1}^{s} U_r Y_{rk} \\
s.t. \quad & \sum_{i=1}^{m} V_i X_{ik} + \sum_{p=1}^{q} W_p Z_{pk} = 1, \\
& \sum_{p=1}^{q} W_p Z_{pj} - \sum_{i=1}^{m} V_i X_{ij} \leqslant 1, \\
& \sum_{r=1}^{s} V_r Y_{rj} - \sum_{p=1}^{q} W_p Z_{pj} \leqslant 1,
\end{aligned}
\tag{7.16}
$$

$$U_r, \ W_p, \ V_i \geq \varepsilon, \ j = 1, \ 2, \ \cdots, \ n. \qquad (7.16)$$

一旦通过规划（7.16）获得新的权重最优组合（U_r^*, W_p^*, V_i^*），便可通过等式关系 $u_r^* = U_r^*/t$, $v_i^* = V_i^*/t$ 和 $w_p^* = W_p^*/t$（$t = 1/\sum_{i=1}^{m} v_i X_{ij} + \sum_{p=1}^{q} w_p Z_{pj}$）获得初始最优权重的估计值，随后代入式（7.11）与式（7.12）求解整体技术创新过程效率最大背景下上下游过程的效率。

如果获得效率结果有较大比例的有效单元存在，即效率值为 1，为改善效率比较和增加单元间效率值的差异，可以根据 Andersen and Petersen（1993），采用超效率模型估计。

结论与展望

本书试图通过多个典型研究系统地展示创新过程绩效测试的分析程序，侧重分析框架与估计技术创新，并应用它们分析中国各层次上创新单元的创新活动。不难发现，创新过程绩效测度为深层挖掘创新活动中要素投资的无效因素，系统了解创新活动产出与收益的影响因素，整体掌握创新系统的功能结构域绩效提供了方法基础。

创新过程绩效测试的执行是一项复杂的系统工作，它的有效性受分析框架的构建、指标的选择与度量、数据的搜集与整理、模型的构建与计算以及关键结论的挖掘与政策建议等每一个关键环节的合理性与科学性的影响。只有做到每个环节的合理性与科学性，才能保证科技创新活动分析与测量的科学性与可信性，才能有效服务创新活动的管理和创新政策的发展。

研读国内外大量的文献发现，为了辅助创新政策的发展，使有限的科技资源得到有效配置与理想收益，以获得最佳的创新实践，现有研究对科技创新投资活动的绩效测度的关注日益突显。在近期的金融风暴引起的新一轮科技创新投资热潮以抢夺经济复苏的先机背景下，这一话题更为重要。不过，综述现有文献表明，现有研究框架还并不完善，特别是选择测度模型时并没有从投入和产出两个方向上全面考虑创新转化过程的无效，以及没有充分考虑创新过程的分阶段运行的特点。本书试图以创新过程的绩效测度模型的构建为核心，以分析中国各层创新生产单元的创新实践管理的效率绩效为主线，展示了各层科技创新活动实践评估的一般分析步骤和技术路线。

在分析框架的构建上，本书不但试图引进 PLS-SEM 模型以适合创新活动小样本、弱假设的特点，从而构建更加稳定的创新系统与创新过程的路径分析检验框架，而且借助非径向—非定向的 ERM 与 SBM 模型，来同时考虑创新投入与产出存在的无效构建更加准确的创新效率测度体系。此外，在现有的关于曼奎斯特指数（Malmquist index）的分解研究的基础上，从多个角度构建基于面板数据的创新活动的动态绩效测度指数，并用上述非径向—非定向的数据包络分析进行效率估计。更值得一提是，本书试图引进网络数据包络分析模型来适应创新过程多阶段的特点，即在"白箱"背景下来构建可充分考虑创新过程内部运作的更加有效的创新绩效测度分析框架，以获得更加具有实践意义的具体测量和挖掘创新过程的无效来源。其中，在充分考虑创新过程的生产信息的条件下，为了应对多阶段创新过程与多并行子系统在可变规模假设下纯技术效率测度的需要，本书构建了两类（并行式和链式）网络数据数据包络模型。

在实证研究上，本书为了获得中国创新投资活动的全面绩效测度以及进行较为全方位的政策建议，尝试从多个层次上对中国的科技创新活动进行了测度和分析。主要结论如下：

（1）决定因素分析表明，高校和公共研发组织、政府公共科技规划以及产业的聚集环境在改善中国区域创新能力方面起着尤为突出的作用。这在一定程度上折射出中国公共创新政策和产业的聚集环境在区域创新过程中表现出良好的效用。进一步的具体分析表明，高校和公共研发组织以及政府公共科技规划主要有益于基础（科学）创新，而应用（科技）创新主要得益于产业的聚集环境。随后的研发效率表明，在省域层面上，研发投入水平及其生产前沿绩效差异非常突出；研发全要素生产率变化显出空间聚集，而研发纯技术效率显出空间分散；研发全要素生产率增长主要源于研发技术进步。更重要的发现是，研发投入水平与其生产前沿绩效之间不存在必然联系。该发现一定程度上折射出中国"计划导向"方式配置研发资源的无效性，包括硬件和软件之间投资不协调。功能分析表明，中国区域创新系统功能体不完善，在创新链接和创新成熟度两个功能绩效上表现无效，且创新环境的建设滞后于创新资源的投入。分析其根源，这些无效性折射出中国以公共研发机构为创新中心的计划式创新模式的弊端，以及发展以企业为创新主体的市场化创新模式的必要性。进一步从创新系统的视角构建的两步骤分析程序实证表明，中国的技术创新系统在省域平均水平上技术研发效率与商业化效率都偏低，而这要归因于众多环境因素的不匹配。这也折射出，中国背景下，政策导向的创新环境与技术创新过程不匹配。

（2）在中国高技术产业创新过程中，技术创新的积聚对技术创新投入存在显著的马太效应，同时技术创新产出/效益对技术创新积累表现出显著的路径依赖效应。这些发现提醒我们，创新生产者为追求可持续的创新需要积极促进知识资本的积聚，但为了获得突破式的创新同时要在一定程度上摆脱对前期知识积累的依赖。随后的创新效率测度表明，中国高技术产业技术创新活动的整体相对效率水平不佳，且逐年降低；整体规模效益不理想，相对最优生产规模状态仅占到考查状态的30.6%；多数生产状态相对无效的高技术产业在技术引进经费上投入冗余相对严重，同时在新产品销售和专利产出上又存在较大的相对潜在产出不足。可见，完善科技资源的配置方式、加强引进技术的吸收和消化力度、增强自主创新的能力，以提高或保持增加值率，是中国高技术产业从本质上摆脱"高产出，低效益"的不良态势的发展途径。进一步的网络效率表明，中国高技术产业下游的商业化效率绩效与整体创新绩效更加密切。该发现首先肯定了 Freeman and Soete（1997）的创新定义强调的商业化绩效在创新过程中的重要性。它也提醒我们，系统性的创新政策制定应该面向创新活动的最终目的，即通过创新的商业化获得市场经济效益的改善。面向市场需求的创新政策能改善源于上游研发过程的创新产出因缺乏市场价值而没有成功转化为经济效益的局面。该发现也意味着，拉动式的创新模式比推动式的创新模式更加适合目前面向顾客的需求。最后，相关分析表明，企业资助越多将促进创新效率，政府资助越多将会阻碍创新效率。这提醒我们，在中国这种以公共研发组织为创新主体的创新系统背景下，将来的创新政策应该促进产学研合作。这样，不但可以充分利用公共研发组织的研发能力，而且可以促进创新产出在市场上的商业化转化；且可使每个省的高技术产业的研发能力和商业化能力充分整合，以促进整体创新效率。

（3）中国的理工高校的科学创新绩效逐年改善，构建的五个动态绩效指数的变动趋势几乎都发生了质的变化，从"衰退（状态值<1）"变为"增长（状态值>1）"。具体来说，中国理工科高校科学创新的技术水平变化与综合效率变化之间在两个考查期表现出稳定的显著相关关系。可见，硬性的创新技术水平的进步对中国理工科高校科学创新效率的作用突出，因此加强完善科研队伍以及改善科研条件仍是中国理工科高校快速发展科学创新的有效的硬性措施。一些软性绩效指标，纯技术效率变化、规模效应变化以及组织管理绩效变化，与综合效率变化之间的相关关系在从统计上表现出显著的改善趋势。因此，在改善高校硬性条件的同时，加强制度和管理创新，合理配置资源，减少资源浪费和闲置，以改善硬性资源在高校综合动态创新中的贡献，是今后中国理工科高校改善科学创新效率的重要任务。

当然，因为创新过程的复杂性（特别是在创新系统的框架下考虑其创新绩效的测度），本书研究构建的分析框架也存在一定的局限性，主要体现以下两点：

（1）本书的创新效率测度模型没有考虑统计噪音、环境影响以及异常值的影响，这对具有不确定性的创新过程测度和分析是非常有必要的。

（2）本书的创新效率测度模型没有考虑创新投资的跨期影响以及其他经济外活动对创新产出和创新效益的影响，而这对系统角度下全面分析创新过程来指导政策实践尤为重要。

上述局限性因为篇幅限制本书无法对进行深入的分析，但要获得更加符合实践的创新绩效测度可做进一步的研究，主要体现以下几方面：

（1）与随机前沿分析（Stochastic Frontier Analysis，SFA）技术相联合，在考虑统计噪音和随机的环境影响下对获得的创新效率值进行修正，排除统计噪音和随机环境因素的影响，以获得具有可比性的效率值。

（2）引入 Bootrapping 方法来消除异常值的对创新效率测度的影响，以获得稳健的创新效率结果。此外，还可以借鉴共同前沿函数（Meta-frontier function）方法来考虑区域或产业间之间的生产技术的异质性来改善创新绩效的测度，同时获得各子生产技术与整体前沿技术之间的差距。

（3）可借鉴动态（网络）数据包络分析技术（Dynamic/Network DEA）扩展现有分析框架，充分考虑创新投入对创新产出的多（跨）期影响，以更加实际地描述创新投入产出过程。

参 考 文 献

［1］ Acs Z. , Anselin L. , Varga A. Patents and innovation counts as measures of regional production of new knowledge ［J］. Research Policy, 2002, V31 （7）: 1069–1085.

［2］ Aghion P. , Howitt P. A Model of Growth through Creative Destruction. Econometrica, 1992, V60 （2）: 323–351.

［3］ Aigner D. , Lovell C. A. K. , Schmidt P. Formulation and estimation of stochastic frontier production function models ［J］. Journal of Econometrics, 1977, V6 （4）: 21–37.

［4］ Alegre J. , Chiva R. Assessing the impact of organizational learning capability on product innovation performance: An empirical test ［J］. Technovation, 2008, V28 （6）: 315–326.

［5］ Ali E. , Thanassoulis E. A mathematical model for dynamic efficiency using data envelopment analysis ［J］. Applied Mathematics and Computation, 2005, V160 （2）: 363–378.

［6］ Amirteimoori A. , Kordrostami S. DEA–like models for multi–component performance measurement ［J］. Applied Mathematics and Computation, 2005, V163 （2）: 735–743.

［7］ Amirteimoori A. , Shafiei M. Measuring the efficiency of interdependent decision making sub–units in DEA ［J］. Applied Mathematics and Computation, 2006, V173 （2）: 847–855.

［8］ Andersen P. , Petersen N. C. A Procedure for Ranking Efficient Units in Data Envelopment Analysis ［J］. Management Science, 1993, V39 （10）: 1261–1264.

［9］ Arundel A. , Kabla I. What percentage of innovations are patented? Experimental estimates in European firms ［J］. Research Policy, 1998, V27 （2）: 127–142.

［10］ Asheim B. , Isaksen A. Location, agglomeration and innovation: toward regional innovation systems in Norway? ［J］. European Planning Studies, 1997, V5 （3）: 299–330.

［11］ Atuahene–Gima K. , Li H. Strategic decision comprehensiveness and new product outcomes in new technology ventures ［J］. Academy of Management Journal, 2004, V47 （4）: 583–597.

［12］ Avkiran N. K. Opening the black box of efficiency analysis: An illustration with UAE banks ［J］. Omega, 2009, V37 （4）: 930–941.

［13］ Bagozzi R. P. , Yi Y. On the evaluation of structural equation models ［J］. Academy of Marketing Science, 1988, V16 （1）: 74–94.

［14］ Banker R. D. Estimating most productive scale size using data envelopment analysis ［J］. European Journal of Operational Research, 1984, V17（1）: 35-44.

［15］ Banker R. D. , Charnes A. , Cooper W. W. Some models for the estimation of technical and scale inefficiencies in Data Envelopment Analysis ［J］. Management Science, 1984, V30（9）: 1078-1092.

［16］ Banker, R. D. , Natarajan, R. Evaluating Contextual Variables Affecting Productivity Using Data Envelopment Analysis ［J］. Operations Research, , 2008, V56（1）: 48-58.

［17］ Battese G. E. , Coelli T. J. A Model for Technical Inefficiency Effects in a Stochastic Frontier Production Function for Panel Data ［J］. Empirical Economics, 1995, V20（2）: 325-332.

［18］ Beasley J. Comparing university departments ［J］. Omega, 1990, V8（2）: 171-183.

［19］ Beasley J. Determining teaching and research efficiencies ［J］. Journal of the Operational Research Society, 1995, V46（4）: 441-52.

［20］ Benner M. J. , Tushman M. L. Exploitation, exploration, and process management: The productivity dilemma revisited ［J］. The Academy of Management Review, 2003, V28（2）: 238-256.

［21］ Bergek, A. Jacobsson, S. , Carlsson, B. , Lindmark, S. , Rickne, A. Analyzing the functional dynamics of technological innovation systems: A scheme of analysis ［J］. Research Policy, 2008, V37（3）, 407-429.

［22］ Bernstein B. , Singh P. J. An integrated innovation process model based on practices of Australian biotechnology firms ［J］. Technovation, 2006, V26（5/6）: 561-572.

［23］ Bonaccorsi A. , Daraio C. A robust nonparametric approach to the analysis of scientific productivity ［J］. Research Evaluation, 2003, V12（1）: 47-69.

［24］ Bowlin F. Evaluating the Efficiency of US Air Force Real-Property Maintenance Activities ［J］. Journal of the Operational Research Society, 1987, V38（2）: 127-135.

［25］ Brem A. , Voigt K. I. Integration of market pull and technology push in the corporate front end and innovation management—Insights from the German software industry ［J］. Technovation, 2009, V29（5）: 351-367.

［26］ Brenner T. , Broekel T. Methodological issues in measuring innovation performance of spatial units ［J］. Industry and Innovation, , 2011, V18（1）: 7-37.

［27］ Broekel T. , Brenner T. Measuring Regional Innovativeness – A Methodological Discussion and an Application to One German Industry ［Z］. DIME Working Paper, 2007, No. 2007-13.

［28］ Brown M. G. , Svenson R. A. Measuring R&D productivity ［J］. Research Technology Management, 1998, V41（6）: 30-35.

［29］ Byrnes P. , Fare R. , Grosskopf S. Measuring Productive Efficiency: An Application to Illinois Strip Mines ［J］. Management Science, 1984, V30（6）: 671-682.

［30］ Cantisani A. Technological innovation processes revisited ［J］. Technovation, 2006, V26（11）: 1294-1301.

［31］ Castelli L. , Pesenti R. , Ukovich W. A classification of DEA models when the internal structure of the Decision Making Units is considered ［J］. Annals of Operations Research, 2010, V173（1）:

207-235.

[32] Caves D. W. , Christensen L. R. , Diewert W. E. Multilateral comparisons of output, input and productivity using superlative index numbers [J]. Economic Journal, 1982, V92 (365): 73-86.

[33] Caves D. W. , Christensen L. R. , Diewert W. E. The economic theory of index numbers and the measurement of input, output, and productivity [J]. Econometrica, 1982, V50 (6): 1393-1414.

[34] Chambers R. G. , Chung Y. , Färe R. Benefit and Distance Functions [J]. Journal of Economic Theory, 1996, V70 (2): 407-419.

[35] Charnes A. , Clark C. T. , Cooper W. W. , et al. A developmental study of data envelopment analysis in measuring the efficiency of maintenance units in the U. S. air forces [J]. Annals of Operations Research, 1984, V2 (1): 95-112.

[36] Charnes A. , Cooper W. W. Programming with linear fractional functionals [J]. Naval Research Logistics Quarterly, 1962, V9 (3): 181-185.

[37] Charnes A. , Cooper W. W. , Rhodes E. Measuring the efficiency of decision making units [J]. European Journal of Operational Research, 1978, V2 (6): 429-444.

[38] Charnes A. , Cooper W. W. , Rhodes E. Short communication: Measuring the efficiency of decision making units [J]. European Journal of Operational Research, 1979, V3 (4): 339.

[39] Chen C. , Shih H. High-Tech Industries in China [M]. Northampton, MA: Edward Elgar, 2005.

[40] Chen K. H. , Guan J. C. Enhancement of efficiency discrimination and stability analysis under DEA with interval data [A]. In: Xia G. P. , Deng X. Q. (Eds.). Proceedings of the 38th International Conference on Computers and Industrial Enginieering [C]. Beijing: Publishing House of Electronics Industry, 2008: 215-225.

[41] Chen K. H. , Guan J. C. Mapping the functionality ofChina's regional innovation systems: A structural approach [J]. China Economic Review, 2011a, V22 (1): 11-27.

[42] Chen K. H. , Guan J. C. Mapping the innovation production process from accumulative advantage to economic outcomes: a path modeling approach [J]. Technovation, 2011b, V31 (7), 336-346.

[43] Chen K. H. , Guan J. C. Abibliometric investigation of research performance in emerging nanobiopharmaceuticals [J]. Journal of Informetrics, 2011c, V5 (2), 233-247.

[44] ChenK. H. Guan J. C. Measuring the Efficiency of China's Regional Innovation Systems: Application of Network Data Envelopment Analysis (DEA) [J]. Regional studies, 2012, V46 (3), 355-377.

[45] Chen Y. , Ali A. I. DEA Malmquist productivity measure: New insights with an application to computer industry [J]. European Journal of Operational Research, 2004, V159 (1): 239-249.

[46] Chen Y. , Cook W. D. , Li N. , Zhu J. Additive efficiency decomposition in two-stage DEA [J]. European Journal of Operational Research, 2009, V196 (3): 1170-1176.

[47] Chen Y. , Zhu J. Measuring information technology's indirect impact on firm performance [J]. Information Technology and Management, 2004, V5 (12): 9-22.

[48] Chin W. W. , Marcolin B. L. , Newsted P. R. A partial leas squares latent variable modeling approach for measuring causal effects: Results from a Monte Carlo simulation study and an electronic - mail

emotion/adoption study [J]. Information Systems Research, 2003, V14 (2): 189-217.

[49] Chin W. W. , Newsted P. R. Structural Equation Modeling Analysis with Small Samples Using Partial Least Squares [A]. In: Hoyle R. H. (Ed.). Statistical Strategies for Small Sample Research [C]. Thousand Oaks, CA: Sage Publications, 1999: 307-341.

[50] Coelli T. J. , Prasada R. D. S. , Battese G. E. , et al. An Introduction to Efficiency and Productivity Analysis (2nd Edition) [M]. New York: Springer and Bussiness Media, Inc. 2005.

[51] Cook W. , Green R. Multicomponent efficiency measurement and core business identification in multiplant firms: A DEA model [J]. European Journal of Operational Research, 2004, V157 (3): 540-551.

[52] Cook W. , Zhu J. , Bi G. , Yang F. Network DEA: Additive efficiency decomposition [J]. European Journal of Operational Research, 2010, V207 (2): 1122-1129.

[53] Cook W. , Chai D. , Doyle J. , et al. Hierarchies and groups in DEA [J]. Journal of Productivity Analysis, 1998, V10 (2): 177-198.

[54] Cook W. , Hababou M. , Tuenter H. Multicomponent efficiency measurement and shared inputs in data envelopment analysis: An application to sales and service performance in bank branches [J]. Journal of Productivity Analysis, 2000, V14 (3): 209-224.

[55] Cook W. D. , Zhu J. Classifying inputs and outputs in data envelopment analysis [J]. European Journal of Operational Research, 2007, V180 (2): 692-699.

[56] Cooke P. , Heidenreich M. , Braczyk H. J. Regional Innovation Systems: the role of governance in a globalized world [M]. NewYork: Routledge, 2004.

[57] Cooke P. , Uranga M. G. , Etxebarria G. Regional systems of innovation: an evolutionary perspective [J]. Environment and Planning A, 1998, V30 (9): 1563-1584.

[58] Cooke P. , Urange M. G. , Extebarria G. Regional innovation systems: institutional and organizational dimensions [J]. Research Policy, 1997, V26 (4/5): 475-493.

[59] Cooper W. W. , Huang Z. M. , Li S. X. , et al. Efficiency aggregation with enhanced Russell measures in data envelopment analysis [J]. Socio-Economic Planning Sciences, 2007a, V41 (1): 1-21.

[60] Cooper W. W. , Park K. S. , Pastor J. T. RAM: a range adjusted measure of inefficiency for use with additive models and relations to other models and measures in DEA [J]. Journal of Productivity Analysis, 1999, V11 (1): 5-42.

[61] Cooper W. W. , Park K. S. , Yu G. An illustrative application of IDEA (Imprecise Data Envelopment Analysis) to a Korean mobile telecommunication company [J]. Operation Research, 2001, V49 (6): 807-820.

[62] Cooper W. W. , Park K. S. , Yu G. IDEA and AR-IDEA: models for dealing with imprecise data in DEA [J]. Management Science, 1999, V45 (1): 597-607.

[63] Cooper W. W. , Park K. S. , Yu G. IDEA (imprecise data envelopment analysis) with CMDs (column maximum decision making units) [J]. Journal of the Operational Research Society, 2000, V52 (2): 176-181.

[64] Cooper W. W. , Seiford L. M. , Thanassoulis E. , et al. DEA and its uses in different countries [J]. European Journal of Operational Research, 2004a, V154 (2): 337-344.

[65] Cooper W. W. , Seiford L. M. , Tone K. , et al. Some models and measures for evaluating performances with DEA: past accomplishments and future prospects [J]. Journal of Productivity Analysis, 2007b, V28 (1): 151-163.

[66] Cooper W. W. , Seiford L. M. , Zhu J. Handbook on Data Envelopment Analysis [M]. Boston: Kluwer Academic Publishers, 2004b.

[67] Cooper W. W. , Seiford L. M. , Zhu J. Slacks and congestion, response to a comment by R. Färe and S. Grosskopf [J]. Socio-Economic Planning Sciences, 2001, V35 (3): 205-215.

[68] Dangelico R. M. , Garavelli A. C. , Petruzzelli A. M. A system dynamics model to analyze technology districts' evolution in a knowledge – based perspective [J]. Technovation, 2010, V30 (2): 142-153.

[69] Danneels E. The dynamics of product innovation and firm competences [J]. Strategic Management Journal, 2002, V23 (3): 1095-1121.

[70] Doloreux D. What we should know about regional systems of innovation [J]. Technology in Society 2002, V24 (3): 243-263.

[71] Doloreux D. , Parto S. Regional innovation systems: Current discourse and unresolved issues [J]. Technology in Society, 2005, V27 (2): 133-153.

[72] Drucker P. The Essential Drucker: Selections from the management works of Peter F. Drucker [M]. Oxford: Butterworth-Heinemann, 2007.

[73] Drucker P. The Information Executives Truly Need in Harvard Business Review on performance measure [M]. Boston: Harvard Business School Press, 1998.

[74] Dvir R. , Pasher E. Innovation engines for knowledge cities: an innovation ecology perspective [J]. Journal of Knowledge Management, 2004, V8 (5): 16-27.

[75] Edquist C. Systems of innovation approaches – their emergence and characteristics [A]. In: Edquist C. (Ed.), Systems of Innovation: Technologies, Institutions and Organizations [C]. London: Pinter/Cassell, 1997: 1-35.

[76] Edquist C. Systems of innovation: perspectives and challenges [A]. In: Fagerberg, J. , Mowery, D. C. , Nelson, R. R. (Eds.). The Oxford Handbook of Innovation [C]. Oxford University Press, New York, 2005: 181-208.

[77] Edquist C. The Systems of Innovation Approach and Innovation Policy: An Account of the State of the Art [R]. Lead Paper Presented at the DRUID Conference, 2001.

[78] Edquist C. , Hommen L. Systems of innovation: theory and policy for the demand side [J]. Technology in Society, 1999, V21 (1): 63-79.

[79] Efron B. , Tibshirani R. J. An Introduction to the Bootstrap [M]. New York : Chapman and Hall, 1993.

[80] Emrouznejad A. , Thanassoulis E. A mathematical model for dynamic efficiency using data envelopment

analysis [J]. Applied Mathematics and Computation, 2005, V160 (1): 363-378.

[81] Eriksson L., Johansson, E., Kettaneh-Wold, N., Wold, S., (Eds.). Introduction to multi- and megavariate data analysis using projection methods (PCA & PLS) [M]. Umetrics AB, Umeå, Sweden, 1999.

[82] Faber J., Hesen A. B. Innovation capabilities of European nations Cross-national analyses of patents and sales of product innovations [J]. Research Policy, 2004, V33 (3): 193-207.

[83] Fagerberg J., Srholec M. National innovation systems, capabilities and economic development [J]. Research Policy, 2008, V37 (9): 1417-1435.

[84] Färe R., Grosskopf S. Intertemporal production frontiers: with dynamic DEA [M]. Boston: Kluwer Academic Publishers, 1996b.

[85] Färe R., Grosskopf S. Network DEA [J]. Socio - Economic Planning Sciences, 2000, V34 (1): 35-49.

[86] Färe R., Grosskopf S. Productivity and intermediate products: A frontier approach [J]. Economics Letters, 1996a, V50 (1): 65-70.

[87] Färe R., Grosskopf S., Lindgren B., Roos P. Productivity Changes in Swedish Pharmacies 1980-1989: A Non-Parametric Malmquist Approach [J]. Journal of Productivity Analysis, 1992, 3 (1-2): 85- 101.

[88] Färe R., Grosskopf S., Lovell C. A. K. The Measurement of Efficiency of Production [M]. Boston: Kluwer-Nijhoff Publishing, 1985.

[89] Färe R., Grosskopf S., Norris M. Productivity Growth, Technical Progress, and Efficiency Change in Industrialized Countries: Reply [J]. American Economic Review, 1994, V87 (5): 1040-1043.

[90] Färe R., Grosskopf S., Norris M., et al. Productivity Growth, Technical Progress, and Efficiency Change in Industrialized Countries [J]. American Economic Review, 1994, V84 (1): 66-83.

[91] Färe R., Grosskopf S., Whittaker G. Network DEA [A]. In: Zhu J., Cook W. D. (Eds.). Modeling Data Irregularities and Structural Complexities in DEA [C]. New York: Springer Verlag, 2007: 209-240.

[92] Färe R., Primont D. Efficiency measures for multiplant firms [J]. Operations Research Letters, 1984, V3 (5): 257 - 260.

[93] Farrell M. J. The measurement of productive efficiency [J]. Journal of the Royal Statistical Society, 1957, Series A CXX (3): 253-290.

[94] Freeman C. Technology policy and economic performance: lesson from Japan [M]. London: Frances Pinter, 1987.

[95] Freeman C., Soete L. The Economics of Industrial Innovation [M]. Mass: MIT Press, 1997.

[96] Fritsch M. Interregional differences in R&D activities - An empirical investigation [J]. European Planning Studies, 2001, V8 (4): 409-427.

[97] Fritsch M. Measuring the Quality of Regional Innovation Systems: A Knowledge Production Function Approach [J]. International Regional Science Review, 2002, V25 (1): 86-101.

［98］ Fritsch M. , Slavtchev V. How does industry specialization affect the efficiency of regional innovation systems? ［J］. The Annals of Regional Science, 2009, DOI: 10. 1007/s00168-009-0292-9.

［99］ Fritsch M. , Slavtchev V. Industry Specialization, Diversity and the Efficiency of Regional Innovation Systems ［Z］. Jena Economic Research Papers, 2007b, No. 2007-018.

［100］ Fritsch M. , Slavtchev V. Measuring the Efficiency of Regional Innovation Systems: An Empirical Assessment ［Z］. Freiberg Working Papers, 2006, No. 2006-08.

［101］ Fritsch M. , Slavtchev V. What determines the efficiency of regional innovation systems? ［Z］. Jena Economic Research Papers, 2007a, No. 2007-06.

［102］ Fu J. R. VisualPLS-Partial Least Square (PLS) Regression-An Enhanced GUI for Lvpls (PLS 1. 8 PC) Version 1. 04 ［Z］. National Kaohsiung University of Applied Sciences, Taiwan, ROC. 2006a.

［103］ Fu J. R. VisualPLS-Partial Least Square (PLS) Regression-An Enhanced GUI for Lvpls (PLS 1. 8 PC) Version 1. 04 ［EB/OL］. http: //www. kuas. edu. tw/ prof/fred/vpls/index. html, 2006b.

［104］ Furman J. L. , Porter M. E. , Stern S. The determinants of national innovative capacity ［J］. Research Policy, 2002, V31 (6): 899-933.

［105］ Galanakis K. Innovation process. Make sense using systems thinking ［J］. Technovation, 2006, V26 (11): 1222-1232.

［106］ Gatignon H. , Tushman M. L. , Smith W. , Anderson P. A Structural Approach to Assessing Innovation: Construct Development of Innovation Locus, Type, and Characteristics ［J］. Management Science, 2002, V48 (9): 1103-1122.

［107］ Geisler E. An integrated cost-performance model of research and development evaluation ［J］. Omega, 1995, V23 (3): 281-294.

［108］ Gerbing D. W. , Anderson J. C. An updated paradigm for scale development incorporating unidimensionality and its assessment ［J］. Journal of Marketing Research, 1988, V25 (2): 186-192.

［109］ Ggifell-tatjé E. , Lovell C. A. K. A DEA-based analysis of productivity change and intertemporal managerial performance ［J］. Annals of Operations Research, 1997, V73 (1): 177-189.

［110］ Godin B. Measurement and Statistics on Science and Technology: 1920 to the Present ［M］. London: Routledge, 2005.

［111］ Goodhue D. , Lewis W. , Thompson R. Statistical power in analyzing interaction effects: Questioning the advantage of PLS with product indicators ［J］. Information Systems Research, 2007, V18 (2): 211-227.

［112］ Griliches Z. Patent statistics as economic indicators: a survey ［J］. Journal of Economic Literature, 1990, V28 (4): 1661-1707.

［113］ Griliches Z. R&D and Productivity ［M］. Chicago: University of Chicago Press, 1998.

［114］ Griliches Z. , Mairesse J. Productivity and R&D at the firm level ［A］. In: Griliches Z. (Ed.) . R&D, Patents and Productivity ［C］. Chicago: Chicago University Press, 1984: 465-496.

［115］ Griliches Z. R&D and the Productivity Slowdown ［J］. American Economic Review, 1980, V70

(2): 343-348.

[116] Grosskopf S. Some Remarks on Productivity and its Decompositions [J]. Journal of Productivity Analysis, 2003 (20): 459-474.

[117] Grosskopf S. Statistic inference and nonparametric efficiency: A selective survey [J]. Journal of Productivity Analysis, 1996, V7 (2): 161-176.

[118] Grossman G. Helpman E. Innovation and Growth in the Global Economy [M]. Cambridge: MIT Press, 1991.

[119] Guan J. C. , Chen K. H. Measuring the innovation production process: A cross-region empirical study of China's high-tech innovations [J]. Technovation, 2010a, V30 (1): 348-358.

[120] Guan J. C. , Chen K. H. Modeling macro-R&D production frontier performance: An application to Chinese province-level R&D [J]. Scientometrics, 2010b, V83 (1): 165-173.

[121] Guan J. C. , Liu S. Z. Comparing regional innovative capacities of PR China-based on data analysis of the national patents [J]. International Journal of Technology Management, 2005, V32 (3/4): 225-245.

[122] Guan J. C. , Ma N. Structural equation model with PLS path modeling for an integrated system of publicly funded basic research [J]. Scientometrics, 2009, V81 (3): 683-698.

[123] Guan J. C. , Wang J. X. Evaluation and interpretation of knowledge production efficiency [J]. Scientometrics, 2004, V59 (1): 131-155.

[124] Guan J. C. , Yam R. C. M. , Mok C. K. , Ma N. A study of the relationship between competitiveness and technological innovation capability based on DEA models [J]. European Journal of Operational Research, 2006, V170 (1): 971-986.

[125] Guan J. C. , Chen, K. H. Modeling the Relative Efficiency of National Innovation Systems [J]. Research Policy, 2012, V41 (1): 102-115.

[126] Guellec D. , Van Pottelsberghe de la Potterie B. From R&D to Productivity Growth: Do the Institutional Settings and the Source of Funds of R&D Matter? [J]. Oxford Bulletin of Economics & Statistics, 2004, V66 (3): 353-378.

[127] Hair J. F. , Anderson R. E. , Tatham R. L. , et al. Multivariate Data Analysis (5th Edition) [M]. Upper Saddle River: Prentice-Hall, 1998.

[128] Hall, P. Creative Cities and Economic Development [J]. Urban Studies, 2000, V37 (4): 639-649.

[129] Hansen M. T. , Birkinshaw J. The innovation value chain [J]. Harvard Business Review, 2007, V85 (6): 121-130.

[130] Hashimoto A. , Haneda, S. . Measuring the change in R&D efficiency of the Japanese pharmaceutical industry [J]. Research Policy, 2008, V37 (10), V1829-1836.

[131] Hekkert M. P. , Negro S. O. Functions of innovation systems as a framework to understand sustainable technological change: Empirical evidence for earlier claims [J]. Technological Forecasting and Social Change, 2009, V76 (4): 584-594.

[132] Hekkert M. P. , Suurs R. A. A. , Negro S. O. , et al. Functions of innovation systems: A new

approach for analysing technological change [J]. Technological Forecasting and Social Change, 2007, V74 (4): 413-432.

[133] Herrera S., Pang G. Efficiency of Public Spending in Developing Countries: An Efficiency Frontier Approach [Z]. World Bank Policy Research Working Paper, 2005, No. 2005-3645.

[134] Hoff A. Second stage DEA: Comparison of approaches for modeling the DEA score [J]. European Journal of Operational Research, 2007, V181 (1): 425-435.

[135] Hollanders H., Celikel-Esser F. Measuring innovation efficiency [R]. INNO Metrics 2007 report, Brussels: European Commission, DG Enterprise, 2007.

[136] Hsieh L. F., Lin L. H. A performance evaluation model for international tourist hotels in Taiwan-An application of the relational network DEA [J]. International Journal of Hospitality Management, 2010, V29 (1): 14-24.

[137] Hu M. C., Mathews J. A. China's national innovative capacity [J]. Research Policy, 2008, V37 (9): 465-1479.

[138] Hu M. C., Mathews J. A. National innovative capacity in East Asia [J]. Research Policy, 2005, V34 (9): 1322-1349.

[139] Huang H. Z., Xu C. G. Soft budget constraint and the optimal choices of research and development projects financing [J]. Journal of Comparative Economics, 1998, V26 (1): 62-79.

[140] Im G., Rai A. Knowledge Sharing Ambidexterity in Long-Term Interorganizational Relationships [J]. Mangement science, 2008, V54 (7): 1281-1296

[141] Jagpal H. S. Multicollinearity in structural equation models with unobservable variables [J]. Journal of Marketing Research, 1982, V19 (4): 431-439.

[142] Jahanshahloo G. R., Amirteimoori A. R., Kordrostami S. Measuring the multi-component efficiency with shared inputs and outputs in data envelopment analysis [J]. Applied Mathematics and Computation2004a, V155 (1): 283-293.

[143] Jahanshahloo G. R., Khodabakhshi M. Determining assurance interval for non-Archimedean element in the improving outputs model in DEA [J]. Applied Mathematics and Computation, 2004, V151 (2): 501-506.

[144] Jahanshahloo G. R., Lotfi F. H., Shoja N., et al. Undesirable inputs and outputs in DEA models [J]. Applied Mathematics and Computation, 2005, V169: 917-925.

[145] Jakobson L. Innovation with Chinese Characteristics-High-tech research in China [M]. New York: Palagrave Macmillan, 2007.

[146] James G. A., Kelley M. E., Craddock R. C., et al. Exploratory structural equation modeling of resting-state fMRI: Applicability of group models to individual subjects [J]. NeuroImage, 2009, V45 (3): 778-787.

[147] Johnes J., Li Y. Measuring the research performance of Chinese higher education institutions using data envelopment analysis [J]. China Economic Review, 2008, V19 (4): 679-696.

[148] Johnson A. Functions in Innovation System Approaches [Z]. Mimeo, Department of Industrial

Dynamics, Chalmers University of Technology, 1998.

[149] Johnson A. , Jacobsson S. The Emergence of a Growth Industry: A Comparative Analysis of the German, Dutch and Swedish Wind Turbine Industries [A]. In: Metcalfe J. S. , Cantner U. (Eds.) . Change, Transformation and Development [C]. New York: Physica-Verlag, 2003: 197-228.

[150] Jolly D. R. Chinese vs. European views regarding technology assessment: Convergent or divergent? [J]. Technovation, 2008, V28 (12): 818-830.

[151] Jöreskog K. G. A general method for analysis of covariance structures [J]. Biometrika, 1970, V57 (2): 239-251.

[152] Jöreskog K. G. , Wold H. The ML and PLS techniques for modeling with latent variables: historical and comparative aspects [A]. In: Jöreskog K. G. , Wold H. (Eds.) . Systems Under Indirect Observation: Causality, Structure, Prediction [C]. Amsterdam: North-Holland, 1982: 263 – 270.

[153] Kaasa A. Effects of different dimensions of social capital on innovative activity: Evidence from Europe at the regional level [J]. Technovation, 2009, V29 (3): 218-233.

[154] Kao C. Efficiency decomposition in network data envelopment analysis: A relational model [J]. European Journal of Operational Research, 2009a, V192 (3): 949-962.

[155] Kao C. Efficiency measurement for parallel production systems [J]. European Journal of Operational Research 2009b, V196 (3): 1107-1112.

[156] Kao C. Interval efficiency measures in data envelopment analysis with imprecise data [J]. European Journal of Operational Research, 2006, V174 (2): 1087 – 1099.

[157] Kao C. , Hwang S. N. Efficiency decomposition in two – stage data envelopment analysis: An application to non – life insurance companies in Taiwan [J]. European Journal of Operational Research, 2008, V185 (1): 418-429.

[158] Kao C. , Hwang S. N. Efficiency measurement for network systems: IT impact on firm performance [J]. Decision Support Systems, 2010, V48 (3): 437-446.

[159] Katz J. S. Indicators for complex innovation systems [J]. Research Policy, 2006, V35 (7): 893-909.

[160] Kerssens – van D. I. , Bill N. , Alan P. Performance measurement in industrial R&D [J]. International Journal of Management Reviews, 2000, V2 (2): 111-133.

[161] Kim S. H. , Park C. G. , Park K. S. An application of data envelopment analysis in telephone offices evaluation with partial data [J]. Computers & Operations Research, 1999, V26 (1): 59-72.

[162] Kline R. B. Principles and Practice of Structural Equation Modeling [M]. New York: Guilford Press, 1998.

[163] Kline S. J. , Rosenberg N. An overview of innovation [A]. In: Landau R. , Rosenberg N. (Eds.). The Positive Sum Strategy: Harnessing Technology for Economic Growth [C]. Washington: National Academic Press, 1986: 17-26.

[164] Kok R. A. W. , Biemans W. G. Creating a market-oriented product innovation process: A contingency approach [J]. Technovation, 2009, V29 (8): 517-526.

[165] Kostas G. Innovation process. Make sense using systems thinking [J]. Technovation, 2006, V26 (11): 1222–1232.

[166] Koufteros X. A. Testing a model of pull production: A paradigm for manufacturing research using structural equation modeling [J]. Journal of Operations Management, 1999, V17 (4): 467–488.

[167] Kroll H. N., Liefner I. Spin – off enterprises as a means of technology commercialisation in a transforming economy—Evidence from three universities in China [J]. Technovation, 2008, V28 (5): 298–313.

[168] Kroll H. N., Schiller D. Establishing an interface between public sector applied research and the Chinese enterprisesector: Preparing for 2020 [J]. Technovation, 2010, V30 (2): 117–129.

[169] La peyre M. K., Mendelssohn I. A., Reams M. A., et al. Identifying Determinants of Nations' Wetland Management Programs Using Structural Equation Modeling: An Exploratory Analysis [J]. Environmental Management, 2001, V27 (6): 859–868.

[170] Lee H. Y., Park Y. T. An International Comparison of R&D Efficiency: DEA Approach [J]. Asian Journal of Technology Innovation, 2005, V13 (2): 207–222.

[171] Lewis H., Sexton T. Network DEA: efficiency analysis of organizations with complex internal structure [J]. Computers and Operations Research, 2004, V31 (9): 1365–1410.

[172] Li K. W. China's capital and productivity measurement using financial resources [Z]. Economic Growth Center in Yale University, Center Discussion Paper, 2003, No. 851.

[173] Li X. China's regional innovation capacity in transition: An empirical approach [J]. Research Policy, 2009, V38 (2): 338–357.

[174] Liang L., Yang F., Cook W., et al. DEA models for supply chain efficiency evaluation [J]. Annals of Operations Research, 2006, V145 (1): 35–49.

[175] Liu F. H. F., Wang P. H. DEA Malmquist productivity measure: Taiwanese semiconductor companies [J]. International Journal of Production Economics, 2008, V112 (1): 367–379.

[176] Liu J. M., Tone K. A multistage method to measure efficiency and its application to Japanese banking industry [J]. Socio–Economic Planning Sciences, 2008, V42 (6): 75–91.

[177] Liu JS, et al. Data envelopment analysis 1978–2010: A citation–based literature survey [J]. Omega, 2012, doi: 10.1016/j. omega. 2010. 12. 006.

[178] Liu X., White S. An exploration into regional variation in innovation activity in PR China [J]. International Journal of Technology Management, 2001a, V21 (1/2): 114–129.

[179] Liu X., White S. Comparing Innovation Systems: a Framework and Application to China's Transitional Context [J]. Research Policy, 2001b, V30 (7): 1091–1114.

[180] Liu X. H., Buck T. Innovation performance and channels for international technology spillovers: Evidence from Chinese high–tech industries [J]. Research Policy, 2007, V36 (3): 355–366.

[181] Liu X. H., Zou H. The impact of greenfield FDI and mergers and acquisitions on innovation in Chinese high–tech industries [J]. Journal of World Business, 2008, V43 (3): 352–364.

[182] Love J. H., Roper S. The determinants of innovation: R&D, technology transfer and networking

effects [J]. Review of Industrial Organization, 1999, V15 (1): 3-64.

[183] Lovell C. A. K. The Decomposition of Malmquist Productivity Indexes [J]. Journal of Productivity Analysis, 2003, V20 (3): 437-458.

[184] Lucas R. On the mechanics of economic development [J]. Journal of Monetary Economics, 1988, V22 (1): 3-42.

[185] Lundstedt T., Seifert, E., Abramo, L., Thelin, B., Nyström, Å., Pettersen, J., Bergman, R. Experimental design and optimization [J]. Chemometrics and Intelligent Laboratory Systems, 1998, V42 (1): 3-40.

[186] Lundvall B - Å., (Ed.). National Systems of Innovation: Towards a Theory of Innovation and Interactive Learning [M]. Pinter, London, 1992.

[187] Majchrzak C. M., Beath R. L., Chin W. W. Management client dialogues during information systems design to facilitate client learning [J]. MIS Quarterly, 2005, V29 (4): 653-672.

[188] Marcoulides G. A., Carol S. PLS: A silver bullet? [J]. MIS Quarterly, 2006, V30 (2): 1-7.

[189] Marsh H. W., Muthén B., Asparouhov T., et al. Exploratory structural equation modeling, Integrating CFA and EFA: Application to Students' Evaluations of University Teaching [J]. Structural Equation Modeling: A Multidisciplinary Journal, 2009, V16 (3): 439- 476.

[190] Maskell P., Malmberg A. Localised learning and industrial competitiveness [J]. Cambridge Journal of Economics, 1999, V23 (2): 85-167.

[191] McDonald, J. Using least squares and Tobit in second stage DEA efficiency analyses [J]. European Journal of Operational Research, 2009, V197 (2): 792-798.

[192] Meeusen W., Van den Broeck J. Efficiency Estimation from Cobb-Douglas Functions with Composed Error [J]. International Economic Review, 1977, V 18 (2): 435-444.

[193] Merton R. K. The Matthew effect in science, the reward and communication systems of science considered [J]. Science, 1968, V159 (3810): 56-63.

[194] Merton R. K. The Matthew effect in science. II. Cumulative advantage and the symbolism of intellectual property [J]. ISIS, 1988, V79 (4): 606-623.

[195] Moed H. F., Glänzel W., Schmoch U. The Use of Publication and Patent Statistics in Studies of S&T Systems [M]. New York: Kluwer academic publishers, 2004.

[196] Moon H. S., Lee J. D. A fuzzy set theory approach to national composite S&T indices [J]. Scientometrics, 2005, V64 (1): 67-83.

[197] Murovec N., Prodan I. Absorptive capacity, its determinants, and influence on innovation output: Cross-cultural validation of the structural model [J]. Technovation, 2009, V29 (9): 859-872.

[198] Nadiri I. Innovations and technological spillovers [Z]. Boston: National Bureau of Economic Research, Working Paper 1993, No. 1993-4423.

[199] Nahra T. A., Mendez, D., Alexander, J. A. Employing super-efficiency analysis as an alternative to DEA: An application in outpatient substance abuse treatment [J]. European Journal of Operational Research, 2009, V196 (3): 1097-1106.

[200] Nash, M. S., Chaloud, D. J.. Multivariate Analyses (Canonical Correlation and Partial Least Square (PLS)) to Model and Assess the Association of Landscape Metrics to Surface Water Chemical and Biological Properties Using Savannah River Basin Data [R]. Office of Research and Development, Las Vegas, Nevada, U. S. A, EPA/600/R-02/091, 2002.

[201] Nasierowski W., Arcelus F. J. Interrelationships among the elements of national innovation systems: A statistical evaluation [J]. European Journal of Operational Research, 1999, V119 (1-2): 235-253.

[202] Nelson R. R. National Innovation System: A Comparative Analysis [M]. New York: Oxford University Press, 1993.

[203] Nelson R. R., Winter S. G. An Evolutionary Theory of Economic Behavior and Capabilities [M]. Cambridge: Harvard University Press, 1982.

[204] Ng Y. C., Li S. K. Measuring the Research Performance of Chinese Higher Education Institutions: An Application of Data Envelopment Analysis [J]. Education Economics, 2000, V8 (2): 139-156.

[205] Nishimizu M., Page J. M. Total Factor Productivity Growth, Technological Progress and Technical Efficiency Change [J]. Economic Journal, 1982, V92 (368): 920-936.

[206] Norman M., Stoker B. Data envelopment analysis: the assessment of performance [M]. New York: John Wiley and Sons, 1991.

[207] OECD, EUROSTAT, (Eds.). Published by Oslo Manual: Guidelines for Collecting and Interpreting Innovation Data (3rd Edition) [M]. OECD Publishing, Paris, 2005..

[208] OECD, MOST. OECD Reviews of Innovation Policy: China [M]. Paris: OECD Publishing, 2007.

[209] OECD. National Innovation Systems [M]. Paris: OECD publications, 1997.

[210] OECD. OECD Reviews of Innovation Policy: China [M]. Paris: OECD Publishing, 2008.

[211] OECD. Oslo Manual-Guidelines for Collecting and Interpreting Innovation Data (3rd Edition) [M]. Paris: OECD Publishing, 2005.

[212] Oxman J. A. The global service quality measurement program at American Express Bank [J]. National Productivity Review, 1992, V11 (3): 381-392.

[213] Pakes A., Griliches Z. Patents and R&D at the firm level: a first look [A]. In: Griliches, Z. (Ed.). R&D Patents and Productivity [C]. Chicago: University of Chicago Press, 1984: 375-392.

[214] Pakes A., Griliches Z. Patents and R&D at the firm level: a first report [J]. Economics Letters, 1980, V5 (4): 377-381.

[215] Pastor J. T., Ruiz J. L., Sirvent I. An enhanced DEA Russell graph efficiency measure [J]. European Journal of Operational Research, 1999, V115 (3): 596-607.

[216] Patel P., Pavitt K. The Nature and Economic Importance of NIS [J]. STI Review, 1994 (14): 9-32.

[217] Prajogo D. I., Sohal A. S. The integration of TQM and technology/R&D management in determining quality and innovation performance [J]. Omega, 2006, V34 (3): 296-312.

[218] Qian Y. Y. , Xu C. G. Innovation and bureaucracy under soft and hard budget constraints [J]. Review of Economic Studies, 1998, V65 (1): 151–164.

[219] Ray S. C. , Desli E. Productivity Growth, Technical Progress, and Efficiency Change in Industrialized Countries: Comment [J]. American Economic Review, 1997, V87 (5): 1033–1039.

[220] Redding S. Path dependence, Endogenous Innovation, and Growth [J]. International Economic Review, 2002, V43 (4): 1215–1248.

[221] Rejeb H. B. , Morel – Guimarães L. , Boly V. , et al. Measuring innovation best practices: Improvement of an innovation index integrating threshold and synergy effects [J]. Technovation, 2008, V28 (12): 838–854.

[222] Ren S. , Rousseau R. International Visibility of Chinese Scientific Journals [J]. Scientometrics, 2002, V53 (3): 389–405.

[223] Ringle C. M. , Wende S. , Will A. SmartPLS – Version 2. 0 [M]. Hamburg: University at Hamburg, 2005.

[224] Rogers E. M. Diffusion of Innovations (fourth edition) [M]. New York: The Free Press, 1995.

[225] Romer P. Endogenous Technological Change [J]. Journal of Political Economy, 1990, V98 (5): S71–S102.

[226] Romer P. Increasing Returns and Long–Run Growth [J]. Journal of Political Economy, 1986, V94 (5): 1002–1037.

[227] Roper S. , Dub J. , Love J. H. Modelling the innovation value chain [J]. Research Policy, 2008, V37 (6/7): 961–977.

[228] Rossi F. , Emilia U. M. R. An introductory overview of innovation studies [J]. MPRA Working Paper, 2002, No. 2002–9106.

[229] Rothwell R. Industrial innovation: success, strategy, trends [A]. In: Dodgson M. , Rothwell R. (Eds.). The Handbook of Industrial Innovation [C]. Aldershot: Edward Elgar, 1994a.

[230] Rothwell R. Towards the fifth–generation innovation process [J]. International Marketing Review, 1994b, V11 (1): 7–31.

[231] Rousseau S. , Rousseau R. Data envelopment analysis as a tool for constructing scientometric indicators [J]. Scientometrics, 1997, V40 (1): 45–56.

[232] Rousseau S. , Rousseau R. The scientific wealth of European nations: taking effectiveness into account [J]. Scientometrics, 1998, V42 (1): 75–87.

[233] Schaaper M. Measuring china's innovation system National specificities and international comparisons [Z]. STI working paper, 2009, No. 1.

[234] Schumpeter J. A. The Theory of Economic Development [M]. Harvard University Press, Cambridge, 1934.

[235] Schumpeter J. A. The Theory of Economic Development [M]. Oxford University Press, London, 1961.

[236] Schumpeter J. A. Business Cycles: A Theoretical, Historical, and Statistical Analysis of the Capitalist Process. McGraw-Hill, New York and London.

[237] Seiford L. M., Zhu J. Profitability and marketability of the top 55 US commercial banks [J]. Management Science, 1999, V45 (9): 1270-1288.

[238] Sharma K. R., Leung P., Zaleski H. M. Productive Efficiency of the Swine Industry in Hawaii: Stochastic Frontier vs. Data Envelopment Analysis [J]. Journal of Productivity Analysis, 1997, V8 (4): 447-459.

[239] Sharma S., Thomas V. J. Inter-country R&D efficiency analysis: An application of data envelopment analysis [J]. Scientometrics, 2008, V76 (3): 483-501.

[240] Simar L., Wilson P. W. Statistical inference in non-parametric frontier models: The state of the art [J]. Journal of Productivity Analysis, 2000, V13 (1): 49-78.

[241] Simar L., Wilson P. W. Statistical Inference in Nonparametric Frontier Models: Recent Developments and Perspectives [A]. In: Fried H., Lovell C. A. K., Schmidt S. (Eds.). The Measurement of Productive Efficiency and Productivity Change [C]. New York: Oxford University Press, 2008: 421-521.

[242] Simar L., Wilson P. W., Sensitivity analysis of efficiency scores: How to bootstrap in nonparametric frontier models [J]. Management Science, 1998, V44 (1): 49-61.

[243] Sohn S. Y., Joo Y. G., Han H. K. Structural equation model for the evaluation of national funding on R&D project of SMEs in consideration with MBNQA criteria [J]. Evaluation and Program Planning, 2007, V30 (1): 10-20.

[244] Sohn S. Y., Moon T. H. Structural equation model for predicting technology commercialization success index (TCSI) [J]. Technological Forecasting and Social Change, 2003, V70 (9): 885-899.

[245] Solow R. Technical change and the aggregate production function [J]. The review of Economics and Statistics, 1957, V39 (3): 312-320.

[246] Sueyoshi T., Sekitani K. An occurrence of multiple projections in DEA-based measurement of technical efficiency: theoretical comparison among DEA models from desirable properties [J]. European Journal of Operational Research, 2009, V196 (4): 764-794.

[247] Swan T. W. Economic Growth and Capital Accumulation [J]. Economic Record, 1956, V32 (91): 334-361.

[248] Tenenhaus M., Vinzi V. E., Chatelin Y. M., et al. PLS path modeling [J]. Computational Statistics & Data Analysis, 2005, V48 (1): 159-205.

[249] Tenenhaus, M. La régression PLS-Théorie et pratique [M]. Edition Technip, Paris, 1998..

[250] Tödtling F., Trippl, M. One size fits all? Towards a differentiated regional innovation policy approach. Research Policy, 2005, V34 (8): 1203-1219.

[251] Tone K, Tsutsui M. Network DEA: A slacks-based measure approach [J]. European Journal of Operational Research, 2009, V197 (1): 243-252.

[252] Tone K. A slacks-based measure of efficiency in data envelopment analysis [J]. European Journal of

Operational Research, 2001, V130 (3): 498-509.

[253] Tone K. Malmquist production index, efficiency change over time [A]. In: Cooper WW, Seiford LM, Zhu J. (Eds.). Handbook on Data Envelopment Analysis [C]. Dordrecht: Kluwer Academic Publishers, 2004: 203-227.

[254] Tsai P. F., Molinero C. M. A Variable Returns to Scale Data Envelopment Analysis Model for the Joint Determination of Efficiencies with an Example of the UK Health Service [J]. European Journal of Operational Research, 2002, V141 (1): 21-38.

[255] Umetrics A. B. User's Guide to SIMCA – P, SIMCA – P +, Version 10.0 [M]. Sweden: Umeå, 2002.

[256] Van de Ven A., Polley D., Garud R., et al. The Innovation Journey [M]. New York: Oxford University Press, 1999.

[257] Wang E. C. R&D efficiency and economic performance: A cross-country analysis using the stochastic fronLtier approach [J]. Journal of Policy Modeling, 2007, V29 (2): 345-360.

[258] Wang E. C., Huang W. C. Relative efficiency of R&D activities: A cross-country study accounting for environmental factors in the DEA approach [J]. Research Policy, 2007, V36 (2): 260-273.

[259] Wang L., Szirmai A. Technological Inputs and Productivity Growth in China's High-Tech Industries [Z]. ECIS Working Paper, 2003, No. 27.

[260] Werts C. E., Linn R. L., Jöreskog K. G. Interclass reliability estimates: testing structural assumptions [J]. Education and Psychological Measurement, 1974, V34 (1): 25-33.

[261] Westlund A. H., Källström M., Parmler J. SEM-based customer satisfaction measurement: On multicollinearity and robust PLS estimation [J]. Total Quality Management & Business Excellence, 2008, V19 (7): 855-869.

[262] Wiig H., Wood M. What Comprises a Regional Innovation System? An Empirical Study [J]. The STEP Group, Studies in technology, innovation and economic policy, STEP Report, 1995, No. 1995-01.

[263] Wilson P. A preliminary non – parametric analysis of public education and health expenditures in developing countries [Z]. The World Bank, Mimeo, 2004.

[264] Wold H. Model construction and evaluation when theoretical knowledge is scarce: theory and application of PLS [M]. New York: Academic Press, 1980.

[265] Wold H. Partial least squares [A]. In: Kotz, S. Johnson, N. L. Encyclopedia of statistical sciences [C]. New York: John Wiley and Sons, 1985: 581-591.

[266] Wold H. Soft modeling: the basic design and some extensions [A]. In: Jöreskog K. G., Wold H. (Eds.). Systems under Indirect Observation: Causality, Structure, Prediction [C]. Amsterdam: North-Holland, 1982: 1-54.

[267] Wold S., Ruhe A., Wold H., et al. The collinearity problem in linear regression. The partial least squares (PLS) approach to generalized inverses [J]. SIAM Journal on Scientific and Statistical Computer, 1984, V5 (3): 735-43.

[268] Wold S., Sjöström M., Eriksson L. PLS – regression：a basic tool of chemometrics ［J］. Chemometrics and Intelligent Laboratory Systems，2001，V58（2）：109–130.

[269] Yam R. C. M., Guan J. C., Pun K. F., et al. An audit of technological innovation capabilities in Chinese firms：some empirical findings in Beijing, China ［J］. Research Policy, 2004, V33（8）：1123–1140.

[270] Yang Y. S., Ma B. J., Masayuki K. Efficiency measuring model for production system with kindependent subsystems ［J］. Journal of Operational Research Society of Japan, 2000, V43（3）：343–353.

[271] Yu M. M., Fan C. K. Measuring the performance of multimode bus transit：A mixed structure network DEA model ［J］. Transportation Research Part E：Logistics and Transportation Review, 2009, V45（3）：501–515.

[272] Zabala–Iturriagagoitia J. M., Voigt P., Gutierrez–Gracia A., et al. Regional innovation systems：how to assess performance ［J］. Regional Studies, 2007, V41（5）：661–672.

[273] Zeng S. X., Xie X. M., Tam C. M. Relationship between cooperation networks and innovation performance of SMEs ［J］. Technovation, 2010, V30（3）：181–194.

[274] Zhang A., Zhang Y., Zhao R. A Study of the R&D Efficiency and. Productivity of Chinese Firms ［J］. Journal of Comparative Economics, 2003, V31（3）：444–464.

[275] Zhu J. Imprecise data envelopment analysis（IDEA）：A review and improvement with an application ［J］. European Journal of Operational Research, 2003, V144（3）：513–529.

[276] Zhu J. Multi–factor performance measure model with an application to Fortune 500 companies ［J］. European Journal of Operational Research, 2000, V123（1）：105–124.

[277] 白俊红，江可申，李婧，等. 中国区域创新生产率变动的实证分析——基于 Malmquist 生产率指数 ［J］. 系统工程，2008，26（7）：40–44.

[278] 白俊红，江可申，李婧. 中国地区研发创新的相对效率与全要素生产率增长分解 ［J］. 数量经济技术经济研究，2009，26（3）：139–151.

[279] 毕功兵，梁樑，杨锋. 一类简单网络生产系统的 DEA 效率评价模型 ［J］. 系统工程理论与实践. 2010，30（3）：496–500.

[280] 毕功兵，梁樑，杨锋. 资源约束型两阶段生产系统的 DEA 效率评价模型 ［J］. 中国管理科学，2009，17（2）：71–75.

[281] 蔡昉. 中国劳动力市场发育与就业变化 ［J］. 经济研究，2007（7）：4–14.

[282] 查勇，梁樑，许传永. 基于 BCC 模型的几何平均最优意义下的两阶段合作效率 ［J］. 系统工程理论与实践，2008，28（10）：53–59.

[283] 陈凯华，官建成. 重点学科建设效率的科学评估 ［J］. 学位与研究生教育，2008a（5）：59–64.

[284] 陈凯华，官建成. 不同决策环境下的区间属性决策单元效率全排序 ［J］. 系统工程，2008b，26（12）：115–120.

[285] 陈凯华，官建成. 中国区域创新系统功能有效性的偏最小二乘诊断 ［J］. 数量经济技术经济研

究，2010a，27（8）：18-32.

［286］陈凯华，官建成．包含非同质平衡子系统的生产系统效率的 DEA 建模及分解［J］.系统工程，2010b，28（1）：58-63.

［287］陈凯华，官建成．创新生产前沿绩效测度框架研究：基于中国省域研发活动的模型构建与实证分析［A］.源自：吴贵生，高建．创新与创业管理（第6辑）——创新方式研究专辑［C］.北京：清华大学出版社，2010c：108-128.

［288］陈凯华，官建成．共享投入型关联两阶段生产系统的网络 DEA 效率测度与分解［J］.系统工程理论实践，2011，31（7）：1211-1221.

［289］陈凯华，官建成．创新活动的动态绩效测度指数研究-基于高校科学创新活动的建模与应用［J］.科研管理，2012，33（1）：103-111.

［290］陈凯华，寇明婷，官建成．中国区域创新系统的功能状态检验［J］.中国软科学，2013，（4）：79-98.

［291］程华．政府科技投入与企业 R&D ［M］.北京：科学出版社，2009.

［292］池仁勇，唐根年．基于投入与绩效评价的区域技术创新效率研究［J］.科研管理，2004，25（4）：23-27.

［293］池仁勇，虞晓芬，李正卫．我国东西部地区技术创新效率差异及其原因分析［J］.中国软科学，2004（8）：128-131.

［294］杜传忠，王金杰．我国区域创新系统绩效分析［J］.中国科技论坛，2008（11）：72-75.

［295］段永瑞，田澎，张卫平．具有独立子系统的 C2GS2-ISS 模型及应用研究［J］.管理科学学报，2005，8（2）：31-37.

［296］冯之浚．国家创新系统的理论与政策［M］.北京：经济科学出版社，1999.

［297］傅家骥，高建．技术创新学［M］.北京：清华大学出版社，2003.

［298］高建，石书德．北京和上海高技术产业的技术创新差异研究［J］.研究与发展管理，2007，19（6）：85-92.

［299］官建成，陈凯华．我国高技术产业技术创新效率的测度［J］.数量经济技术经济研究，2009，26（10）：19-33.

［300］官建成，何颖．基于 DEA 方法的区域创新系统的评价［J］.科学学研究，2005，23（2）：265-272.

［301］官建成，何颖．科学-技术-经济的联结与创新绩效的国际比较研究［J］.管理科学学报，2009，12（5）：61-77.

［302］官建成，刘顺忠．区域创新机构对创新绩效影响的研究［J］.科学学研究，2003（2）：210-214.

［303］侯杰泰，温忠麟，成子娟．结构方程模型及其应用［M］.北京：经济科学出版社，2004.

［304］胡鞍钢，郑京海，高宇宁，等．考虑环境因素的省级技术效率排名（1999-2005）［J］.经济学（季刊），2008，7（3）：933-960.

［305］黄芳铭．结构方程模式：理论与应用［M］.北京：中国税务出版社，2005.

［306］黄薇．中国保险机构资金运用效率研究：基于资源型两阶段 DEA 模型［J］.经济研究，2009

（8）：37-49.

[307] 黄炜，葛虹，冯英浚．基于链形系统的关联网络 DEA 模型以我国 14 家商业银行为例 [J]．系统工程理论与实践，2009，29（5）：106-114.

[308] 金碚．高技术在中国产业发展中的地位和作用 [J]．中国工业经济，2003（12）：5-10.

[309] 柯孔林，冯宗宪．中国银行业全要素生产率测度：基于 Malmquist-Luenberger 指数研究 [J]．数量经济技术经济研究，2008，25（4）：110-220.

[310] 李健宁．结构方程模型导论 [M]．合肥：安徽大学出版社，2004.

[311] 李婧，白俊红，谭清美．中国区域创新效率的实证分析——基于省际面板数据及 DEA 方法 [J]．系统工程，2008，26（12）：1-7.

[312] 李平，崔喜君，刘建．中国自主创新中研发资本投入产出绩效分析——兼论人力资本和知识产权保护的影响 [J]．中国社会科学，2007（2）：32-44.

[313] 李习保．区域创新环境对创新活动效率影响的实证研究 [J]．数量经济技术经济研究，2007，24（8）：13-24.

[314] 林嵩．结构方程模型原理及 AMOS 应用 [M]．武汉：华中师范大学出版社，2008.

[315] 刘凤朝，潘雄锋．基于 Malmquist 指数法的我国科技创新效率评价 [J]．科学学研究，2007，25（5）：986-990.

[316] 刘凤朝．基于专利结构视角的中国区域创新能力差异研究 [J]．管理评论，2006，18（11）：43-47.

[317] 刘树，张玲．我国各省市专利发展有效性的 DEA 模型分析 [J]．统计研究，2006（8）：45-48.

[318] 刘凤朝．国家创新能力测度方法及其应用 [M]．北京：科学技术出版社，2009.

[319] 刘顺忠，官建成．区域创新系统创新绩效的评价 [J]．中国管理科学，2002，10（1）：75-78.

[320] 柳卸林，胡志坚．中国区域创新能力的分布与成因 [J]．科学学研究，2002，20（5）：550-556.

[321] 柳卸林，张杰军．中国高技术产业是否高投入低产出 [J]．科学学与科学技术管理，2004（1）：5-8.

[322] 陆根书，刘蕾．教育部直属高校自然科学研究效率及发展趋势研究 [J]．高等工程教育研究，2006（1）：12-16.

[323] 邱皓政，林碧芳．结构方程模型的原理与应用 [M]．北京：中国轻工业出版社，2009.

[324] 史丹，李晓斌．高技术产业发展的影响因素及其数据检验 [J]．中国工业经济，2004（12）：32-39.

[325] 史修松，赵曙东，吴福．中国区域创新效率及其空间差异研究 [J]．数量经济技术经济研究，2009，26（3）：45-55.

[326] 孙凯，李煜华．我国各省市技术创新效率分析与比较 [J]．中国科技论坛，2007（11）：8-11.

[327] 孙世敏，项华录，兰博．基于 DEA 的我国地区高校科研投入产出效率分析 [J]．科学学与科学技术管理，2007，28（7）：18-21.

[328] 唐清泉，卢博科，袁莹翔．工业行业的资源投入与创新效率——基于中国大中型工业部门的

研究［J］.数量经济技术经济研究，2009，26（2）：3-17.

［329］ 涂俊，吴贵生．基于 DEA-Tobit 两步法的区域农业创新系统评价及分析［J］.数量经济技术经济研究，2006（6）：136-145.

［330］ 王惠文，吴载斌，孟洁．偏最小二乘回归的线性与非线性方法［M］.北京：国防工业出版社，2006.

［331］ 王玲，Szirmai A．高技术产业技术投入和生产率增长之间关系的研究［J］.经济学（季刊），2008，7（3）：913-933.

［332］ 王燕梅．高技术产业化中的融资问题研究［J］.中国工业经济，2000（9）：67-71.

［333］ 吴和成，刘思峰．基于改进 DEA 的地域 R&D 相对效率评价［J］.研究与发展管理，2007，19（2）：108-112.

［334］ 吴延兵．R&D 存量，知识函数与生产效率［J］.经济学（季刊），2006，5（4）：1129-1156.

［335］ 吴延兵．中国地区知识生产效率测算［J］.财经研究，2008，34（10）：4-14.

［336］ 肖广岭，柳卸林．我国技术创新的环境问题及其对策［J］.中国软科学，2001（1）：18-24.

［337］ 徐泽水．模糊互补判断矩阵排序的一种算法［J］.系统工程学报，2001，16（4）：311-314.

［338］ 杨锋，梁樑，毕功兵，等．一类树形生产系统的 DEA 效率评价研究［J］.系统工程与电子技术，2009，31（5）：1128-1132.

［339］ 易丹辉．结构方程模型方法与应用［M］.北京：中国人民大学出版社，2008.

［340］ 虞晓芬，李正卫，池仁勇，等．我国区域技术创新效率：现状与原因［J］.科学学研究，2005（2）：258-264.

［341］ 袁鹏，陈圻，胡荣．我国区域创新绩效动态变化的 Malmquist 指数分析［J］.科学学与科学技术管理，2007，28（1）：44-49.

［342］ 岳书敬．中国区域研发效率差异及其影响因素——基于省级区域面板数据的经验研究［J］.科研管理，2008，29（5）：173-179.

［343］ 张俊芳．国家创新体系的效率及其影响因素研究［M］.北京：经济科学出版社，2012.

［344］ 张倩肖，冯根福．三种 R&D 溢出与本地企业技术创新——基于我国高技术产业的经验分析［J］.中国工业经济，2007（11）：64-72.

［345］ 张世贤．阈值效应：技术创新的低产业化分析［J］.中国工业经济，2005（4）：45-52.

［346］ 张宗益，周勇，钱灿，等．基于 SFA 模型的我国区域技术创新效率的实证研究［J］.软科学，2006，20（2）：125-128.

［347］ 章祥荪，贵斌威．中国全要素生产率分析：Malmquist 指数法评述与应用［J］.数量经济技术经济研究，2008，25（6）：111-222.

［348］ 周静，王立杰，石晓军．我国不同地区高校科技创新的制度效率与规模效率研究［J］.研究与发展管理，2005，17（1）：109-117.

［349］ 朱有为，徐康宁．中国高技术产业研发效率的实证研究［J］.中国工业经济，2006（11）：38-45.

索　引

中国科协三峡科技出版资助计划
2012 年第一期资助著作名单

（按书名汉语拼音顺序）

1. 包皮环切与艾滋病预防
2. 东北区域服务业内部结构优化研究
3. 肺孢子菌肺炎诊断与治疗
4. 分数阶微分方程边值问题理论及应用
5. 广东省气象干旱图集
6. 混沌蚁群算法及应用
7. 混凝土侵彻力学
8. 金佛山野生药用植物资源
9. 科普产业发展研究
10. 老年人心理健康研究报告
11. 农民工医疗保障水平及精算评价
12. 强震应急与次生灾害防范
13. "软件人"构件与系统演化计算
14. 西北区域气候变化评估报告
15. 显微神经血管吻合技术训练
16. 语言动力系统与二型模糊逻辑
17. 自然灾害与发展风险

中国科协三峡科技出版资助计划
2012 年第二期拟资助著作名单

（按书名汉语拼音顺序）

1. BitTorrent 类型对等网络的位置知晓性
2. 城市生态用地核算与管理
3. 创新过程绩效测度——模型构建、实证研究与政策选择
4. 商业银行核心竞争力影响因素与提升机制
5. 品牌丑闻溢出效应研究——机理分析与策略选择
6. 护航科技创新——高等学校科研经费使用与管理务实
7. 资源开发视角下新疆民生科技需求与发展
8. 唤醒土地——宁夏生态、人口、经济纵论
9. 三峡水轮机转轮材料与焊接
10. 大型梯级水电站运行调度的优化算法
11. 节能砌块隐形密框结构
12. 水坝工程发展的若干问题思辨
13. 新型纤维素系止血材料
14. 商周数算四题
15. 城市气候研究在中德城市规划中的整合途径比较
16. 管理机理学——管理学基础理论与应用方法的桥梁
17. 心脏标志物实验室检测应用指南
18. 现代灾害急救
19. 长江流域的枝角类

发行部

地址：北京市海淀区中关村南大街 16 号

邮编：100081

电话：010-62103354

办公室

电话：010-62103166

邮箱：kxsxcb@ cast. org. cn

网址：http：//www. cspbooks. com. cn